진리와 그 주변

진리와 그 주변

1판 1쇄 발행 2016년 6월 1일

지은이 정석해
펴낸이 안희곤
펴낸곳 사월의책

편집 박동수
디자인 김현진

등록번호 2009년 8월 20일 제396-2009-126호
주소 경기도 고양시 일산동구 무궁화로 7-45 451호
전화 031)912-9491 | 팩스 031)913-9491
이메일 aprilbooks@aprilbooks.net
홈페이지 www.aprilbooks.net
블로그 blog.naver.com/aprilbooks

ISBN 978-89-97186-61-7 03100

* 책값은 뒤표지에 있습니다.
* 이 도서의 국립중앙도서관 출판예정도서목록(CIP)은 서지정보유통지원시스템 홈페이지(http://seoji.nl.go.kr)와 국가자료공동목록시스템(http://www.nl.go.kr/kolisnet)에서 이용하실 수 있습니다.
(CIP제어번호: CIP2016013081)

서산 정석해 철학논집

진리와 그 주변

정석해 지음

사월의책

차례

증보판 서문

이 책은 연희학원과 한국 지성계의 정신적·사상적 기둥이었던 서산 정석해 선생(1899~1996)의 타계 20주기를 맞아, 1981년 일조각에서 펴낸 『진리와 그 주변』을 새로이 펴낸 것이다.

초판본에는 16편의 논문과 에세이가 수록되었으나, 이번 증보판에서는 12편을 추가하여 15편의 학술적 문장과 13편의 수필적 문장을 실었다. 수필적 문장에서는 선생이 언론과 한 인터뷰들을 포함했다.

이 책의 출판에는 선생의 종자(從子)인 면사랑 정세장 대표가 물심양면의 도움을 주었다. 사월의책 안희곤 대표는 한국의 어려운 출판 여건 속에서도 기꺼이 출판을 맡았다.

격동과 질곡의 세기를 추호의 좌고우면도 없이 지조와 절개로써 행동하고 가르쳤던 선생의 정신이 이 책을 통해 다시 발화했으면 하는 마음이다.

2016년 5월

서산 문하

초판 서문

이 논문들은 강단에서 학생들과 서로 토론한 문제들이며, 또는 현대의 철학사상을 소개·이해하기 위하여 행한 강연이었다.

이미 몇몇 잡지에 발표했던 것들인데, 철학적 교양에 한 보탬이 될까 하여 이에 한데 모으면서, 이 출간을 맡아주신 일조각 여러분께 심심한 사의를 표하는 바이다.

1981년 3월

연희학원 樵老

같다. 예의는 개인의 행동을 규정하는 사회적 제약이다. 사회적 제약이라 함은 개인들이 유의적으로 어느 일정한 시기에 체결한 것을 말함이 아니라—어떤 집단 내에서 그 성원 간에 의식적으로 약정된 행동의 방식도 있을 수 있으나—한 사회의 전통과 관습으로 내려오는 행동방식을 말함이니, 개인은 이것을 무의식적으로 혹은 의식적으로 받아들이지 않을 수 없다. 만약 개인이 자기 행동방식을 일일이 창정(創定)하려다가는 여가가 없을 것이며, 개인이 이런 것을 의식할 만한 정도에 이르기까지에는 그 개인 자체가 벌써 그 사회의 기존(旣存)한 모형대로 박혀 이루어진 것이다.

개인이라면 먼저 자연물인 신체를 기조로 한다. 그러나 신체의 동작만이 아니라 신체 그것도 자연적으로만 성립되지 않고 사회로 말미암아 형성된다. 심한 예로 중국 여자의 전족, 서양 여자의 봉요(蜂腰), 어떤 흑인 종족 여자의 대접 같은 입술은 실로 그 사회의 인습과 제약에 의하여 문자 그대로 형성되는 것이다. 신체에 아무 구속을 주지 않고 자연스럽게 발육시켜야 된다는 견해도 문화가 고도로 발달한 오늘날 사회의 생활방식이 각 개인의 의식에 반영된 인생관이다.

신체만이랴. 정신생활은 어떤가 고찰하여 보자. 사람은 언어로써 사고할 수 있다. 언어는 공동생활을 영위하는 개인 간에 의지를 전달할 수 있는 수단이라 한다. 그런데 언어는 각 개인이 제정하여 사용하는 것이 아니라, 소쉬르가 말한 바와 같이 언어는 개인 이전에 있고 개인에 내재하고 개인을 넘어 살고 있다. 개인은 그 사회의 언어를 적어도 가정이란 사회에서 전수치 않을 수 없다. 개인은 언어를 자유롭게 선택할 여지가 없다. 자기가 존재하고 있는 사회의 언어를 습득하도록 강요되어 있는 것이다.

언어는 외부에 있는 사회적 제도이면서도 개인의 정신을 이로써 형성시켜 개인의 의식 속에 내재한다. 중국인은 중국어로 그 정신이 형성되었고, 영국인은 영어로 그 정신이 형성되었다. 개인은 언어를 외부에서 받았건만은 조금도 부자유를 느끼지 않고 도리어 그 언어를 통해서만 자유로이 사고할 수 있다. 여기서 정신이라 함은 형이상학적 실체인 영혼을 논함이 아니라 사고의 기능으로서의 개인의 정신이 언어적으로 사회적으로 구성되었다 함이다. 다시 말하면 정신의 본질을 말함이 아니요, 정신작용의 형식이 사회에서 유래하였다 함이다.

사고의 결과가 진리가 되기 위한 몇 가지 기준과 표지(標識)가 있다. 사고가 그 대상의 사태와 일치해야 하는 객관적 조건이 있고, 사고 자체가 그렇게 되지 않을 수 없는 논리적 필연성이 있어야 하고, 또 보편타당성이 있어야 한다. 이 보편타당성은 이성을 가진 사람에게는 누구에게나 적용될 수 있어야 한다는 말이다. 즉 진리는 사회적으로 인정(consensus social)을 받아야 한다. 한 개인이 비록 사리를 선견하였다 하더라도 그 사회의 지식 정도가 미급(未及)하여 이를 시인하지 못하면 가치 있는 것으로 통용되지 못하고 진리가 살아나지 못한다. 자고로 여러 학설이 진리로 살려지지 못한 것은 이런 연유에서이다. 그래서 보편타당성이란 사회적 시인을 받음으로써 가치를 발생케 됨을 이름이라고 해석할 수 있다.

우리는 위에서 인생관이라는 말을 하였다. 한 사회에는 그 시대의 문화 정도에 따라 생활양식이 있고, 그 생활양식의 기본적 견해가 곧 인생관이다. 개인들의 의사나 구상력으로 창조된 사고적 산물인 인생관을 말함이 아니다. 일정한 사회의 생활을 지배하는 실천규정은 사조화되며 윤리화되며 제도화되어 개인으로 하여금 어떤 처지에서 어떻게 처신(behave)할지를 규정하는 방식이요 길이 된다.

대사상가의 창의로 인하여 새로운 도(道)가 비추어짐을 부인하지 않으며, 위인의 사회적 가치를 폄하하려 하지 않는다. 그러나 철인이 보여주는 새로운 도라도 사회적 사실 속에 잠재한 관련을 반영치 못하면 사회생활의 양식으로서의 도(道)로 실현되지 못할 것이다. 인습적 제도와 고루한 편견을 타파하고 신생활의 양식을 형성하려는 노력도 실생활에 근거한 사회적 욕구로 의식되지 못하면 제도로 실현될 가망이 없다. 고대 신정시대의 숙명관, 개인의 자유의사에 기인한 합목적적 민주주의, 사물은 그 내재적 법칙에 따라 진전한다는 과학적 결정론, 이들은 모두 사회적 산물로서 그 시대의 개인에게 그 견해를 강요한다.

정신생활에서 사고뿐 아니라 사물을 감득(感得)하는 우리의 정서나 감정도 사회적 방식으로 형성된다. 과도기에 처한 우리는 이를 용이하게 요해(了解)할 수 있다. 봉건사회에서는 충효와 절개를 도덕의 근원으로 삼았다. 우리는 심청의 역경에 같이 울고, 춘향의 설움에 따라 슬퍼하면서 그 효행이나 정절에 고상한 도덕적 가치를 부여하고 동감공명(同感共鳴)하는 것이다. 그러나 영·미의 여성은 이 작품보다 자유를 위하여 결혼의 속박에서 벗어나는 입센의 노라에 더 공감할 것이다. 동일한 사물이라도 사회 환경이 다르면 달리 감수(感受)된다. 개인의 감정은 사회적으로 길러져 있다. 이같이 개인의 심오한 내부인 감정까지 사회적 방식으로 움직여진다.

개인의 외관을 보자. 의복과 장식으로 차려져 있다. 의복이 승려를 만든다는 속담보다도, 의복이 인간을 만든다. 외기의 변화에 대응하여 체온을 보존하고자 함이 의복의 필요성이겠지만, 의복은 개인의 임의로 제정하여 착용할 수 없다. 사회가 다르면 옷이 다르고, 동일한 사회에서도 의복은 개인의 사회적 위계와 지위를 표시한다. 특수사회의 성원(成員)됨도 의복으로 표시된다. 결혼 후의 관대(冠帶)와 승려의 옷이 그러한 예이다. 개인이 자기의 기호와 취미에 따라 의복을 임의로 짓는 듯하나, 개인의 선택은 사회의 기존(旣存)한 방식권(方式圈) 내에서 행해질 뿐이다. 그 사회에 허용되지 않는 의복을 어떤 개인이 입으면 그는 곧 조소와 사회적 제재에 봉착할 것이다. 그러므로 개인의 외관도 사회적 방식에 의하여 단장되어 있다.

이제는 개인의 활동을 살펴보자. 생명을 유지하기 위해서는 물질이 필요하지마는 이를 자연에서 직접 취득하진 못한다. 개인과 자연 간에는 사회가 놓여 있다. 경제제도에 의해서만 생산행위나 소비행위를 행할 수 있다. 생산에 필요한 도구는 수천 년을 통하여 얻은 사회적 산물이며, 기술은 인간의 노력이 지력화(知力化)하여 사회적으로 전습되는 것이다. 노력을 매매하는 고용제도, 상품매매에 필요한 화폐제도, 인적 관계를 인정하는 법률제도 등 사회적 방식망을 통해서만 경제행위가 성립된다.

흔히 사회는 개인의 집합체라 한다. 그러나 이상 고찰한 면으로 보면 개인은 사회적 모형에 의하여 인격이 성립되고, 사회는 도리어 개인의 의식에 내재한 정신적 존재이다. 루소는 인류가 자연상태에서 계약으로 사회를 성립하였다고 하나, 자연상태란 역사적으로 실존한 사실이 아니며, 또 개인들이 사회를 성립키 위하여 계약을 맺으려면 모든 개인의 의사를 전달할 수 있는 공통한 언어를 전제로 해야 한다. 언어는 벌써 그 전에 사회의 존재를 예상함이다. 그런고로 개인이 모여 사회를 만드는 것이 아니라, 사회가 개인을 인간화시키는 것이다.

『자유평론』 1951년 12월

현대 위기와 휴머니즘

현대의 불안이 우리를 휩쓸고

현대는 과연 위기인가. 위기라면 어떤 성격의 위기인가. 이러한 의문이 먼저 앞선다.

의학상에서 환자의 병세가 만회키 어려워 보이는 중태를 위기라 한다. 이러한 위급한 시기만 넘기면 환자의 건강은 회복될 수 있다 한다. 이같이 위기의 의식은 시기와 변화의 상태를 전제로 한다. 고정불변인 것에는 정상적과 비정상적의 분간이 없을 것이다. 정상적에서 비정상적으로 넘어갈 시기가 위기일 것이다.

그러나 여기서 논하려는 것은 그러한 자연현상에 관한 것이 아니다. 익은 배가 떨어지게 되고 여문 밤이 쏟아지게 됨을 위기라 하지 않는다. 위기는 인간사의 현상에 관한 것이요, 나은 것에서 못한 것으로, 선한 것에서 악한 것으로, 가치 있는 것에서 가치 없는 것으로 떨어질까 염려하는 가치판단이 내포되어 있다.

오늘날 우리 문화는 구 형태에서 새 형태로 변해 가고 있다. 이 과도기에 서서 우리는 앞으로 당도할 미래와 미지의 세계에 대하여 불안과 공포를 느끼고 혹은 희망과 환희를 느낀다. 이러한 예감은 우리로 하여금 새로운 역사적 사건에 참여할 결의를 재촉하고 있다. 기러기 소리가 추위를 예고하듯이 불안의 감정은 우리가 위기에 처하였음을 깨우치고 있다.

이 시대의 청년은 자기가 무엇이 될까, 장차 무엇을 할까, 다가오는 시대에 자기가 처할 자리와 자기가 놀 몫을 염려하는 것이다. 한마디로 말하면 삶에 대한 불안이다.

각자가 원하건 원치 않건 역사는 각 개인에게 짐을 지울 것이다. 국방의 책임, 납세의 의무 등 아니하고 싶어도 아니할 수 없는 짐이 두 어깨에 지워진다. 인간은 역사적 정세에 의하여 설계하고 행동하게 된다.

이제 휴머니즘이 역사상 시기를 따라 어떻게 발전되었는가 더듬어 보자. 휴머니즘은 여러 의미를 가지고 있다. 그것은 인간성을 고조하는 사상으로 모든 인간적인 것, 인간의 본성에 속한 모든 것을 의미한다. 인간성이란 것은 한편으로 인간이 동물과 구별되는 고귀한 특성을 가진 것을 가리키며, 다른 한편으로 신과 구별되는 불완전한 존재임을 말함이다.

휴머니즘은 인본주의, 인문주의, 인도주의 등 여러 말로 번역되나, 원어 그대로 인간주의이다. 서유럽 문화에서는 휴머니즘의 원천을 항상 그리스 문화에서 찾으려 하며 그리스적 교양을 동경한다.

그리스인이 보는 인간성은 동물적 본능을 버리고 이성과 감정에 바탕을 둔 문화적 습관을 세운 것이다. 이는 사람과 사람 사이에 행할 예의로부터 시민 사이와 원수들에게까지 지켜야 할 정의(正義)를 의미한다.

옛날 그리스의 칼리크라티다스는 그의 정적(政敵)에게 말하기를 나는 카리클레스가 아무 이성도 없는 짐승이나 시리아 사람의 야만성을 칭찬할 때 거의 웃을 뻔했다. 그는 자기주장에 한참 열이 올랐을 때 자기가 그리스 사람이라는 것마저 후회하고 있었다.

그러나 사자와 곰과 돼지가 사람처럼 행동하지 않는다 해서 무엇이 놀랍단 말인가? 이성이 있는 사람이면 훌륭하게 선택할 수 있는 것들을 이성이 없는 짐승들은 가지지를 못한다. 왜냐하면 짐승들은 극히 어리석기 때문이다.

만약 프로메테우스나 다른 신이 사람이 가진 지혜를 짐승들에게 주었던들 그들은 사막과 산에 살지 않았을 것이며 서로 뜯어먹지 않았을 것이다. 또 우리처럼 학교도 짓고 가정을 이루어서 그 속에서 살고 제각기 법률을 가진 국가를 형성하였을 것이다.

사람이면 이성에 의해서 가지고 있는 선(善)들 중의 어떤 것을 불행히 예감으로도 가질 수 없는 짐승들이 사랑이라는 것마저 못 가진다 해서 놀라울 것이 무엇인가? 사자는 사랑하지 않으며 철학하지도 않는다. 곰 역시 사랑하지 않는데, 그 이유는 곰은 우정의 단맛을 모르기 때문이다.

지혜와 지식에 의하여 많은 시련을 겪은 후 최고선을 선택해낸 존재는 진실로 사람뿐인 것이다.

우리는 여기서 그리스인의 교양의 이념을 엿볼 수 있다. 이는 이성적 인간의 이념에 적응하는 고상한 취미, 품격을 의미하는 것이다.

휴머니즘의 기원

그러나 그리스 도시사회는 노예경제에 기초를 두었다. 자유시민의 자기를 교양할 수 있는 물적·시간적 여유는 노예의 노력에 의한 것이다. 그래서 플라톤, 아리스토텔레스까지도 노예에게 인격을 시인하지 않았고, 도리어 노예제도를 정당시하여 시민과 노예 사이에 인간적 가치의 구별을 세웠던 것이다.

이러한 인간의 차별은 그 후 스토아 철학에서 극복되었다. 스토아 철학자들은 당시 사회사정에 응하여 세계주의를 부르짖어서 세계시민의 이념을 세우고 인간성의 공통보편을 주장하였다.

그리하여 휴머니즘은 모든 인간에 공통한 인간성을 의미하고 보편적인 인간애를 의미한다. 각 개인 속에 있는 보편적인 것, 즉 인간적 이성은 존엄한 것이요, 그것이 인간의 질서를 주고 더 보편적인 세계법칙에 귀착한다.

인간의 참 자연(본성)은 인간 속에 동하고 있는 신적인 이성이요, 그것이 감각과 감정을 억제할 수 있다고 스토아 학자는 생각하였다.

휴머니즘은 15세기에 한 문화사상으로 이탈리아에서 발생한 르네상스 고전부흥운동에서 의식적으로 제창되었다. 이 운동은 중세 봉건사회에 있어서 인간성의 억압에 대한 반항으로 인간성의 존중과 인간해방의 사상이다. 중세에 있어서 유일한 정신철학이었던 신학에 대한 반항이었고 신 중심 사상에서 떠나 인간 중심 사상에 도달한 것이다.

이 휴머니즘은 일종의 사회사상으로 교회권력과 정치권력에 대한 반항심이었고 특히 교육원리의 사조가 되어 온 유럽에 널리 퍼졌다.

15세기 고전부흥운동은 그리스와 로마의 문화의 부흥이다. 진정한 인간성의 교양을 얻기 위하여 고대로 돌아가려 한 것이다. 그리하여 이 운동가들은 고전 수집과 고어 연구에 열중하였다. 실로 근대 휴머니즘의 정신은 고대 그리스 · 로마 사상의 계승이다.

그러나 이 르네상스 시대의 휴머니스트는 자기의 개성의 가치를 인정하고 이를 존중히 여기고 발전시키려 노력하였다. 겸손과 절제를 규율로 삼던 중세 인간과는 반대로, 자기 힘에 대한 신뢰, 자기를 남보다 뛰어나게 하려는 명예욕, 이런 것이 근대적 인간의 특성이다.

이 시대의 휴머니스트는 다방면의 재능을 보였다. 레오나르도 다 빈치 같은 이는 화가, 수학자, 물리학자요 인간의 완성된 한 유형을 나타내었다. "인간은 한 자연으로 자연 이상의 것도 아니요 자연 이하의 것도 아니다."

또한 이 시대의 휴머니스트들은 인간을 자기의 생의 체험에서 이해하려 하였다. "세상 사람은 마주 쳐다보나, 나는 내 눈을 내부로 향한다. (…) 나는 내 속을 본다."고 몽테뉴는 말하였다.

이는 대상적으로 보여지는 인간이 아니라 주체적으로 잡혀질 수 있는 인간의 내적 자연이다. 자기 개성을 살펴보는 관심은 타인이 가지고 있는 특성에 대해서도 흥미를 느끼는 것이다. 그리하여 인간의 감정, 기질, 성격의 생생한 특성적 표현을 그린 문학이 이 시대에 출현하였다.

이 시대의 휴머니즘은 개성을 존중하고 강대한 개인을 동경하나, 개인주의에는 도달하지 않았다.

르네상스는 인간의 해방의 시대요 동시에 민족의 해방시대였다. 이탈리아 휴머니스트들은 문예부흥운동을 통하여 이탈리아 국민을 야만민족에게서 해방함인 줄로 이해하였다. 휴머니즘을 국민의식의 각성과 연결하였다.

그 당시 가톨릭의 통일적 문화와 신국(神國) 관념은 깨어지고 여러 민족의 독립적 문화로 분열되었다. 이 시대에 국민문학이 탄생한 것이다. 그리하여 휴머니즘은 개인의 자유를 구함과 동시에 민족의 자유를 얻게 하였다.

그 후 휴머니즘이 개인주의로 발달한 것은 18세기 계몽사상에서이다. 인간은 자연으로서는 신체나 재능 등 불평등하게 태어났다. 그래서 강자 · 약자가 서로 투쟁하는 자연상태가 생각되는 것이다.

그러나 인간은 사회적 상태에서는 평등하다고 본다. 인간은 인간으로서 누구나 같은 인간성을 가졌다. "인간은 조물주한테서 여러 양도할 수 없는 권리를 타고났다."고 하는 것이 계몽시대의 사상이다. 그 후로 이 인류평등의 사상은 모든 해방운동의 근저가 되었다.

휴머니즘은 이같이 자연법적 인도주의로 나타났다. 나면서부터 가지고 있는 각인의 인권은 서로 존중하게 되고 자유로이 누리게 되지 않으면 안 된다. 이 같은 인격의 인간이 집합하여 인류사회가 형성된다 하는 이념이 생겼다.

18세기 합리주의는 인간의 지성을 중히 여기고, 추상적 이성을 인간의 본질로 생각하였다. 그러나 휴머니즘은 형식적인 인위적 문화에서 인간적 감정과 정념(情念)의 해방을 부르짖었다.

이것이 인간의 자연인 정서를 고조하는 낭만주의에 준 휴머니즘의 영향이다. 낭만적 인간은 자연에 복귀하여 문화의 역사적 발전 이전의 토대 위에 서려 한다.

> 이미 지나간 것을 붙잡고 아직 오지 않은 것을 예기하는 것, 이것이 의식의 제일 작용이다. 만약 현재라는 것이 수학적 순간에로 환원되게 된다면 의식에 대해서는 현재가 없다. 이러한 순간은 과거를 미래에서 분리한 단순한 이론적인 극한에 불과하다. 그것은 엄밀히 말하면 생각될 수는 있어도 알려질 수는 없다. 우리가 그것을 붙잡았다고 생각할 때에 그것은 벌써 멀리 떠나 있다. 우리가 실제 지각하는 것은 두 부분으로 된 지속의 어떤 두께이니, 즉 즉시 지난 과거와 임박한 미래이다.
>
> 이 과거에 우리는 등대고 이 미래에로 기울어진다. 이렇게 의지하고 향한다 하는 것은 의식 존재의 독특한 것이다. 그래서 의식은 지난 것과 올 것을 잇는 연쇄요, 과거와 미래 사이에 가설한 다리라고 할 수 있다.

그러나 이 다리는 무슨 소용인가? 의식이 해야 할 임무는 무엇인가? 의식이 과거를 붙잡고 미래를 기다리는 것은 별다름 아니라 두말없이 그것이 선택을 행할 임무를 가진 까닭이다. 선택하기 위해서는 앞으로 행할 수 있는 것을 생각하고, 이미 행한 것의 유익함 혹은 유해함을 기억치 않으면 안 된다. 의식이란 선택을 의미하고 의식의 임무는 결단하는 데 있다.

우리 의식이 가장 선명하게 떠오르는 것은 어떤 순간에서일까? 이것은 내부적 위기의 순간이다. 우리가 택해야 할 여러 갈림길을 앞에 놓고 우리가 주저할 때에 내 장래가 나 하는 데 달렸다고 느끼는 때에서가 아니겠는가. 물질은 타성적이요 기계적 필연이다. 그러나 인간의 정신은 자발적으로 자기 장래를 선택하여 세계 중의 미결정의 지대를 통해 나가면서 미래를 창조한다. 앞으로 올 것의 대비는 이미 있던 것을 이용함으로써밖에 될 수 없으므로, 생명은 처음부터 한 지속 안에 과거를 지니고 있어 미래로 예기하기를 힘쓴다. 이 지속에서 과거와 현재와 미래는 서로 침투하여 분할할 수 없는 연속을 형성하는 것이다.

이것이 베르그송의 생명과 정신에 대한 사상이다. 그는 자아를 인식의 주관으로나 형식적 통일 기능으로 보지 않고, 살아 움직이는 실재적 자아가 시간의 흐름에 따라 자기의 과거를 자기에 감아 가지고 자기 자신 안에 새로운 것을 창조한다고 한다. 인간에게는 외계의 영향에 대하여 기계적으로 반응하는 신체 이외에 다른 것이 있으니

> 시간을 통하여 지속하는 것이요, 벌써 자동적이 아닌, 예견도 못했던, 또 선견할 수 없는 자유로운 운동을 신체에 요구하고 강요하는 무엇이 있다. 이것이 여러 편으로 신체를 넘어 흐르고 자기 자신을 창조하면서 행위를 창조하는, 이것이 자아요, 이것이 심(心)이요, 이것이 정신이다.

라고 그는 생생한 구체적 자아를 열어 보인다.

그 전에는 자아라 하든지 정신이라 하든지 그 본질이 미리부터 고정불변의 실체로 보았던 것이다. 그러나 '자아'란 것은 본질적으로 어떠어떠한 고정된 실체가 아니라, 시간상에서 역사로 되어 가는 가능성으로 보인다. 그래서 인간의 본성은 과학의 대상이 될 만치 일정한

것도 아니요, 영원한 본질로 완전한 것도 아니다.

끝으로 칼 야스퍼스의 「자연과 윤리」라는 논문에서 한 절을 인용하겠다.

> 인간의 본성은 아직 다 된 것도 아니요, 오히려 되어 가고 있다. 이 완성시키는 일 자체가 결정되지 아니하니만치 아직 완성되지 않았다. 그리고 극한 없는 가능성의 영역을 제시한다. 인간의 본성은 지망(志望)에 있고, 여러 길 중에 어느 하나를 선택하고 들어가는 감행(敢行)에 있다. 그 어느 한 길이나 예정되고 하나만 타당한 것은 아니다. 사람은 올라갈 수도 있고 떨어질 수도 있다. 그러나 단 한 방식으로가 아니라, 사람은 아직도 되어질 수 있고 단순한 가능성에서 아직도 되어지지 않은 것에서 자기실현을 할 수 있다. 니체의 말대로 사람은 결정 안 된 동물이다. 피코 델라 미란돌라는 15세기에 말하기를 '하느님은 그가 동물에게 하듯이 사람에게 아무 특수한 것을 부여함이 없이 사람을 창조하셨다. 하느님은 자기 모든 것을 합친 그림자대로 사람을 이 세상 가운데 내놓았다.' (…) '너만이 아무 데도 한계되지 않았다. 네 원대로 무엇이 되기를 결정하는 것을 선택할 수 있다. 나는 너를 짓되 천상계적도 아니요 지상계적도 아니다. 죽는 것도 아니요 영생하는 것도 아니다. 왜냐하면 너는 네 자신 네 주인을 네 맘대로 네 명예를 위하여 너를 만드는 자요, 창조자가 되겠다. 그래서 네가 동물계의 가장 비천한 것으로 타락할 자유도 있다. 그러나 가장 높은 신계로 날아 올라갈 수도 있다.' 동물은 자기 될 것을 날 때부터 가지고 있다. 사람에게

는 하느님이 모든 업적의 종자를 부어 넣었고, 온갖 생활양식을 위한 씨를 뿌렸다.

이 지망과 감행의 무한계성은 사람이 '무'(無)에서 오지 아니한 사실에 존립한다. 가능적인 것의 자유는 자기 의지의 근원에 기인하여 완수된다.

그 근원은 세계에 있는 다른 것들과 유사하지 않다. (…) 인간 자신 창조가 무에서 나왔다고 말할 수는 없다. 그러나 포괄하는 세계의 한계 안에서 자유를 제기할 수 있다. 네가 무엇이 되는가는 네게 달렸다. 네가 지금 '네'가 된 것만이 아니라, 너는 나날이 행하는 대로 너의 업적을 통하여 네 평생 네가 결정한 무엇이 되는 것이다.

사람은 자기의 결정과 행위에 따라 자기를 '도척으로도 불타로도' 만들 수 있다. 여기에 인간의 자유와 가능성이 있는 것이다.

『새벽』 1959년 11월호

지적하였다. 그래서 아리스토텔레스는 이 논의 때문에 제논을 변증법의 창시자라고 불렀다. 그러나 이 논법은 한 체계를 세우는 것도 아니요 한 견해를 증명하는 것도 아니다. 다만 적의 주장을 논파하는 것이다. 이것은 부정적 변증법이다.

그 후 소피스트(궤변론자)들은 변증법에서 지식의 정확을 얻으려는 논법을 보지 않고 오히려 자기 이익에 유용한 변증법을 찾았다. 그들은 그 제자들로 하여금 정치적 생활에서 성공케 하고 정권을 잡도록 준비시키는 것이다. 그들에게서 변증법은 경우에 따라 논적을 혼란에 빠뜨리게 하는 데 유용한 논쟁술로 전락했다.

소크라테스의 변증법은 항상 대화의 상대자에게 질문을 발하여 그들의 무지의 고백을 받고, 그들이 다시 일반적으로 타당한 개념과 진리를 찾으려 하는 데 도움을 주려는 산파의 직분을 하는 조산법(助産法)이다. 그래서 그의 변증법은 새 지식을 성립시키는 긍정적 방법이다. 그는 무엇보다도 먼저 용어의 의미를 명확히 하는 것과 말로 표현된 사물의 성질을 규정하는 데 전념하였다. 다시 말하면 정의(定義)를 구하고 그것을 논하는 것이다. 예컨대 그는 그의 제자인 테아이테토스에게 지식이 무엇이냐고 묻고 그 정의를 내리게 하였다. 먼저 지식은 감각이다. 다음엔 지식은 바른 판단에 있다. 최후로 지식은 이치를 가진 바른 판단이라고 함으로써 정의되었다. 그러나 그는 이러한 세 정의가 다 충족치 못함을 예로써 보인다. 또 다른 예로 덕이 무엇이냐 하는 물음에 메논은 덕이란 남자에 있어서는 국가의 일을 잘 하는 것이요, 여자에 있어서는 집을 잘 정돈하는 것이며, 또 따로 아이들의 덕과 노인의 덕, 기타 여러 덕이 있다고 대답하였다. 거기서 소크라테

것을 보게 할 때에 죄수는 눈이 부시어 어느 하나도 볼 수가 없다. 먼저 그의 시력을 훈련하여 어스름 속에서 사물을 쳐다보게 하여 차차 빛을 더하여 갈 때 나중엔 태양 그것을 볼 수 있게 하지 않으면 안 된다고 하였다. '이같이 사람이 변증법에 호소하여, 일체의 감성을 쓰지 않고 이성에 의하여 존재 자체에 도달하도록' 힘써야 한다. 플라톤의 변증법은 동적이어서 감성에 의하여 주어진 것을 지양하고, 더 높은 지적 단계로 비약하는 정신의 운동이다. 이런 동적 정신태세를 현대 사상 중에서 다시 찾아볼 수 있다.

이제 근대에 와서 변증법이라는 용어가 어떤 의미로 사용되는지 그 변천을 더듬어보려 한다.

칸트는 변증론이란 말을 아리스토텔레스에 본받아 분석론에 대립시켰다. 그는 가상에 기인한 환상적 추리를 '변증론'이라 불렀다. 시각에도 착각 같은 경험적 가상이 있고, 논리에도 궤변 같은 가상이 있다. 칸트는 우리 인간에게는 경험을 초월하는 가상이 있다 하고, 이 초험적 가상만을 이율배반으로 다루었다. 이성은 세계의 자연에 대하여 서로 모순된 두 주장을 제기한다. 하나는 정립(테제)이요, 그 반대는 반정립(안티테제)이다. 칸트의 예로 보면

> 세계는 시간에 있어서 시초를 가졌고, 공간에 관해서도 한계되어 있다.

는 것이 정립이요, 그와 모순되는 주장 즉

세계는 시초를 갖지 않고, 공간에서도 한계가 없다. 세계는 시간으로 보나 공간으로 보나 무한이다.

는 것이 반정립이다. 그는 이러한 이율배반 네 개를 논하였다.

칸트는 이러한 가상(假象)이 적은 일이 아니며, 이 가상을 실재로 여겨서는 아니 될 것이라고 하였다. 그런데 우리는 이 같은 혼동을 하려는, 멈추기 어려운 경향이 있다. 우리는 물체를 공간 속에서밖에 보지 못하고 사변(事變)을 시간 속에서밖에 표상하지 못하도록 만들어진 것이다. 이러한 표상조건은 인식하는 주체의 구성인데, 이것을 객관화하고, 우리 밖에 투사함으로써 우리는 공간과 시간을 객체가 들어 있는 일종의 용기(容器)같이 생각한다. 주체가 공간적으로 그리고 시간적으로 인식하는 방식을 객체가 가진 성질인 양 객체에게 부여하는 것이다. 마치 황달병에 걸린 사람이 모든 것을 누렇게 보는 것과 같은 것이다. 우리 주체 속에 있는 '내재적'인 것이 객체 속에 보이는 것이다.

칸트의 제3의 이율배반을 그의 표현과 좀 달리하면

세계의 현상은 원인 · 결과의 법칙에 따라 생긴다.

는 한 정립(定立)과

세계의 첫 근원 같은 인과관계 없는 자발성을 상정할 필요가 있다.

는 반정립(反定立)이 대립한다. 그의 학설에 의하면 인과율은 현상을 이해하는 우리 오성 방식인데, 이것을 객체 · 본체에게 부여함으로써 착각이 생긴다. 이러한 '선험적 착각은 자연적이요 불가피한 착각이어서 그 자신 주관적 원리를 근거로 하면서 그것을 객관적이라고 하는 것이다.'

하여간 실재에 관한 지적 표상이 일으키는 두 모순되는 주장이 이 선험적 변증법에 의하여 지양될 것이다. 무한한 계열의 실현은 불가능한 것인데, 우리는 시초도 없고 종말도 없는, 무한한 시간과 공간을 표상한다. 그러나 시간과 공간이 실물이 아니요 가상에 불과하다는 것을 안다면, 모순 즉 이율배반은 해결되고 설명될 것이다. 즉 시간과 공간은 물(物)이 아니라 우리가 표상할 수 있는 대상 앞에 우리가 투사하는 선천적 틀 즉 형식이다. 이러한 표상능력에는 한계가 없으므로, 시간 · 공간도 우리에 대해서는 한계가 없다. 즉 무한한 것으로 보이는 것이 이해되는 바이다.

칸트는 변증법에 대하여 그 전 사람들과는 달리, 가상의 논리라 하여 이 용어의 나쁜 의미를 강조하였다. 그러나 칸트의 경우에서도 고대인의 경우와 마찬가지로 변증법은 엄밀히 모순의 원리에 서 있다. 이 모순의 원리를 본질적 법칙으로 하는 변증법은 이 모순된 판단을 넘어서 융화된 통일을 찾으려는 정신 운동을 강하게 느끼게 하는 것이다.

우리는 이제 변증법에 대한 현대적 전회기에 이르렀다.

고전적 논리학에서는 두 명제가 서로 모순하면 그것의 한편은 반드시 허위이다. 그렇기 때문에 두 상반하는 명제는 동일한 사물에 관련하고 동일한 관점에서 보여지지 않으면 아니 된다. 한편에서는 불이 타고 있다고 말하고 다른 한편에서는 불이 타고 있지 않다고 말하면 여기에는 모순이 있으며, 불이 타고 있는 동시에 불이 차다고 주장하는 것에는 이율배반이 있다. 그러나 일방(一方)에서는 불이 타고 있다고 말하고 타방(他方)에서는 눈이 차다고 말하는 것에는 모순도 배반도 없다. 왜냐하면 그것은 동일한 사물을 가리키지 않은 까닭이다. 따라서 '모순의 투쟁'은 여기서는 모순의 원리에 관계가 있는 것같이 보일 뿐이요, 전연 논리적 대립을 성립시키지 못한다. 또 한 나뭇잎이 봄에는 푸르다가 가을에 노래졌다 해서 모순은 아니다. 변화는 모순이 아니다. 우리는 동일한 사물에 대해서도 동일한 순간에 대하여 말하지 않는 한, 모순을 범하는 것이 아니다.

모순은 또 우리가 동일한 관점에 서 있지 않다는 데서 생기는 것도 있다. 여름에 여행하는 이에게는 날씨가 너무 덥다 생각되고, 포도 재배자에게는 포도 익기에는 아직 더위가 부족하다고 생각된다. 여기서는 관점이 서로 달라서 모순이 생기는 것이다.

고대의 변증법에서 모순의 원리는 정신이나 사물에 관한 절대적인 법칙이다. 한 사물은 있음과 동시에 없다고 말할 수 없다. 그래서 사고가 모순된 두 문제를 서로 승인할 때에는 그 둘 중 한편은 분명히 오류이다.

이와 반대로 현대의 변증법은 '있음과 동시에 없는 것' 속에 모순이 보이지 않는 것은 아니나, 현대의 새 변증법은 이 모순을 모든 존재자의 활동의 본질적인 원동력으로 삼는 것이다. 그 모순 없이는 모든 존재자는 무활동이 될 것이다. 그래서 이 새 변증법은 모순을 극복할 것이로되, 그 모순된 명제들의 어느 것이라도 이자택일에 의하여 배척해서는 안 된다는 것이다.

우리는 이제 헤겔의 변증법을 이해하여야 할 문턱에 다다랐다. 한데 그의 철학체계는 신비로운 점이 많아서 오늘날까지도 전부를 이해하기 어렵다.

헤겔 변증법의 과정은 일반적으로 정립(테제), 반정립(안티테제), 종합(신테제)이라고 부르는데, 그이 자신이 흔히 말하는, 긍정과, 부정과, 부정의 부정이라는 세 계기를 포함하고 있다. 그의 변증법은 형식상에서 보더라도 첫째 긍정과 부정의 대립관계가 모순으로 나타남이 눈에 뜨인다. 둘째는 그 모순을 지양(아우프헤벤)하려는 논법이다.

> 동일성은 단순히 직접적인 것의 규정에 불과하나 이에 반하여 모순성은 모든 운동의 근원이다. 어떤 것이 그 자체 속에 모순을 가진 한에서만 그것은 운동하고 충동과 활동성을 가지고 있다.

고 헤겔은 정신에 있어서와 마찬가지로 자연에 있어서도 모순과 대립을 그 자체의 원동력의 표시로서 파악하는 변증법을 제출한 것이다.

한 개념의 진전도 이 긍정적인 것에 부정적인 것을 대립케 하는 것만으로는 아직 진리는 아니다. 오히려 이 대립을 매개로 그 양자의 통일에서만 진리가 될 수 있다. 그리하여 대립은 그 자체를 넘어서 그 대립의 해소에 이르지 못한 사정에서만 바로 모순하는 것이다. 그러나 이 모순 자체를 최후의 성과로 여겨서는 아니 된다. 그는 모순을 진(眞)의 특징으로 삼지는 않았다. 사물은 그 자체 모순되지 않을 수

을 해방하더니 이제는 다시 종속적이 된다. 이번에는 인간보다 낮은 힘에 얽매이고 자기 의사는 무능력한 것으로 보인다. 인간의 활동이 인간이 유의적(有意的)으로 통제치 못할 필연적 과정의 결과라 하면 인간의 이론적 개념과 도덕적 가치는 온전히 조건부요, 상대적이 될 것이다. 역사는 자연히 객관적 힘의 반영이다. 그럴 때에는 인간에게 남은 자유는 다만 자기 밖에 있는 물적 세력이 자기 의사에 복종하는 것이 아닌 줄로 허용하며 유의적으로 이 힘에 지배되는 데 있을 뿐이다. 이렇게 물적 세력에 순응하여 그 진로를 따라가면서 역사적 진행에 능동적 분담을 하거니 사람은 생각한다.

그러나 그렇다고 하면 인간 정신의 자유는 진정하게 창조적이 아니다. 인간이 자기 밖에 있는 물적 세력에 끌려간다면 인간은 역사상 그가 수행하지 않으면 안 될 운명도 없게 된다. 인도주의니 이상이니 하는 것이 모두 없어지게 된다.

오늘날 역사적 의식은 인간이 행위하는 존재자요, 모든 행위는 역사적 정세에 있는 행위임을 보여준다. 인간이 자기 처지에 있어서 자기를 의식하고 그의 행위는 그 처지에 대한 응답이다. 인간은 언제나 역사상 특정한 지반 위에 서 있다. 그때마다 그가 어떠한 인간이 되느냐 하는 것은 그가 그 역사적 세계 내에서 그 행위의 여러 가능성을 처음부터 어떻게 이해하는가에 달려 있다. 인간은 자기의 내적 자유의 가능성을 믿으면 자기 양심의 소리에 따라 행위하므로 인간의 참 운명을 다할 수 있을 것이다.

『해병』 1962년 1월호

앙리 베르그송 『시간과 자유의지』 해제

Ⅰ. 베르그송의 생애와 사상

1. 생애

앙리 베르그송(Henri Bergson, 1859~1941)은 1859년 10월 18일 파리에서 태어났다. 그의 아버지는 유대계의 폴란드 사람으로서 프랑스로 이주하였다. 그의 어머니는 영국 사람으로, 베르그송은 출생 후 몇 년간 영국으로 가 살았으나 이후 프랑스로 돌아와 어려서부터 파리에서 교육을 받았다.

1868년부터 1878년까지 콩도르세 고등학교에서 교육을 받았는데 고전(古典)과 수학에 취미가 깊었으며, 1877년에는 수학경쟁시험에서 입상하여 그 논문이 『수학연감』에 발표되기까지 하였다. 1878년부터 1881년까지 고등사범학교(École normale supérieure)에 입학하여 문과를 택하여 수학하였고, 교수시험(agrégation)에 합격된 후 1888년까지 5년간 지방의 여러 고등학교에서 교편을 잡으면서 박사논문을 준비하여 1889년에 파리 대학에 제출, 학위심사에서 통과되었다. 바로 그 논문이 지금 해설하려는 이 저작이다.

1888년에는 파리로 돌아와 앙리 4세 고등학교에 교수로 있으면서 고등사범학교에 강사로 나갔다. 1900년에는 콜레주 드 프랑스의 교수로 취임하였고, 1901년에 학술원 회원으로 뽑혔으며, 1914년까지 재직하였다. 1918년에는 아카데미 프랑세즈(한림원)의 종신회원으로 선출되었다. 제1차 대전 중에는 프랑스-미국 두 나라의 친선을 위하여 사절단을 이끌고 미국을 방문하였으며, 종전 후에는 국제연맹이 '12인 지적 협력위원회'를 세울 때, 그 위원장으로 뽑혀 1925년까지 책임을 맡았다. 그 후 몸에 생긴 병으로 오랜 고통을 겪다가 1941년 파리에서 사망했다.

2. 주요 저서

베르그송의 사색 활동은 주로 4개의 저서에 발표되어 있는데, 그 첫 저작인 『시간과 자유의지』는 그의 사상의 핵심이요 가장 독창성을 지닌 그의 인식론이다. 이 책의 제목은 프랑스어로는 『의식의 직접적 소여에 관한 시론』(1889)인데, 영어로 번역될 때 베르그송의 제언에 따라 『시간과 자유의지』로 표제가 고쳐진 것이다. 『물질과 기억』(1896)은 그의 심리학이요, 『창조적 진화』(1907)는 생물학의 기초 위에 세워진 그의 형이상학이며, 최후의 대작인 『도덕과 종교의 두 원천』(1932)은 그의 윤리학인 동시에 종교철학을 포함하고 있다.

그 밖에도 『웃음』(1900)이라고 표제한 작은 책과, 논문과 강연들을 모은 『지적 노력』(1902) 『정신적 에너지』(1919) 『사상과 운동』(1934) 등이 있으며, 그리고 그의 사망 후 남긴 논문과 연설집(제1권 1957, 제2권 1957, 제3권 1959)이 출간되었다.

이들 저작은 모두 굉장한 성공을 거두었는데, 그것은 베르그송이 시대의 가장 심각한 요구에 응한 참신한 철학을 전개했을 뿐 아니라,

동시에 그 같은 철학을 아름다운 문장으로 표현한 까닭이다. 그 때문에 그는 1927년도 노벨문학상을 받았다. 비범한 명석성과 예술적 표현과 인상 깊은 비유에 의한 구체적 설명에다 그는 비상한 철학적 진실성과 변증의 예리함을 결합하였다. 사실 그의 저작은 깊은 연구에 의한 결정이다.

3. 시대적 상황

베르그송이 첫 저작을 저술한 19세기 말경에는 과학적 주지주의(主知主義)와 실증주의가 사상계에 성행하였다. 근대과학은 그 사상의 시조 데카르트가 연 학문의 길을 밟아 나아가면서 끊임없이 성과를 거두었던 것이다. 보편적 기계론이 그 이래로 유일한 학문의 길이었다. 세계의 문제는 기계의 문제 외에 다른 것이 아닌 연장(étendue)과 운동으로써 모든 자연 현상과, 그리고 모든 종류의 현상들을 우리가 설명할 수 있다고 밝히는 것과, 우주에는 기하학적으로 결정할 수 있는 요소와 그 요소가 가지고 있는 힘밖에 없는 이유를 밝히는 것과, 이런 요소와 이런 힘이 어떤 일정한 순간에 활동하는 실상을 정확히 인식한다면, 과학자는 어떤 결과라도 엄밀히 계산할 수 있으리라 믿고 자연과 역사에서 일어나는 어떤 일이라도 우리는 예측할 수 있으리라고 믿었다. 왜냐하면 세계의 모든 일이 필연적 법칙에 따라 완전히 결정된다고 보는 까닭이다. 그리하여 질적 현상의 다양을 운동의 단순한 원리로 환원하는 것, 운동의 작용에 의하여 음(音)과 열(熱) 같은 질적 차이를 설명하고, 그리고 그런 방법으로 생명을 설명하고 의식까지도 설명하려는 것, 이런 것들이 오늘날까지 과학적 기계론(mécanisme)이 목표하는 프로그램이다.

그리하여 의식과 사유를 뇌수작용의 부대 현상같이 생각한다면 인간의 자유의지는 정면으로 부정되는 것이다. 베르그송은 이러한 과학적 기계론과 19세기 관념론에 반대하여 과학을 구성하는 지성 자체를 비판하여 지성은 실재를 인식하는 것이 근본 임무가 아니라, 생을 운영하는 한 도구의 임무밖에 갖지 아니함을 밝히지 않으면 안 된다. 참실재를 인식하려는 철학은 사유하는 지성 능력과는 또 다른 능력을 자기 속에서 발견하고 실현시켜야 하며, 이것이 새 철학의 사명이다. 이것을 언어로써 충분히 설명하기는 어려우나, 억지로 말하자면 직관의 능력이요 지적 동감의 능력이라고 주장했다.

칸트는 수학과 물리학을 확실한 지식으로 사실상 승인하고, 우리 인간 감성의 형식과 오성의 범주에 의하여 구성된 것으로 그 학문의 근거를 세워주고, 그러고도 그 과학적 인식의 한계를 현상계에만 믿게 하고, 그 배후에 파악할 수 없는 본체의 세계(noumena)를 인정하고서야 만족하였던 것이다. 그래서 칸트에 이르러서의 과학적 지식은 타당하며 객관적인 동시에 확실함이 인정되었다고 하더라도, 그 대신 매우 상대적인, 상징적인 것에 불과하다고 보게 되었으며, 사물의 근본, 즉 참실재(le reel)는 과학적 인식방법으로는 알 수 없는 것으로 되어버렸다.

4. 방법 – 직관

베르그송에 의하면 대상을 인식하는 데 두 가지 방법이 있다. 하나는 사물의 주위를 맴도는 것이요, 다른 하나는 사물의 내부에 들어가는 것이다. 제1의 방법은 우리가 취하는 관점과 표현에 쓰이는 기호에 달려 있고 제2의 방법은 관점이라는 것을 생각하지 않고 기호에 의존하지 않는 방법이다. 전자는 상대적 지식에 도달하는 것으로서 분석이라 하고, 후자는 가능한 한 절대에 도달하려는 인식으로 직관이라고 한다. 직관(intuition)이라는 것은 안에서 본다는 말인데, 어떻게 안에서 볼 수 있을까? 이제 예를 들면, 집 같은 것은 바깥에서 집 주위를 돌면서 그 입장에서 집의 모양과 구조와 색채를 볼 수 있을 것이요, 또 집 안에 들어가서 내부를 살펴볼 수도 있다. 그러나 모든 사물의 내부에 들어가지 못하고는 안에서 볼 수가 없을 것이다. 더욱이 안에서 본다는 것은, 베르그송에 의하면 스스로 그 대상이 되어 그 대상을 내감하지 않으면 안 된다고 한다.

그러나 일반적으로 물질적 사물을 직관하기는 불가능하지만 그래도 직관이 가능한 것이 하나 있다. 그것은 의식이다. 가령 내가 내 손을 움직인다고 하자. 그 손의 움직임은 밖에서 볼 수 있다. 그러나 그 손을 움직이게 하는 동작 자체는 안에서만 실감할 수 있다. 그리하여 그때 내감(內感)된 의식은 밖에서 쳐다보여진 손의 공간적인 위치의 이동과는 질적으로 다른 종류의 것이다. 이것이 바로 의식이요, 그것은 내감으로만 알 수 있는 것이다.

5. 자아

의식은 직관에 의해서만 인식할 수 있는 것이다. "단순한 분석에 의해서가 아니라, 내부에서 직관에 의해 우리가 잡을 수 있는 실재가 적어도 하나는 존재한다. 그것은 시간 속에 흐르고 있는 우리 자신의 인격이요, 지속하고 있는 우리의 자아이다. 우리는 다른 무엇보다도 지적으로 또는 오히려 정신적으로 공감할 수 없다 하더라도 우리 자신의 자아와는 확실히 공감(sympathiser)한다."라고 말한다.

6. 지속

베르그송의 철학은 우리의 의식의 존재를 강조하고 우리의 내면적 지속과 접촉하기를 구하며, 우리 내면적 지속의 흐름에 잠잠하게 귀를 기울여 지속하는 실재의 참모습을 인식하게 하려고 한다. "지속이란 것은 우리 자아가 자유롭게 생활할 때와 현재의 상태와 이전의 상태와의 사이에 구분을 지으려 할 때에 우리 의식상태의 계속이 보이는 바의 형태이다." 우리는 두 의식상태를 서로 끊어져 있는 것같이 생각한다. 사실은 단절된 것이 아니라 두 의식상태는 서로 침투하고 배어들어 융합한다는 것이다. 의식상태가 각기 한 점과 다른 점들이 공간상에 벌여 놓은 것같이 보는 것은 잘못이다. 그것들은 한 리듬(rhythme)을 구성하는 전체로서 융합되어 있는 것이다. 그 전체는 한 개의 살아 있는 존재에 비교할 수 있고, 그 부분은 서로 연대적 효과를 가짐으로써 서로 엮어 짜여져 있다. 지속한다는 것은 매우 단순히 산다는 것이다. 우리가 우리의 내면에 체험하는 그 지속은 음악과의 유사를 생각하게 하고, 그리고 음악은 생명과의 유사를 생각하게 한다. 순수음악을 파악하는 습관을 얻게 되면 의식의 지속을 이해할 수 있을 것이다. 순수한 지속은 계속이요 융합이다. 이 내면적 체험의 사실이란 것은 사람이 스스로를 지속하는 것으로 체험하는 것이다. 데카르트는 "나는 생각한다. 그러므로 나는 존재한다."(Cogito ergo sum)

에서 출발하여, 인간을 사유하는 실체로 보았다. 그의 철학은 사유와 존재를 동일한 가치로 보게 되어 "나는 신을 생각한다. 그러므로 신은 있다."고 하는 실체 증명의 방향으로까지 나아갔다. 베르그송에 있어서는 내면적 생활의 직관에서 얻은 것이 바로 지속하는 것이다. 그러므로 그는 우주를 지속하는 것으로밖에 이해할 수 없고 어떤 것이라도 지속하지 않는 것으로는 생각할 수 없다.

7. 변화

그런데 지속하는 어떤 것이라는 표현은 여러 가지 의미로 해석될 수가 있겠다. 지속하는 어떤 것은 일반적으로는 변화하지 않는 어떤 것을 의미한다. 그런 의미에서, 모든 것이 있는 것으로서 지속하는 것이다. 바꾸어 말하면 계속적인 순간에 있어서, 변화하지 않는 그 자신으로서 존재하는 한에 있어서, 지속한다고 함이다. 그러나 베르그송의 의미에서는 지속한다는 것은 변화하는 것이요, 인간이 살고 있음으로써 변하여 가는 것같이 변하는 것이다. "만물은 유전(流轉)한다. 모든 것은 변한다."라는 중심적 원리는 그리스의 고대 철학자인 헤라클레이토스의 사상이요, 이 단순한 표현이 베르그송에게 계승되지만, 많은 난점을 포함하고 있다. 플라톤 이후 많은 철학자나 일반 상식이, 우주는 공간 안에 퍼져 있는 고정불변하는 대상으로 조성되어 있는 것으로 생각하는데 "모든 것은 변화한다."고 하는 베르그송의 원리와는 상충되는 것을 면할 수 없다. 그는 말하기를 "우리 자신은 변화를 통해 지속하는 존재가 아니라, 변화하므로 지속하는 존재"라고 한다. 우리 생명은 현실적으로 체험된 것으로서, 가장 확실한 내적 실재로서, 변화 그 자체이다. 그는 말하기를 "우리 실존이 분리된 여러 심적 상태들을 연합하여 조성된 것이라면, 우리에게는 아무 지속이 없을 것이다. 왜냐하면 변화하지 않는 자아는 지속하지 아니하고, 그리고 하나의 심적 상태가 그 다음 상태에 의하여 교체되지 않는 한 그대로 머물러 있으면 어느 것이나 지속하는 것이 아니다."라고 한다. 고정불변하는 실체를 전제로 하는 합리주의적 철학은 분동하는 공간 위에 기초함이다. 지속과 변화를 빼버린 공간적 세계는 순간마다 사멸하고 그리하여 재생하는 세계이다. 데카르트는 그러한 이유로 이렇게 말한다. "내가 조금 전에 존재했다는 것에서 결코 내가 지금 오히려 있지 않으면 안 된다는 것은 귀결되지 않는다. 따라서 이를 위하여 꼭 지금 이 순간마다 나를 창조하는 바의, 바꾸어 말하자면 나를 보존하는 바의, 어떤 원인이 다시 필요하게 되므로 새로운 창조, 즉 계속적 창조를 생각하게 되었던 것이다." 그런데 실재의 지속은 시간상 끊임없는 연속에 의하여 성립되어 있다.

8. 삶

지속한다는 것은 산다는 것을 의미함이라고 하였거니와, 생명은 지속이요 우주는 우리와 같이 지속하는 생명이 있는 존재이다. 전체적인 우주와 같이 개개의 생물이 그러하듯이, 생활하는 유기체는 지속하는 어떤 것이다. 베르그송에 있어서는 우주 전체와 함께 인간도 창조적 진화(évolution créatrice)로, 그가 좋아하는 표현으로는 생성(生成, devenir)되는 것으로서 잡혀질 수 있다. 삶이란 그 밑바닥에서 끊임없이 연계되는 운동성 · 시간성 · 지속성이다. 고정적인 것과 정적인 것은 아무것도 있지 않다. 베르그송이 반대하는 것은 주로 유물론, 기계론 및 결정론이다. 베르그송은 근대과학 특히 심리학에 대하여, 그것은 잘못된 방법으로 인간의 실상에 접근하는 것이어서 그 실상을 비뚤어지게 한다고 비난하고 있다. 즉, 과학은 그 굳어진 정적인 개념을 갖고서는 도저히 생의 실상에는 적합할 수 없는 지성(知性, intelligence)을 자기의 결정적인 도구로 삼고 있다고 하는 것이다. 그에 의하면 지성은 다만 공간적인 것, 양적인 것, 기계적으로 결정된 것, 따라서 물질적인 것을 파악하는 능력을 가진 데 불과하다. 그러나 지성은 이 자기에게 소속한 영역에 만족해 있지 않고, 모든 존재와 생명의 설명을 주려고 하는 야망을 품었기 때문에 필연적으로 나아갈 길을 그르친다. 따라서 지성화의 방법은 결과로서 심적 생의 일면적 공간화와 결정화에 이르게 된다. 베르그송에 의하면, 그럴 경우에 특히 시간 개념이 변질화된다. 시간은 비연속으로 구분할 수 있는 경과(經過)로서 잡혀짐으로써 실제상 공간적 범주로 환원되는 것이다.

II. 베르그송의 저작

1. 『의식의 직접적 소여에 관한 시론』

이것은 그의 첫 저작인데, 베르그송은 모든 존재를 시간의 형상에서, 그의 말대로 하면 '지속의 형상 하에' 잡으려고 함으로써 현대철학의 개척자가 된 것이다. 그는 이 『시론』에서 서양사상상 중요한 문제의 하나인 자유를 다루되 시간론에 의하여 해결하려고 하였다. 제1장에서는 '심리상태의 강도에 관하여', 제2장에서는 '의식상태의 다양성에 관하여'라는 제목을 붙이고, 여기서 한 의식상태에서 다른 상태로 옮아가는 과정을 논하고, 물리적 시간과는 다른, 진정한 지속을 규명하였다. 제3장에서는 '의식상태의 조직화에 관하여'라는 자유론을 전개하였다.

과학적 기계론의 근본 가정은 질(質)을 양(量)으로 환원하는 것이다. 감각이 우리에게 인식시키려는 질의 변화, 또는 질의 차이를 분명한 양으로 대응하게 할 수 있다고 과학자는 예상하고 있다. "의식의 모든 상태, 감각과 감정과 격정과 노력은 증대하거나 감소할 수 있다."고 말할 뿐 아니라, 한 감각은 "같은 성질의 다른 감각보다도 2배, 3배 더 강하다"고까지 말한다. 그리하여 질과 양, 내적인 것과 외적인 것이 이 강도라는 개념 속에 혼동되어 있다는 것이다. 따라서 이 개념을 먼저 비평하지 않으면 안 된다. 예컨대 철봉을 휘는 노력은 핀을 휘는 노력의 몇 십 곱절이라 한다. 이빨을 뽑는 아픔은 털을 뽑는 아픔보다 백 배나 더 아프다고 말한다. 그러나 직접 느끼는 것으로 보면, 이빨을 뽑는 아픔과 털을 뽑는 아픔은 질적으로 다른 것이요 양적으로 비교될 것은 아니다. 핀과 철봉의 경우에도 우리가 행한 노력의 느낌이 직접 비교된다기보다도 핀과 철봉을 공간에 투사하여 비교하는 것일 것이다.

애정이 강하다든지 동정이 적다고 말할 때, 사람들은 그것을 양으로 표현할 수 있는 것같이 생각한다. 그러나 애정은 하나하나 독자적 성질을 갖고 있어서, 서로 더한다든지 감한다든지 할 수가 없는 것이다. 그것들의 대소를 논하려면, 그것들을 서로 덧겹쳐 놓지 않으면 안 된다. 질적인 것을 공간 위에 펼쳐 놓음으로써 양적인 것으로 생각하게 한다. 양적인 입장에서 모든 현상을 외부에서 측정하려는 자연과학자는 모든 질적인 것을 배제하는 것이다. 그러나 심리학 현상을 순수한 그대로 파악하려면, 심리학자는 이 양적 입장을 포기하지 않으면 안 된다. 우리의 내면적 현실은 공간적인 것도 아니고 수도 아니며, 그와 반대로 사실적으로 지속하는 것이다. 심적 현실은 절대적으로 이질적인 성분들로 이루어져 있으며, 이 성분들은 분명하게 구별되지 못하도록 서로 침투되고 융합되어 있다. 연상심리학이 말하듯이 우리 감각들은 서로 따로 떨어져 있는 것으로서 외부에서 서로 결합되는 것이 아니라, 서로 융합하여 나의 개성적 색채를 띠는 것이다.

오케스트라를 들을 때처럼 음과 음이 서로 융합하여 산 조직을 이루어 지속하면서 전개해 나아가는 것이다. 여기서는 앞서 들은 음과 지금 듣는 음이 서로 하나로 융합되어 다음에 올 음의 방향을 예고해 준다. 한 개 한 개의 음이 아니라 전체로서 멜로디를 이룬다. 여기서는 공간성이나 물리적 성질이 문제가 아니라, 시간상 과거와 현재와 미래가 서로 융합하여, '현재는 과거를 등에 지고 또 미래를 품고 있어' 유동과 침투가 얽혀 있다. 이것이 순수지속이다. 베르그송은 순수지속을 정의하기를 "순수지속이란 것은 질적인 변화의 계속뿐이요 그 변화는 서로 매여 있고 서로 침입하여 명확한 윤곽을 갖지 않고 서로 외적인 관계에 선 경향이 아니라, 수와는 적은 유사점도 보이지 않는 순수한 이질적인 것이라 해도 좋을 것이다."라고 하였다.

자연과학이 고찰하는 운동은 운동 그 자체가 아니라, 운동체가 옮아간 공간상의 자취이다. 옛날 엘레아의 제논이 운동에 대하여 어려운 문제를 제기한 것을 회상해보자. 화살이 A점에서 B점을 향하여 날아간다고 하자. 이 화살이 날아가는 각각의 순간에 반드시 어느 한 점에 존재한다면 그와 같은 순간에는 그 점 이외의 점에 존재할 수는 없다. 따라서 모든 순간이 그러할 터이므로, 화살은 항상 어느 한 점에 존재하는 것이어서, 그 이외의 점에는 있지 않다. 그러므로 운동은 존재하지 않는 것이며, 실제로 운동은 있는 것이 아니라, 일련의 정지(靜止)가 있을 뿐이다. 운동은 불합리요 가상(假象)이다.

그는 또 이렇게 주장한다. 화살이 A에서 B에 이르기 위해서는 먼저 그 반의 지점에 도달하지 않으면 안 되고 다시 또 그 남은 반의 지점, 이같이 반의 반을 가야 하므로 화살은 결코 B점에 도달할 수가 없다. 이와 비슷한 논란에 아킬레스와 거북의 이야기가 있다. 거북을 어느 거리 앞에 세워 놓고 경주를 하면 아무리 빠른 아킬레스라도 따라잡을 수 없다. 왜냐하면 아킬레스가 거북이 있는 지점에 따라가는 순간에는 거북도 아무리 짧은 거리라도 더 나아갈 것이다. 그리하여 아킬레스와 거북 사이의 간격은 한없이 짧아질 것이나 결코 없어지지는 않는다. 그래서 거북을 따라잡을 수 없다고 제논은 결론한다.

베르그송은 제논의 주장에 정면으로 반대하고 있다. 운동의 본질을 캐냄으로써 이를 반박한다. 제논은 운동과 운동체가 통과한 공간을 혼동하고 있다. 제1의 논란에서, 제논은 운동체가 각 순간에 각 점에 있고 다른 점에는 있지 않다고 한다. 그러나 이것은 운동체를 각각 그 지점에 붙여 놓은 것이요, 결국 정지(停止)시킨 것이다. 따라서 공간을 구성하는 정지한 점들과 운동이 동일화되어 있다. 운동을 정지의 계열로 바꾸어 놓고 있다. 그러나 운동과 정지란 것은 운동체와는 질적으로 다른 존재방식이어서, 정지에서 운동을 구성하는 일은 허용되지 않는다.

제2의 논란은, 운동도 공간과 마찬가지로 마음대로 무한히 분할할 수 있다고 생각하는 억측에 기인하고 있다. 화살이 통과한 거리는 반분에, 또 그 반분으로 분할할 수 있다. 그 거리는 그러한 모든 부분으로 성립되어 있다고 할 수 있으리라. 그러나 운동 자체는 마음대로 분할될 수도 없고, 그렇게 분할된 부분으로 성립되어 있는 것도 아니다. 화살은 단번에 A에서 B로 날아가는 것이지 중간점에 정지하는 것은 아니다. 사실상 중간점에 정지한다고 하는 가능성은 우리로서 보면 확실하다. 그러나 날아가는 화살은 이 가능한 정지에는 무관심인 것이다. 가능적인 정지를 생각하고, 상상상(想像上)으로 한없이 짧은 시간에라도 화살을 정지시켜 보는 것은 우리요, 화살 자신은 아니다. 화살은 그러한 가능성까지도 문제 삼지 않고 오직 날아간다. 이 운동의 존재방식을 무시해서는 안 된다. 운동과 운동체가 통과한 공간을 동일한 것으로 보아, 공간의 가분성(可分性)을 운동에 넘겨줌으로써, 운동의 존재방식을 마음대로 변화시킨 데에 제논의 궤변이 있다.

운동은 유일 불가분의 단순한 행위이다. 제3의 논란도 본질적으로 같은 것이다. 실제로 아킬레스는 거북이 있던 곳까지 가는 것은 아니다. 거북이 있던 곳까지 가서, 일단 정지하는 것도 아니다. 단번에 쫓아가는 것과 일단 멈추었다가 다시 출발하는 것과는 운동의 양식이 서로 다른 것이다. 이 점을 보지 못한 것이 제논의 틀린 점이다. 베르그송은 이 논박을 통하여 운동의 행위적 성격, 불가분의 질적 성격을 강조한 것이다.

우리는 운동이 공간 안에서 생긴다고 말한다. 사실 운동체의 계속적 위치는 공간 안에 자리 잡고 있다. 그렇더라도 운동체가 한 위치에서 다른 위치로 옮아가는 동작은 공간적이 아닌 지속 속에 있고, 그리고 의식적인 관찰자에 대해서만 실재성을 갖고 있다. 그래서 말하자면 성질적인 종합이 있고, 계기하는 모든 감각의 점진적 조직이 있으며, 멜로디의 통일과 비슷한 운동의 통일이 있음을 알 것이다. 우리가 운동 그것만을 생각할 때에는, 즉 이 운동에서 말하자면, 그 순수한 동작(mobilité)을 생각할 때에는 "운동 속에는 두 요소가 분별된다. 즉 경과된 공간과, 공간을 경과한 동작과, 계기적 위치와 위치의 종합이 그것이다." 요컨대 한편은 흘러간 시간이요, 다른 한편은 흐르고 있는 시간이다. 그리하여 흘러간 시간은 실은 공간 이외의 다른 것이 아니다. 운동궤도가 선으로 표시되는 것도 그것이 이미 공간화된 까닭이요, 흐르는 시간이 아니기 때문이다. 다시 말하자면 진정한 시간, 즉 지속은 참으로 시시각각으로 옮아가며 변해가므로 그 사이에 단절이 끼일 수 없는, 부분들의 서로 침투하는 시간을 의미하는 것이다. 그리하여 베르그송은 동질적 시간을 구체적 지속에서 구별한다. "우리는 두 종류의 다른 실재를 구별한다. 그 하나는 이질적인 감성적 성질의 실재요 다른 하나는 동질적인 실재, 즉 공간이다." 이 동질적인 시간은 공간의 복사(複寫)에 불과한 것이다.

자연과학은 시간을 측정한다. 그 측정하는 방법은 시계바늘이 통과한 문자판의 거리와 운동체의 위치의 변화를 서로 대응하게 하는 것이다. 그런데 여기서 실지로 측정된 것은 참운동이나 시간이 아닌 공간에 불과하다. 시계바늘이 문자판 위의 어느 한 지점을 통과할 때에 운동체의 위치를 기록하는 것에 불과하다. 결국, 두 운동체의 동시적인 위치를 대응시키는 것이다. 물론 시계바늘은 연속적으로 이동하므로 그 자신이 시간적 현상이다. 그것은 하나의 체험된 행위요 하나의 질적 과정이다.

그러나 물리학자는 시계바늘의 움직임의 진행, 질적 과정 등을 문제로 하는 것이 아니라, 문자판 위의 지표와 시계바늘의 일치를 보는 것이다. 또 그는 운동체가 그 순간에 어디에 있는가, 어디를 통과하는가를 주의하고 있다. 이때에 그가 보는 것은 운동의 질적 양상이 아니라 운동체와 어떤 위치가 서로 덧겹침이 문제로 되어 있다. 이러한 이유로 물리학자들의 눈에는 그것이 시간의 경과, 운동의 과정 등인 것이 아니라, 동시성(simultanéité) 또는 두 운동체의 동시적 위치인 것이다. 그들이 측량하는 것은 경과된 공간이요, 이 공간만이 그들이 측량할 수 있는 대상이다. 엄밀히 말하면 시간의 측량이 아니다.

순수한 시간은 잴 수가 없다. 그 증거로는, 만약 우주의 모든 것의 운동이 2배나 3배 더 빨리 생긴다 하더라도 물리학의 방정식에는 변할 것이 없을 것이다. 그러나 의식은 어떤 변화를 체험할 것이다. 시간의 경과에 따라 성숙(成熟, mûrir)하는 의식의 체험하는 시간, 즉 지속과 동시성의 집합으로서의 물리학적 시간 사이에는 본질적으로 다름이 있음을 인정하지 않을 수가 없다. 멜로디의 체험에 있어서는 시간의 경과, 그 자체가 존재의 변화이다. 아무리 물리적으로 같은 음, 또는 같은 곡조라도 여러 번 되풀이하면 우리의 의식은 달라진다.

그런데 심리학의 연상학설은 심리적 사실을 서로 분리되고 구별되고 공간화된 요소들의 집합으로 생각한다. 연상설의 잘못은 동작의 질적 요소를 처음부터 제거해 버리고, 정신의 내부에서 일어나는 구체적인 현실 대신에 인공적인 재구성을 바꾸어 놓는 것이라고 베르그송은 비평한다. 연상학파는 수동적인 요소를 가지고 능동적인 정신을 성립시켜서 에피쿠로스가 말하는 "원자와 같이 내면적 공간에 떠 있다가, 우연한 기회에 인력의 영역에 끌려 들어가면, 서로 접근하고 서로 걸리는 관념과 표상들이, 독립한 실체를 구성한다."는 것이다.

그런데 이 같은 독립적 표상은 심리적으로 추상된 것밖에 되지 않는다. 실제에 있어서 우리는 유사하고 있는 개체보다 먼저 유사를 인식하고 있고, 계속하고 있는 부분의 집합체에서 전체를 부분보다 먼저 자각하는 것이다. 우리는 부분을 모으는 것이 아니라, 부분으로 분할하는 것이 우리 지성의 작용이다. 지성은 전체적 · 통일적 존재를 파악하지 못하고 일상생활을 위한 행동을 준비하는 기능이다. 연상설은 경험적 상태들을 벌여 놓아 자아(自我)로 보고 있다. 이런 표면적 자아 밑에 공간적 병렬이 아닌, 인격 전체가 구현되는 자아가 있다. 아무리 한없이 심적 상태를 늘어놓더라도 그것은 필경 환영(幻影)의 자아요, 공간에 투사된 자기의 그림자 이상의 아무것도 아닐 것이다.

'마치 연못의 수면에 뜬 마른 잎사귀 같이' 우리 자체의 표면에 부동하는 것이 의식상태이다. 우리의 참자아는 이런 의식상태를 초월하여 참으로 지속하고, 참으로 생활하고 따라서 끊임없이 변화해 가면서 이미 얻은 인상이 서로 쌓이고 융합되어 자기의 독특한 색채를 띠고 특수한 품격을 갖춘 참자아를 실현해 나아가는 것이다. 자기 본래의 자아를 실현하면서 창조적으로 전개하는 지속이 생생한 자아이며, 앞으로 되어질 미래가 열려 있는 자아는, 즉 자유라고 베르그송은 말한다.

위와 같은 철학적 원리를 갖고 그는 현대철학의 중요한 논란인 자유의 문제를 해결하려고 한다. 해결하려 하기보다 그 문제를 없애버리려 한다. 생명의 질적 연속인 참자아는 순수지속으로서 본래부터 과학의 여건은 될 수 없다. 주지주의자들은 인간의 의지활동을 분기점에 있어서의 방향의 선택으로 이해하려는 점에 문제가 있다. 문제에 대한 모든 오해는 베르그송에 의하면 "자유에로의 행방을 공간 안에 생기는 진동과 같이 생각하는 데서 유래한다." 행위하는 이가 이 방향으로 갈까, 저 방향으로 갈까 하는 선택의 자유는 피상적이며, 실재하는 것은 생생히 살아 있는 자기이므로 그 자기의 자유로운 행위는 스스로 해방되어 진전하여 가는 것이다. 요컨대 '우리 행위가 우리의 전 인격에 흘러나오고, 전 인격을 행위가 표명할 때' 그리고 동시에 그 행위가 인격을 확충하여 인격을 완성할 때에 우리는 자유인 것이다. 관념론자가 생각하듯이 자아는 이미 완성되어 있는 것도 아니요, 고정된 것도 아니다. "자유는 유동적 진행이므로, 자아와 능동 그것은 살아 있는 참실재와 마찬가지로 끊임없는 생성 속에서 스스로를 실현해 가고 있다." 남의 인격에 대하여, 그의 과거에 대하여 판단하듯이 그처럼 충분히 남의 미래의 행동을 예견할 수는 없는 것이다. 동일한 원인에서 동일한 결과가 나온다고 하는 논리적 필연관계, 즉 결정론(決定論, déterminisme)은 인생 현상에는 적용의 문이 막혔다. 구체적 자아와 자아가 행하는 동작과의 관계를 자유라고 부르는 것이다. 이 관계는 자유이므로 우리는 이를 정의할 수 없다.

베르그송은 위에서 본대로 내적 자아와 외적 자아를 구분하였다. 전자는 내적 · 계기적 · 시간적이요, 후자는 양적 · 병렬적 · 공간적이다.

외적 자아는 일상적 자아요, 사회생활을 가능하게 하는 것이다. 그러나 참실재를 구하는 이는 일상적 자아를 내버리지 않으면 안 된다. 단번에 실재의 한가운데에 뛰어들어 가지 않으면 안 된다. 내적인 자아, 자유로운 참자아를 붙잡으려면 극도의 긴장이 필요하다. 생동하는 자아는 내감(內感)하는 길밖에 없다. 대상과 하나가 되어, 스스로 대상 그것이 되어, 대상 안에서 보는 것이다. 이것이 직관(intuition)이요, 그리하여 직관은 공감(共感)이라고 베르그송은 말한다.

베르그송은 이 『시론』에서 구체적 · 현실적인 자아의 실존을 드러냈고, 표면적인 자아에서 본래적인 자아를 구별하였다. 그 내적 자아는 생성의 과정에서 이루어 가고 있어서, 그 본질이 자유임을 갈파하였다. 자아를 고정된 인식기능, 즉 이성(理性)으로 보는 칸트의 관념론을 극복한 것이다. 실로 베르그송은 현대의 새로운 정신의 한 개척자이다. 그의 첫 저서 『의식의 직접적 소여에 관한 시론』에 나타난 그의 중심사상을 총괄하여 보면, 질적 연속으로서 직접 의식에 감득된 생생하게 살아 있는 지속은 항상 스스로 자기에게 이질적(heterogène)이요 끊임없이 창조하고 있다는 것, 특히 지속은 정신적 실재이어서, 자아를 고정적이고 동질적인 연장(étendue)에서 근본적으로 구별하는 것의 이 지속은 우주에 있어서 자유와 새로운 것의 원리가 된다고 하는 것이다.

2. 『기억과 물질』

살아 있는 지속이란 것은 동시에 기억이다. 즉, 정신은 본질에 있어서 기억일 것이다. 그리하여 베르그송의 철학은 정신에 관하여 유물론적 견해와 충돌한다. 유물론은 정신현상 안에 결과만을 보는 것이므로 뇌(腦)의 상태의 부대 현상만을 인정한다. 그런데 베르그송은 기억의 생리학설을 받아들이지 않는다. 생리학설은 기억을 아주 생리적인 한 능력으로 여겨서 뇌수의 본체 속에 받아들인 인상(impression)의 저장에 불과하다고 여기므로 정신적 창조활동은 고려되어 있지 않다. 그래서 그는 정신과 신체적 관계를, 특히 회상(回想, souvenir)의 획득과 유지와 재현이 어느 정도까지 뇌와 관계하고 있는지를 결정할 필요가 있었다. 이것이 그의 두 번째 저서 『기억과 물질』의 주요한 목적이다.

이 책은 학문적으로 풍부한 재료와 암시를 함유하고 있으나 명석하지는 않다. 의식상태의 생성원인에 관한 견해가 유물론적으로 잘못된 생각에 빠지는 것은 사유(思惟)활동에 있어서 신체의 간섭, 특히 뇌수의 간섭이 적당하게 고려되지 않은 까닭이라고 그는 말한다. 우리 감각과 개념은 뇌세포의 변화 또는 운동의 운동밖에 아닐 것이다. 베르그송은 이것을 반성해본다. 우리 뇌는 우리가 표상하는 세계의 일부이다. 그런데 뇌가 사유의 원인이라고 하면, 그것은 일부가 전체의 원인이 된다고 하게 되므로 이것은 명백히 모순이다. 그는 서양에서 고대로부터 내려오는 유물론과 유심론에 독특한 해석을 줌으로써 이 이원론의 난점을 해소하려고 한다. 유심론에 의하면 두뇌는 다른 것과 같은 한 표상이어서 우리 인식내용의 한 부분에 불과하고, 유물론에 의하면 두뇌는 물질의 한 부분이어서 물질적 실재에서 이탈할 수 없는 것이다.

베르그송은 이 문제를 운동과 지속의 조건으로 해석하는 것이요, 순수한 인식내용의 관점에 행동의 관점을 바꾸어 놓고, 동시성의 관점을 시간의 관점으로 바꾸어 놓은 것이다. 정신은 의식을 표시한다. 순수정신, 순수의식은 가능하다. 그것들을 순수한 인식내용으로 생각하면 족한 것이다. 의식이 행동에 옮기자마자, 신경조직이 참가한다. "어떤 의식이 구상하는 바의 가능한 행동이 모든 순간에 신경중추에 있어서, 실행의 첫걸음을 받아들이므로 뇌수는 각 순간마다, 의식의 상태에서 동력적 전달을 강조하는 것이다. 그러나 의식과 뇌수의 상호의존의 관계는, 그 점에 한하여 있다. 의식의 운명은 물질로서의 뇌수의 운명에 결부되어 있는 것은 아니다." 만약 뇌수가 운동의 기관밖에 아니라면 그 기능은 무엇일까? 운동은 신체에 있어서 신체의 표면에서 중추에 이르고, 중추에서 다시 운동기관과 근육에 전하여 운동을 일으킨다. 그러므로 뇌수의 본질은 운동의 기관에 불과한 것같이 보인다. "나의 신체는 물체를 움직이게 할 물체요, 동작의 중심이다. 신체가 표상을 발생시킬 수는 없다." 뇌수는 일종의 중앙 전화교환국과 비슷하여서, 그 직무는 교통을 주고, 그렇지 않으면 교통을 기다리게 한다는 것이다. 뇌수 그 자체는 정신적 표상 같은, 새로운 것을 아무것도 산출하지 못하는 것이다.

뇌수가 운동의 기관밖에 되지 않고 결코 표상을 생각지 못한다면 표상은 대체 어디서 생겨날 것인가? 이 문제에 대한 그의 학설은 매우 모호하다. 그는 직관설로써 '지각론'을 세우려 한다. 직관은 직접적으로 또 확실하게 실재(le reel)를 계시한다고 한다. 우리가 사물 속에 지각하는 감성적 성질들과 오히려 우리에게 있어서 사물을 구성하는 바의 감성적 성질은, 우리에게 나타나는 그대로요, 그것이 사물의 실상을 구성한다는 것이다.

여기 그의 독특한 심상(image)의 학설을 제시한다. 베르그송에 의하면 존재하는 것은 모두 심상이요, 신체도 하나의 심상이다. 우리가 지각이라 부르는 것은 신체가 외계에 활동하기 위한 가능적 · 잠재적 운동밖에 다름 아니다. 물질이란 것은 심상의 전체요, 물질의 지각은 신체에 관계되어 있는 심상이라고 한다. 그것은 우주에 있어서 신체의 위치를 알기 위하여 중요하다. 물질과 지각은 질적으로 다르다. 표상이 존재를 산출하는 것이 아니라, 존재가 표상을 낳는 것이다. 현실의 지각은 기억을 갖고 있다.

이 의식적 지각은 기억의 활동에 의하여 가능하다. 기억에는 두 가지 종류가 있다. 하나는 자동적이 된 기능의 되풀이에만 의존하는 기계적인, 신체적 기억이다. 우리가 문장을 암송할 때에 여러 번 그 원문을 반복하여 낭독함이 필요하다. 그리하여 그 반복의 결과, 우리는 자동적으로 그것을 낭독할 수 있게 되는 것이다. 보행과 춤의 습관적 운동, 문장의 낭독 같은 것은 어느 것이나 습관의 기억이라 할 만한 성질을 갖고 있다.

이에 반하여 다른 기억은 회상기억인데, 이것은 참으로 우리로 하여금 과거를 생각하게 한다. 이것은 우리로 하여금 현재에서 돌아서서 과거로 옮아가게 하고 활동의 과거의 장면을 부활하게 한다. 어떤 사람을 갑자기 만났을 때 자기의 태도를 결정하기 위하여 과거의 심상에서 생각해내는 것은 회상기억의 예이다. 이런 경우 종래의 학설은 그 생각해내는 것은 과거의 심상이 현재의 여건을 해석하는 것이라고 보아 왔다.

그러나 그러한 것이 아니다. 우리는 먼저 비슷하다는 느낌을 가지나, 현재의 대상이 과거의 어느 것에 맞든가, 현재에서 과거로 향하는 것이다. 뇌수는 우리 신체로 하여금 자동적으로 재인(再認)의 운동을 일으키게 하든지, 또는 표상적으로 생각해낸 것 가운데 현재의 행동에 유용한 심상을 구해 가는 기구이다. 두뇌는 기억 그것을 자기 속의 어떤 자리[局所]에 갖는 것이 아니라, 신체적 기억과 정신적 회상을 현재적 행위와 결합하는 것이다. 한마디로 말하면 베르그송은 기억의 국소설(局所說)을 부정하는 것이다. 뇌와 기억 사이에는 전혀 관계가 없는 것이 아니라, 양복과 양복걸이와의 관계와 비슷한 것이다. 양복걸이를 빼면 양복은 떨어진다. 만약 기억의 정확한 국소가 있다면, 뇌수가 일정한 손상을 입으면 기억의 전부를 잃게 될 것이다. 그러나 사실은 기억의 일반적 감퇴밖에 인정되지 않는 사례를 볼 수 있다. 이 점에 베르그송은 실어증(失語症, aphasie)의 정밀한 실증적 연구를 전개하고 있다. 이같이 의식이 뇌에 걸려 있으나, 그러나 거기서 뇌가 의식의 모든 세부를 그린다는 것도, 의식이 뇌의 한 작용이란 것도 끌어내지는 않는 것이다. 과학이 우리에게 확언하는 것은 뇌와 의식 사이에 어떤 '관계'가 있다는 것뿐이다.

뇌수는 '현실생활에로의 주의'의 기관이다. 그것은 지각의 산출도, 기억의 저축도 행하는 것은 아니다. 그 자체로서는 운동의 전달자에 불과하다. 그러나 베르그송은 이 운동을 "사상을 연출(演出)하는 것으로, 의식 주체의 행동으로서 여기는 것이다. 의식 주체는 뇌수를 통하여 사상을 행동의 태도로서 표현한다. 뇌수는 지각에 반응하는 습관적인 태도를 준비함으로써 우리를 현실에 적응시키며, 동시에 기억을 현실에 잡아매는 닻이 되어, 우리가 몽상에 떨어지는 것을 막는 까닭이다."고 하였다. '현실에로의 주의'라는 것은 몽상의 부정이기는 하나, 필요하면 습관적 반응을 정지시키려 하고, 행동에 대하여 유효한 기억을 생각해내고 다른 기억을 배제하는 것이다. 베르그송은 과학의 입장을 체험의 입장 안에 통합하였다.

주체적인 신체, 정신을 연출하는 것으로서의 신체는 사실적 존재요, 물질적 현실에 적합한 것이다. 바꾸어 말하면 뇌수는 행동을 준비하는 것밖에 다름이 아니다. 정신과 신체는 일체라고 하더라도 정신의 영역은 신체를 넘어 흐른다. 그는 이 양자의 관계를 비연장적인 것과 연장적인 것이라고 하는 공간적 차원에서 시간의 차원으로 옮겼다. 신체의 의식은 '현재'이다. 내가 지금 여기 있고, 지각에 대답하여 행동하려 하는 자세야말로 신체인 것이다.

그러나 나의 의식은 배후에 먼 과거를 지니고, 먼 미래를 바라보고 있다. 정신으로서의 나는 나의 신체를 훨씬 넘어서고 있다. 나의 신체는 행동의 주체이다. 신체가 정신의 운동적 표현이요 그 연기(演技)된 부분을 나타내는 것이야말로 신체는 자기 이상의 것, 결국 정신의 현존재로서 물체에서 구별되는 것이다. 따라서 신체를 주체적인 것, 주체적 존재의 한 계기로서 붙잡는 것은, 도리어 정신의 신체에서 실체적 독립성을 보증하는 것이라고 그는 말한다.

3. 『창조적 진화』

생명을 설명하려는 고전적 학설이 두 가지가 있다. 기계론과 목적론이다. 이 두 가지 모두 사유와 생명의 본질을 잘못 알고 있다. 기계론에서는 유기체는 계산이 가능한 법칙에 따라 규정된 기계이어서, 기계적으로 원인의 원인을 묻는 진전을 제약하는 것이요, 목적론에서는 한 완결된 세계의 계획이 있다고 본다. 이 목적은 고정불변이어서 생명의 진화를 설명할 수 없다. 이 두 학설은 근본에 있어서 지속을 부정하는 잘못을 범하고 있다.

진화를 논하기 위해서는 먼저 변화를 생각하지 않으면 안 된다. 생명 없는 물체도 변화한다. 그러나 그 변화는 부분의 이동이다. 물론 각 부분도 변화한다. 그렇더라도 그 역시 부분의 이동에 불과하다. 그리하여 최후에는 부동(不動)의 입자가 생각되지 않으면 안 된다. 또는 결정체 같은 것이 생각에 들지도 모르지만, 그 결정체에는 생물이 갖는 개성이 없다. 생물은 그 부분의 부분이 어디까지나 이질적인 것인데, 결정에는 부분의 이질성도 없고 기능의 다양성도 없다. 구조와 운동의 동질적인 결정에 대하여, 구조 · 기능 어느 것이나 이질적인 다양성을 가짐으로써 생물은 개체인 것이다. 처음부터 완전한 개체가 존재하는 것이 아니라, 다만 개체화하려는 경향과 새로운 개체를 재생하는 능력을 생물은 갖고 있다. 여기에 진화가 가능한 것이다. 이 진화에 관하여 기계론이나 목적론이 생명의 진화를 설명할 수 없다. 왜냐하면 어느 것이나 전체가 먼저 주어진 것이라는 근본 가정을 갖고 있으나, 현재에 의해서는 미래가 결정될 수 없는 데에 생명의 진화 사실이 있는 까닭이다.

사실, 생명에는 근원적인 비연속적인 비약이 있다. 생명의 진로는 한마디로 말하면 비약(elan vital)이다. 전체로서의 생은 추상물이 아니다. 어떤 일정한 시기에, 어떤 일정한 장소에, 생명의 흐름이 솟아난 것이다. 이 흐름이 왕성한 유기체를 통하여 한 개체에서 다른 개체로

변이된다. 생명의 흐름은 물질이 만들어 놓은 장애물을 넘으려고 노력한다. 한 유기체의 질료적인 것은 생명이 돌아간 모든 장애물을 나타낸다. 생명의 진행에는 여러 길이나 또는 여러 방향이 있다. 때로는 길에서 헤매고 막다른 골목에 부딪치기도 하고, 또는 뒤로 돌아가기도 한다. 그러나 일반적 생명의 충동은 어디까지나 존속한다. 생명에는 목적론자의 말같이 일정한 계획이 있는 것은 아니다. 생명은 비약과 함께 만들어져 간다.

생명의 전개는 여러 길로 갈려져 있다. 먼저 그중 두 갈래의 큰 길인 식물과 동물로 나누어진다. 식물은 영양을 대지에서 직접 섭취하며, 그 결과 식물은 부동하는 것이다. 동물은 그 에너지를 식물에서, 또는 그 식물을 섭취한 다른 동물에서 얻는 것이다. 동물에게는 자유로이 행동하기 위하여 의식이 생겨난다. 움직이지 않는 식물에 있어서는 의식이 잠자는 상태에 빠져 있고, 움직이는 동물에게는 의식이 눈뜨는 것이다.

생명의 비약은 이 동물계에 있어서도 다른 두 방향으로 나뉜다. 생명의 진화는 한 방향에서는 사회적 곤충에 있어서요, 다른 방향은 인간에 있어서 완성되어 가고 있다. 하나는 본능에 의하여 행동하고, 다른 하나는 지능(intelligence)이 발현되어 있다. 본능은 유기체를 도구로 사용하고, 또는 스스로 유기체를 창조하여 특정한 일을 완전하게 수행하는 것이다. 본능은 그 대상을 공감에 의하여 속으로 알고, 그 행동은 틀리는 일이 없으나, 항상 같은 형태이다. 이에 반하여 척추동물의 진화과정에 있어서는 지능이 형성된다. 그런데 지능, 즉 지성은 무기적인 도구를 제작하여 사용하는 능력이다. 지성은 한 특정한 사물을 대상으로 하지 않고, 다만 일반관계를 문제로 하는 가변적 지식이다. 그래도 지성의 형식적 관계는 무한히 많은 대상에 적용될 수 있다. 다시 지성의 본질에 반성하여 보면, 그것은 무생물을 재료로 하여 기계를 제작하는 것이 본래의 사명이다. 말하자면 지성은 고정적인 비연속적인 고체에 대해선 명석한 지식을 형성할 수 있는 것이다.

본래 기하학적인 인간의 지성은 무생의 물질에 대해서만 충분한 능력을 발휘하는 것이며, 유동적인 시간, 즉 지속을 본질로 하는 생명에 대해서는 본래 무력한 것이다. 물론 실용을 목적으로 하는 생리학은 유기체를 물리적 · 화학적으로 분석할 것이다. 그 분석이 아무리 세밀하더라도 어느새 생명은 흘러 나갈 것이다. 과학자나 철학자가 지성을 갖고서 생명을 이해하려고 한다면, 그것은 본래 불가능한 것임을 지적하지 않으면 안 된다. 지성으로 생명을 파악하려고 하기 전에 지성의 생명적 근원을 탐구하여야 할 것이다. 인식론은 생명론 위에 세워지지 않으면 안 된다. 물론 여기에는 난점이 있다. 생명론을 세우려면 지성에 의거하지 않으면 어떻게 될까? 우리는 순환론에 빠지는 것이다.

그래서 비약이 필요하다. 우리는 현실의 복판에 뛰어들지 않으면 안 된다. 헤엄의 이론을 논하기 전에 물속에 몸을 던질 것이다. 이것이 체험이요 직관이다. 실용을 위해서 밖으로 향했던 의식의 눈을 안으로 돌려서, 온전히 현실과 공감하려고 하는 때에 직관이 성립되는 것이다. 생명을 알기 위해서 우리는 우리 자신 속에 우리 눈을 집중하여 우리의 깊은 밑바닥에 우리 생명의 가장 내적인 것을 찾아내지 않으면 안 된다. 그때에 우리는 모든 과거를 등에 지고 시시각각으로 절대적인 현재를 소유하고 있는, 지속과 의지가 추진하는 긴장을 찾아낼 것이다. 이것이 우리의 참자아이다. 직관은 자기 자신을 반성하는 능력을 갖고 있다. 인간은 인과론에 의하여 결정되는 것도 아니요, 목적론이 말하는 것처럼 고정된 목적으로 향하는 것도 아니다. 의식은 본래 자유이다. 그리고 정신의 긴장이 해이해져서 과거의 기억이 쓰러져, 시간의 현재가 동질적인 물질성을 찾아내는 것이다. 여기에는 시간상의 지속이 없고 공간만이 있다. 이에 공간적 물질의 감각이 성립된다고 한다.

이 생명의 철학에 의하면 철학은 실용의 학문이 아니라, 실재 인식의 학문이다. 그리고 실재란 것은 운동성이요, 이 운동성을 파악하는 것은 직관이다. 베르그송은 이 『창조적 진화』에서 찾은 생명 · 의식 · 지속 · 자유를 총괄하여 정신이라고 말한다.

4. 『도덕과 종교의 두 원천』

이 저작은 베르그송의 도덕론이요 종교론이다. 두 도덕, 즉 닫힌 도덕과 열린 도덕이 있고, 종교에도 닫힌 종교와 열린 종교가 있다. 이 두 가지 차이가 생기는 것은, 사회가 닫힌 것과 열린 것이 있으므로 그 위에서 발생하는 현상이다. 도덕에서 문제되는 것은 각 사람이 행해야 할 의무(obligation)이다. '이러이러하게 하여야' 한다고 하는 명령이나 강제는 어디서 오는가? 자연적 필연과 도덕적 명령은 구별된다. 의무는 본래 사회가 개인에게 가하는 명령이나, 그 역시 사회 자체를 보전하기 위하여 개인을 그 지배하에 두려고 하는 사회적 필연성이다. 예컨대 개미집이 개개의 개미의 행동을 본능적으로 규정하는 자연적 필연과 본질적으로 다른 것은 없다. 자연적 질서와 사회적 명령은 어느 것이나 강제로 하는 성격을 갖고 있다.

이제 문제는 닫힌 도덕과 열린 도덕의 구별이다. 닫힌 도덕의 특징은 강제와 압력이다. 그것은 사회적 습관의 유지를 목적으로 하고 있으며 비인격적이다. 여기서는 개인적인 것과 사회적인 것이 합쳐져 거의 하나가 되어버린다. 닫힌 도덕은 어떤 한정된 집단의 기능이므로 온 인류에게 타당한 것은 결코 아니다. 왜냐하면 이 닫힌 도덕을 기능으로 하는 사회적 관계는 사회의 자기 방위의 필요에 기인한 까닭이다.

이런 닫힌 도덕과 또 다른 열린 도덕이 있다. 이것은 사회적 명령에 의한 것이 아니라 뛰어난 사람과 성자를 동경하는 도덕으로서, 순인간적 · 인격적인 사건이다. 성자는 누구를 강제하는 것이 아니라 우리를 부르는 것이다. 위대한 도덕적 영웅의 존재는 다른 사람으로 하여금 모방할 심정이 생기게 하고 그 인격에 대한 동경심은 우리의 행위를 고상하게 한다.

이 열린 도덕에 있어서 활동하는 것은 단순한 지성이 아니라 내면의 감동, 즉 정동(靜動, émotion)이다. 여기서 인간은 독립적 개성의 인격으로 영웅의 행위를 모방하여 새로운 사회를 창조한다. 그런데 도덕의 발전은 가정에서 출발하여 도시와 국가를 거쳐 인류 전체에까지 확대될 것으로 생각된다. 그러나 가정 · 도시 · 국가와 인류 사이에 유한한 것과 무한한 것의, 닫힌 것과 열린 것의 거리가 끼어 있다. 전자에 있어서의 사랑은 미움을 일으킬 수 있으나, 그 반면에 후자에 있어서의 사랑은 무한하다. 이 사랑은 다만 인간에 향할 뿐 아니라, 동물이나 식물, 온 자연에까지 아낌없이 미치는 것이다. 아니, 실은 그것은 사람의 대상을 갖는 것이 아니라, 사람 그것인 것이다.

그리하여 이 절대적 사랑에 의해서만 인류는 정지하고 고정화된 사회의 깍지를 스스로 깨고 '사랑의 비약'(élan d'amour)에 의하여 새로운 사회를 창조하는 것이다. 물론 '사랑의 비약'에 대립하는 '사회적 압력'이 존재하여, 이 둘이 서로 상호보전적이다. 오히려 인류는 후자에 의하여 사회의 형식을 보전하여 간다. 다만 예외적으로만, 창조적 진화의 노력을 스스로 대표하는 영웅의 사랑의 비약에 의하여 사회의 형식은 변형되는 것이다. 이런 의미에서 닫힌 도덕을 정적(靜的)인 도덕이라고 하면 열린 도덕은 동적인 도덕이다.

베르그송은 종교에 있어서도 정적 종교와 동적 종교라는 두 가지 형태를 생각하고 있다. 정적 종교는 어떤 것인가? 인간은 지성을 소유하고 있고, 이것 때문에 인류는 다른 동물과 구별된다. 그러나 또 인간은 그 지성들 때문에 생명 본래의 자연을 잊어버리고는 다시 그 자연에 반역하는 생활로 들어간다. 생명은 무한히 지속하려고 하는데 대하여, 지성은 인간으로 하여금 자기의 죽음을 자각시켜, 생활의 의욕을 잃게 될 것이다. 인간의 지성은 죽음의 불가피성을 생각하여 간혹 자기의 생명을 끊는 데까지 이르는 것이다. 자연은 사후의 연속성이라고 하는 심상(心像, image)을 대치하여, 지성의 생명에 대한 반역을 방어하는 수단을 강구하고 있다. 인간은 지성기능 이외에 우화작용(寓話作用, fable)과 허구작용(虛構作用, fiction)이 주어져 있다. 곤충과 같이 순수하게 본능에만 지배되는 사회, 객체가 맹목적으로 공동체의 이익을 위하여 온전히 봉사하는 사회와는 달리, 지성은 자기

이익을 위해 사회를 파괴하려고 한다. 이것에 대항하기 위해 자연이 개체에게 준 것이 우화작용이다. 즉, 죽음이라는 현실적 표상에 대항하는 상상적 표상이다.

여기서 신화 속의 신들과 정령(精靈) 같은 신격이 생겨나서 정적 종교가 되거나 또는 주술(呪術) 토테미즘이 되고 신들의 신앙이 되고, 기도가 생기고, 의식이 성립되고, 희생을 요구하게까지 된다. 이 기능은 사회적 유대를 강화하고 개인의 절망을 구한다고 하는 임무를 갖고 있다. 이렇게 기성종교의 원천을 검토한 후 베르그송의 사실상의 의도는 새로운 종교, 즉 신비주의를 고찰하려는 데 있다.

동적 종교, 즉 신비주의는 매우 달리 성립되어 있다. 이것은 인간의 지성을 가지고는 불가능하다. 우리는 새로운 비약에 들어가기 위하여 일단 생명의 원천에 되돌아가지 않으면 안 된다. 이것은 신비적 직관에 의하여 가능하다. "완전한 신비주의는 행동이요 창조요, 사랑이다." 신비가에 있어서는 비전 · 망아(extase) · 황홀 등의 신비적 체험이 중요한 것이 아니라, 더욱 중요한 것은 이런 상태의 밑바닥에 있는 혼(魂)의 흐름이다. 신비적 혼은, 신이 그 혼을 통하여 활동하고 '생명의 넘침'을 느끼는 것이다. 위대한 신비가를 불태우는 사랑은 인간에서 신으로 가는 사랑이 아니라, 모든 인간에 대한 신의 사랑이다. 그는 신을 통하여, 신에 의하여 신적인 사랑으로 전 인류를 사랑한다. 이러한 신비적 인류애는 생명의 비약이요, 모든 것의 근원 그것이다. "사랑하고 사랑하게 운명 지어진 모든 존재가 존재하도록 부름받은 것은, 창조적 에너지가 사랑에 의하여 정의되지 않으면 안 된다."

이러한 신비주의는 현실로 존재할까? 그것은 그리스에서 오르페우스(Orpheus) 신화에 잠겨 있고, 인도(India) 사상 중에 신비적 명상이 보이나, 거기서는 생존의욕을 억제함이 문제이며 생에서의 도피가 그들의 관심사였다. 그런데 그리스도교 신비가에게서 그 결정된 정체를 볼 수 있다. 혼은 황홀한 경지에 이르러 기쁨에 젖어 있을 뿐 아니라, 행위적으로 혼과 신이 하나가 된다. '신은 사랑이다'라고 한다. 신적 사랑은 모든 것의 근원에 있다. 그것은 모든 것을 만드는 사랑 그것이다. 이 신비적인 사랑은 도덕적이라기보다는 형이상학적 본질인 것이요, 이것을 물어볼 수 있는 자에게 창조의 비밀을 열어 보일 것이다. 베르그송의 『창조적 진화』에서의 생명철학이 이 종교론에서 유심론(唯心論, spiritualisme)으로 향하여 정신이 살아남을 수 있음을 암시하는 것이다.

Ⅲ. 베르그송 철학의 성과

베르그송은 생명이 물질과는 근본적으로 다르다는 특성을 드러냈다. 내면적으로 체험되는 사실을 표현이라는 직관에 의하여 19세기를 지배했던 실증주의, 칸트 이후의 관념론에 대항하여 성공을 거두었다. 그리하여 유럽 사상의 새 방향을 열어 놓은 것이다. 물질보다도 생명이나 운동 같은 더 구체적인 현실 파악을 위해 과학적 합리론의 좁은 틈을 돌파한 것이다.

이런 점에서 그는 19세기의 편견에서 헤어나는 공을 거두었다. 철학은 칸트같이 인식론에서 만족할 것이 아니라, 형이상학으로 나아가야 할 것이다. 베르그송은 이 점에서 멘 드 비랑의 사상을 계승하여 철학과 심리학을 분리시킬 수 없다는 데 일치하고 있다. 그는 또 생명의 철학을 형성하면서도 단순히 생물학적 생명의 철학도 아니요, 독일식의 문학적 인간의 생의 철학도 아닌 그 둘을 통일한 것이다. 그러나 현대에 와서도 베르그송의 철학은 프랑스 철학의 한 고전(古典)이 되었고, 새로운 형이상학의 원천이 되어 있다.

인식론

Ⅰ. 서론

인식론(epistemology)은 고대 그리스 철학자인 파르메니데스(BC 5세기), 플라톤(BC 427~347), 아리스토텔레스(BC 384~322) 등에게서 발원하였으나 주로 근세에 와서 영국의 존 로크(1633~1704)에 의하여 의식적으로 발전을 보았고 독일의 칸트에 의하여 체계적으로 조직되어 존재론에서 독립하여 한 학문의 기반을 이룬 것이다.

로크 이전의 철학가들은 인간이 무엇을 알 수 있는지 또 안다면 어디까지 알 수 있는지 즉 인식의 가능성과 한계에 대하여 조금도 고려하지 아니한 독단론을 말하였다. 그들은 인간의 인식능력을 비판해 보지 않고 인식가능의 범위를 한정하지 아니하고서 실재 즉 현상의 배후에 있는 본체를 인식할 수 있다고 하였다. 그리하여 신이니 우주니 영혼이니 하는 본체에 관한 학문으로서의 형이상학(metaphysica)을 논한 것이다.

그러나 문예부흥 이후 수학과 자연과학이 발달하여 사람은 정확한 지식을 얻게 되었다. 그리하여 사변에 입각한 형이상학에 대하여 의심하지 않을 수 없게 되고 인식에 대하여 반성하며 비판하는 정신이 일어난 것이다.

이제 로크(J. Locke)의 『인간 오성론』(*An Essay Concerning Human Understanding*, 1690)의 서문에서는 "나의 목적은 인간의 지식의 근원, 확실성 및 범위를 연구하고 또 신념, 의견 및 동의의 근거와 정도를 연구하는 것이다. 나는 지금 심(心)의 물적 고찰에는 간여하지 않는 바이다. 즉, 심의 본질이 무엇이냐, 또 어떠한 정신의 운동 혹은 육체의 변화에 의하여 감관에는 어떠한 감각이 생기게 되며 오성에는 어떠한 관념이 생기게 되느냐, 또 관념은 그것을 형성하기 위하여 전부 물질에 의존하느냐, 일부만이 그에 의존하느냐의 여부에 관하여는 간여하지 않는다. 이러한 것은 흥미 있는 일이기는 하나 나의 지금 계획 밖의 일이므로 거부하는 바이다. 나의 지금 목적에 대하여는 인간의 판별력이 그 관계하는 대상에 관하여 사용될 때에 그 능력을 고찰함으로써 충분하다. 만약 이 경험적인 소박한 방법으로 우리 오성이 사물의 관념을 얻도록 하는 방법에 대해서 어떤 설명을 줄 수가 있고 또 우리 지식의 확실성의 어떠한 기준을 설정하며 또 여러 사람 사이에 볼 수 있는 여러 가지 다르고 아주 모순되는 여러 확신의 근거를 보일 수 있다면 이 기회에 내가 여러 가지 생각해 나가는 것은 전연 무용한 노력이 아니리라고 생각한다."고 하였다.

형이상학에서 신이 존재하느냐 아니하느냐, 영혼이 영생하느냐 아니하느냐, 우주의 시종(始終)이 있느냐 없느냐 하는 끝없는 논쟁은 인간의 인식능력이 이러한 문제를 다룰 만한지 어떤지를 검토해 보지 아니한 데서 생기는 것이다. 우리의 인식의 가능성과 한계의 연구를 자각한 것은 로크가 처음이라 하겠다.

2. 주관적 경험론의 인식론

로크는 제1성질과 제2성질을 구별해서 제1성질은 사물의 속성이며 객관적이요, 제2성질은 주관적이며 경험적이요 관념적인 것이라고 하였다. 그리고 실체의 관념을 비판해서 그것은 여러 속성을 지지하는 기체이지만 무엇인지 알 수 없는 한, 혼란한 관념이라고 하였다. 그리하여 실체에 관한 학문은 있을 수 없다고 했다.

버클리(G. Berkeley)는 로크의 사상을 계승하면서도 제1성질과 제2성질 사이의 차이를 말살하여 제1성질도 제2성질과 다를 것 없이 주관적인 상태에 불과한 것이라고 했다. 이 로크의 실재론적 잔재를 깨끗이 청산한 점이 그로 하여금 철저한 주관론적 관념론이라는 지칭을 받게 한 것이다. 모든 것이 우리에게 알려지는 것은 모두 우리의 의식 안에서 일어나는 현상이요, 알려지는 것 이외에 달리 존재하는 것을 우리는 알 수 없는 고로, 우리에 대해서 존재한다는 것은 지각되어졌다는 말과 다르지 않다.

그리하여 버클리는 저 유명한 "존재는 지각된 것"(Esse est pescipi, Being is perceived)이라는 대담한 명제를 선포했던 것이다.

일체의 사물은 감각과 표상의 결합인 관념적 존재라고 생각하는 버클리의 사상은 다시 흄(D. Hume)에 의해서 더욱더 철저화된다. 흄은 우리에게 지각되는 모든 것을 인상과 관념의 2종으로 구별하고 모든 실체를 감각적 인상인 궁극요소의 다양성으로 환원시켰다. 그리하여 감각 이외에 달리 실체란 있지 않으며 실체의 개념은 연상에 의한 개념의 결합에 불과한 것이요, 또 모든 과학이 자기의 근거로서 전제하고 있는 인과율까지도 A라는 인상과 B라는 인상이 흔히 수반하여 의식 내에 자주자주 일어남으로 해서, A와 B 사이에 서로 연합하는 경향을 갖게 된 고로, B가 아직 나타나지 않았음에도 불구하고 A의 나타남을 보고서 그 뒤에 반드시 B가 계속하리라는 것을 생각하는 습관이 생긴 것에 불과하다 하여 인과율의 필연성이 부정되었다.

주관적 관념론을 극도로 철저화할 때 타물(他物)은 물론이고 타아(他我)까지도 나의 의식의 내용을 떠나지 못하는 것이라는 의식일원론(Bewusstseinsmonismus)적 내재철학의 입장에 이르게 된다. 모든 실재는 의식에 내재하며, 의식 속에 상기되므로 비로소 존재한다. 그러므로 의식 이외의 것은 모두 허망하고 초의식적 실재 같은 것이 있을 리 없다는 것이다. 자아도 의식내용의 결합이며 사물은 다만 경험주관에 통일된 지각과 표상의 결합이라고 말했다. 인식되는 실재는 인식하는 경험적 주관의 의식에 지나지 않는다고 해서 자기의 의식과 존재를 완전히 동일시하는 '독아론'(獨我論, Solipsism)을 주장했다.

주관적 경험론은 모든 존재를 개인적 주관에 의존시켜서 그것을 개인적 주관의 의식내용이라고 봄으로써 독아론에 빠지게 된다. 그러나 독아론의 잘못된 점이란 타인의 생각을 자기의 마음대로 좌우하지 못하며 타인의 행동도 나의 의식과 전혀 독립해서 성립되는 것으로 미루어 보아 명백한 것이다. 그러므로 솔데른 같은 이는 예외지만 대개는 독아론적 견지를 벗어나려고 애썼다. 그리하여 버클리는 개인의 정신 이외에 신의 정신을 세워 이것을 초개인적 주관이라고 말하였으며 숍페는 시간 · 공간 따위 일반적인 것을 의식하는 주관은 초개인적 일반아(一般我)라 하여 우주의식과 같은 존재를 용인하게 되었다. 그러나 타아의 존재를 설명할 수 없는 것만이 유일한 결함은 아니었다. 대상에 대한 지식과 대상 없는 상상(想像)이나 공상 같은 것과의 구분을 할 수 없을 뿐 아니라 모든 주관에 공통된 외적 세계에 대한 보편성을 설명할 수도 없었다. 외적 존재가 주관의 관념이라면 그것은 주관의 의식에 의하여 마음대로 움직여져야 할 터인데, 원수를 외나무다리에서 만나고 사랑하는 사람을 이별해야 한다는 것, 이러한 사실은 존재는 존재로서 의식 밖에 독립하여 있다는 것을 증명하는 것이 아닐까? 그리하여 주관적 관념론은 의식내용을 초월하는 실재를 인정하지 않을 수 없기에 개인적 주관에 대하여 초개인적 주관을 세우고 거기에다 개인적 주관을 포함시키려는 비판적 관념론으로 어쩔 수 없이 나아가게 되었던 것이다.

그러나 모든 실재를 부정하려던 그들의 견해로서 도리어 초개인적 주관 또는 일반아를 설정하는 것은 자가모순이 아닐 수 없다고 하겠다. 그뿐 아니라 흄에서와 같이 모든 과학과 일상생활에서 우리가 그것에 의지하고 사는 지반으로서의 인과율까지를 부정한 것은 회의론이라는 비판을 받아 마땅한 일이었다.

그러나 그들이 우리의 지식을 비교하여 그 한계를 그은 것은 우리의 지식판별사(知識批判史)에 한 금자탑을 세웠다고 할 것이다. 이 비판적 정신을 계승하여 인식론을 확립시킨 것이 바로 칸트의 선험관념론적(先驗觀念論的) 인식론이다.

3. 선험적 관념론의 인식론

칸트는 일찍이 흄의 『인성론』(*A Treatise of Human Nature*)을 읽고서 "독단론의 졸음에서 깨어나서" 아직 아무도 생각지 못하였던 "전연 새로운 학"인 형이상학 즉 오늘날 우리가 인식론이라 부르는 학문을 건설한 것이다.

칸트는 그의 주저 『순수이성비판』(*Kritik der reinen Vernunft*) 서문에서 "내가 여기서 비판이라고 하는 것은 서책과 체계의 비평을 의미하는 것이 아니라, 이성이 일체의 경험에서 추구할 수 있는 모든 인식에 관해서 이성능력 일반의 비판을 의미한다. 따라서 형이상학의 원천과 범위와 한계의 확정을 의미하는 것이다."라고 하였다. 이상의 두 인용문에서 우리는 인식론의 윤곽을 대략 짐작할 수 있다.

4. 인식론의 정의

인식론은 무엇을 연구하는 학문인가. 우리는 무엇을 안다. 우리는 우리가 아는 줄을 안다. 우리가 안다 하는 것을 한 사실로 전제하고 그 앎의 본질이 무엇인가, 앎이 어떻게 성립되는가를 묻는다. 앎을 이해하려 함이다. 즉 인식론은 지식의 인식을 연구한다. 안다는 것이 무엇인지를 알려 하며 지식이 무엇이냐에 대답하려는 것이다. 앎에 있어서 알려진 대상, 객관만이 아니라 아는 행정(行程)에서 아는 주관을 자각하여 우리 자신에 반성한다. 알려진 대상의 본질뿐 아니라 인식의 본질을 연구한다. 우리가 안다는 것을 알 뿐 아니라 우리가 안다는 것을 한 사실로 삼고 그러한 앎을 우리 연구의 대상으로 삼는다.

칸트는 그 비판적 제언에서 "우리 인식은 모두 경험으로부터 시작된다. 이것은 의심할 여지가 없다. 왜냐하면 인식능력이 만약 대상에 의하여 일어나지 않는다 하면, 그 이외 무엇에 의하여 활동하도록 일깨워질 것인가? 그 대상은 우리 감관을 동(動)케 하여 한편으로는 스스로 표상을 산출하며 다른 한편으로는 우리 오성활동을 동케 하여 이 표상들을 비교하며 결합하든지 분리하든지 하며, 감성적 인상의 소재를 대상의 인식으로, 경험이란 것으로 만드는 그것이다. 그래서 시간적으로 보면 우리에게는 경험에 앞선 아무 인식도 없고 모든 인식이 경험으로부터 시작된다."고 하였다.

인식이 어떻게 성립되는가. 대상이 의식에 직접 주어지는 것을 직관이라 한다. 인간은 수용적인 감각으로 대상을 직접 의식한다. 그러므로 인간에게는 감성적 직관밖에 없다. 나는 지금 앞에 책상을 보고 있다. 이 책상이 네모나고 밤빛으로 보이며 손으로 만지면 굳고 미끄러우며 때리면 땅땅 소리가 난다. 이렇게 시각 · 촉각 · 청각을 통하여 나의 의식에 주어진 것을 책상이라고 한다. 나는 그 형식과 색과 굳은 성질들을 그 책상에게 돌릴 것이다. 이같이 감각된 대상을 파악하는 것을 지각이라 한다. 그런데 그 대상이 감각된 그대로 존재하는 줄로 믿기 쉽다. 이것이 '소박한 실재론'자의 견해이다. 인식된 대상이 인식하는 주체와의 관계에서 독립하여 존재하는 줄로 믿는다. 그러나 한번 더 반성하여 보자. 장방형으로 보이는 이 책상이 관찰자의 위치에 따라서 마름모꼴로도 보인다. 인공광선을 쓰면 다른 빛깔로 나타난다. 굳다는 것도 누르는 손의 힘에 따라 다른 것이다. 감관을 통하여 우리 의식에 주어진 것은 그 무엇의 대표로 보인 표상이요 그 무엇 그것대로가 아니다. 인간과 다른 감각능력을 가진 것에게는 동일한 사물이 달리 표상될 것이다. 우리보다 낮은, 혹은 높은 감각능력을 가진 동물에게 사물이 우리에게 나타나는 것과 같은 방식으로 비치지 않을 것이다. 인간에 있어서도 맹인에게는 빛과 색의 세계는 결여되었으며 귀머거리에게는 음과 조화의 세계가 없을 것이다. 사물이 있는 그대로 우리에게 표상되는 것이 아니라 우리 감관의 종류와 감성의 형식에 의존하는 바이다.

그러면 감성적 인상의 소재, 오늘날 이른바 감관여건(sense-data)이 어떻게 지각되는가, 감각으로 주어진 것이 무엇이라고 어떻게 알게 되는가? 인간은 직관기능 이외에 사유기능이 있다. 감각으로 주어진 표상들을 결합하며 통일하여 사유로 대상을 구성한다. 먼 곳의 흰 것을 보고 사람이라고 지각한다. 실지로 눈에 보인 것은 한 흰 점일 것이다. 그 흰 점이 사람으로 이해되는 것은 사유에 의하여 판단된 것이다. 가령 우리가 어떤 건물을 보고 안다 하는 것도 단순한 감각으로만 성립되지 않는다. 우리는 그 건물의 일면밖에 보지 못하나 기억과 구상력으로 타면의 존재를 인식하는 것이다. 감각은 대상의 일부밖에 우리에게 제시하지 못하더라도 우리는 사유로 감관여건을 해석하여 대상으로 구성한다. 이러한 사유능력을 16세기 이래 오성(understanding, *Verstand*)이라 부르고 오늘날에는 흔히 지성(intelligence)이라 한다. 이 사유능력은 능동적이요 자발적인 것이다.

이제 우리가 눈을 감으면 의식에 아무것도 나타나지 않고 눈을 뜨면 많은 것이 주어진다. 감각이 사물 그대로 우리에게 묘사한다고 믿는 것은 우리 인식을 비판하기 전단계의 견해이다. 푸석푸석한 감성적 소재를 능동적인 사유방식에 의하여 빚어 결합한다. 로크가 "감각 안에 있지 않은 것은 아무것도 지성 안에 있지 않다."라고 함이 지각의 소재가 감각에서 온다고 의미함이면 옳은 말이나 지각이 감각만으로 성립된다고 주장함이라면 지성의 활동을 무시한 것이다. 감각은 흔히 우리를 속이고 사물의 진상을 철저히 알게 할 수 없으나 사유에 의한 논리적 인식은 진정한 지식을 준다고 파르메니데스와 플라톤도 주장한 바이다. 태양이 동에서 서로 가는 듯이 우리 눈에 보이나 과학은 이 사실을 지구의 자연에 기인함이라 한다. 태양이 우리 눈에는 접시만큼 커 보이나 실은 지구보다 여러 배 큰 뜨거운 구체라 한다. 이런 예들은 우리가 감각에 기초하였던 지식을 다시 지성에 의하여 수정하는 것이다. 감성적 소재가 사유의 형식으로 정돈되어야 진정한 인식을 얻는다. 칸트는 "감성 없이는 어떠한 대상도 주어지지 않고 오성 없이는 어떠한 대상도 사유되지 않는다. 내용 없는 사유는 공허하고 개념 없는 직관은 맹목적이다."라고 말하였다. 이같이 감성과 지성(오성)을 인식의 두 원천으로 본 것이 칸트의 비판론이다.

그러면 진정한 인식의 표준은 무엇인가. 진리는 개인적인 것이 아니요 일정한 장소와 일정한 시대에만 한한 것도 아니다. 어느 사람에게나 어디서나 언제나 타당하여야 될 것이다. 이것을 진리의 보편타당성(universal validity, *Allgemeingültigkeit*)이라 한다. 또 진리는 이같이 보편적으로 타당하여야 할 뿐 아니라 진리는 그렇게 되지 않으면 안 된다. 그렇게 안 될 수 없는 필연성(necessity, *Notwendigkeit*)을 그 자체 안에 가져야 한다. 칸트는 필연성과 보편타당성을 진리의 표준으로 설정하였다. 우리가 어떠한 판단을 내리든지 그것이 진리가 되려면 그 판단 안에 그렇게 되지 않으면 안 될 필연성을 가져야 한다. 수학의 모든 명제는 그 자체 내에 이러한 필연성을 내포하고 있다. 우리가 1, 2, 3, 4… 자연수를 정의한 후에는 5 + 7 = 12가 되지 않을 수 없다. 이러한 수학적 지식은 의자 다섯과 의자 일곱을 합치니 의자 열둘이 된다는 특정한 경험에서나 여러 경험에서 귀납적으로 생기는 것이 아니라 어떤 경험에든지 적용될 권리를 미리 가지고 있다. 사유는 모든 경험에서 독립하여 그 스스로의 법칙에 따라 추리할 때에 그 인식은 그대로 진리이다.

우리의 인식이 정신기능에 따라 즉 감성형식과 사유방식에 따라 성립한다면 지각의 구조원리와 인식의 기본법칙은 무엇일까.

우리는 외부 감관을 매개하여 대상을 우리 밖에 있는 것으로 표상한다. 가령 내 앞에 있는 이 책상의 형상과 그 대소와 이 책상과 이 방과의 위치 및 거리관계 등이 공간에서 규정된다. 쉬운 말로 하면 감각된 모든 대상은 어디 있으며 얼마나 크다는 것이 공간의 방식으로 정돈된다. 우리는 아무 대상도 없는 빈 공간을 상상할 수 있으나 공간 없이는 어떤 대상을 표상할 수 없다. 그러므로 외적 현상을 가능케 하기 위해서는 공간의 표상이 그 근저에 있지 않으면 안 된다.

우리가 백마(白馬) · 황마(黃馬) 등 개개의 말을 보고서 말의 개념을 얻듯이 공간이란 것도 여러 장소를 비교하여 얻은 경험적 개념이 아니냐고 물을 수 있다. 그러나 그렇지 않다. 여러 대상을 서로 관계케 하려면, 이 곳과 저 곳을 벌써 딴 것으로 알아보려면, 다른 장소에 있는 것으로 표상하려면 그 지역보다 더 큰 공간이란 표상이 근저에 있지 않으면 안 된다. 공간은 외적 경험에서 얻은 경험적 개념이 아니다. 공간은 사물의 관계에서 얻은 일반적 개념도 아니다. 왜냐하면 첫째 우리는 한 공간만 표상할 수 있다. 사람이 여러 공간을 말한다 하더라도 유일한 동일한 공간의 부분으로 이해한다. 공간상 다양은 같은 한 공간을 한계하는 데 있다. 공간은 무한의 양으로 표상된다. 가령 한 물체의 위치관계로 보아 곧 이 책상은 이 방 안에 있고 이 방은 한국 안에 있고 한국은 지구상에 있고 지구는 태양계 내에 있고 태양계는 그보다 더 큰 공간에 의하여 규정된다. 경험적 대상의 공간은 주관적 공간표상에 의하여 이해된다. 그러므로 공간이라 하는 근원적 표상은 선천적 직관이요, 개념이 아니다.

우리는 외적 현상이나 내적 의식표상을 시간관계에서 표상한다. 시간이라는 표상이 선천적으로 그 근저에 있지 않다면 동시존재니 계기니 하는 것이 우리 지각 안에 나타날 수 없을 것이다. 시간은 모든 직관의 근저에 있는 필연적인 표상이다. 현상 없는 시간을 생각할 수는 있어도 현상에서 시간을 드러낼 수는 없다. 그러므로 시간은 선천적으로 주어진 것이다. 시간에서만 현상이 현실적으로 가능한 것이다. 시간은 일반적 개념이 아니라 감성적 직관의 순수형식이다. 개개의 시간이라고 하는 것은 유일한 동일한 시간의 부분에 불과하다. 어떤 한정된 시간은 밑에 놓인 유일한 시간에 제한을 가함으로써 가능케 됨을 보면 그 근원적 시간표상은 무제한적인 것으로 주어지지 않으면 안 된다. 그 전체 표상은 개념으로 주어진 것이 아니요 도리어 부분적 시간의 근저에는 직접적인 직관이 있지 않으면 안 된다.

이상 칸트의 주장에 의하면 공간과 시간은 외적 사물도 아니요 사물의 속성도 아니다. 공간은 외적 직관의 형식이요 시간은 내적 직관의 형식이다. 이 같은 선천적 형식이 후천적 감관인상의 잡다를 재료로 하여 일정한 관계에 결합·정돈하므로 직관이 성립한다. 잡다를 종합·통일하여 경험내용을 제약하는 방식이 직관형식이다. 우리는 시간·공간의 형식에 의하지 않으면 즉 시간적·공간적이 아니면 사물을 직관할 수 없다.

그러나 칸트의 시간·공간에 대한 학설은 상당히 애매하다. 공간·시간을 외적 직관, 내적 직관으로 구별함으로써 공간과 시간의 본질을 설명하였다고 볼 수 있을까. 시간과 공간이 감성적 여건을 받아들이는 틀(frame)이라 하더라도 오늘날 물리학자는 공간과 시간을 이질적이 아니라 시공이 합한 연속체(continuum)라는 한 기구로 생각한다. 이러한 논란은 초학자에게는 피하기로 하나 칸트는 뉴턴의 물리학의 근저에 놓인 시간·공간의 관념을 그대로 받아들였고 그에 대한 철학적 기초를 세우려 하였다. 그러나 오늘날 우리에게는 많은 과학적 사실이 시공에 대하여 그와 다른 견해를 암시하는 것이다.

칸트가 직관의 형식인 시간과 공간을 '선천적'(a priori), '선험적'(transzendental)이라 함은 합리론자의 '본유관념'(idées innées) 즉 우리가 타고난 관념이라는 의미가 아니라 형식은 경험에서 유래한 것이 아니요, 경험에 앞서 있어서 그 경험을 가능케 하는 주관적 조건으로서 논리적으로 보편적이요 또 필연적이라는 의미에서 선험적이라는 것이다.

이같이 감성적 질료가 시간·공간의 형식에 의하여 종합되어 대상이 직관되나 그것이 다시 객관적 인식이 되려면 오성의 기능에 의하여 통일되어야 한다. 이 오성의 활동방식도 직관형식같이 선천적이다. 칸트는 아리스토텔레스의 명명에 따라 이 사유방식을 '범주'(Kategorie)라 부른다. 사유는 비감성적 능력이요 직관도 아니다. 사유는 개념에 의한 인식으로 추론적이다. 오성의 활동형식인 범주는 직관적 질료에 논리적 통일을 주므로 인식을 구성하는 논리적 통일기능이다. 이제 경험의 예를 들어 사유의 활동방식을 찾아보자. 우리가 눈앞에 한 붉은 꽃을 보면 "이 꽃은 붉고 모양 나고 향기롭다" 한다. 이 판단은 꽃의 성질을 분석한 것이다. 우리가 이 꽃에 대하여 분석적 판단을 내리려면 먼저 우리 의식에 이 모든 속성을 한 실체로 묶어야 할 것이다. 형상 · 색채 · 향기 등 모든 감각적 성질을 '꽃'이라는 개념 하에 종합해야 될 것이다. 경험적 분석판단을 내리려면 그 판단을 하기 전에 우리의 의식적 내용이 실체와 속성이라는 관계로 종합되어야 할 것이다. 우리가 사물을 안다 하는 것은 "이것은 무엇이냐" "이것이 어떠하냐" 하는 물음에 대답함이다. 환언하면 실체와 속성의 방식으로 이해한다는 것이다.

"왜 그러냐" 하는 물음에는 존재이유나 원인과 결과의 관계로 대답한다. 돌이 태양에 쪼이면 열이 생긴다는 사실을 처음 발견한다면 우연적인 경험일 것이나 "돌의 더움이 반드시 태양의 쪼임에서 생긴다" 하면 감각적 경험에 인과관계라는 오성 개념을 부가하므로 두 감각적 사실을 사유방식으로 통일함이다. 시각으로 빛의 비침을 보고 촉각을 통하여 돌의 더움을 느낀다. 이렇게 감각상 이질의 것들을 인과관계로 종합하여 전자를 원인, 후자를 결과라고 한다.

칸트는 이 같은 사유방식 즉 범주를 형식논리학의 판단형식을 정리하여 그에 따라 12카테고리를 제시하였다. 분량으로서 단일성 · 다수성 · 총체성, 성질로서 실재성 · 부정성(否定性) · 제한성, 관계로서 실체성 · 인과급의존성(因果及依存性) · 상호성, 양상으로서 가능성 · 현존성 · 필연성 등이다.

이러한 근원적인 기본개념들이 어떻게 대상과 관계할 수 있느냐, 주관적인 사유의 형식인 범주가 어떻게 객관적 타당성을 가질 수 있느냐 하는 어려운 근본문제가 있다.

칸트에 의하면 우리의 인식은 감성과 오성의 협력에 의하여 생기는 것이다. 오성은 주어진 대상을 사유하는 능력이거니와 감성은 그에 의하여 대상이 우리에게 주어지는 능력이다. 그런데 대상이 우리에게 주어지기 위해서는 무엇에 의하여 촉발됨이 필요하다. 이렇게 감성을 촉발하여 감각을 생기게 하는 것이 곧 물자체(物自體)이다. 이 물자체는 주관에서 독립하여 존재하고 감각적 표상의 근거가 되는 것이다. 그것은 현상이 아니라 현상의 배후에 있어서 그것을 가능케 하는 실체이다. 그 물자체는 경험 너머의 것으로 초월적이다. 따라서 그것은 우리 인식의 대상이 될 수 없다.

칸트는 말하기를 "물(物)이 우리의 외부에 있는 감관의 대상으로서 주어지나 그러나 물이 그 자체에 있어 무엇인가에 대하여는 우리는 전혀 아무것도 알지 못한다. 우리는 다만 그 현상 즉 물이 우리의 감관을 촉발함에 의하여 우리에게 생긴 표상을 알 뿐이다. 그런고로 우리 외부에 물체 즉 물이 있다고 하는 것은 물론 승인하나 물이 그 자체에 있어서 무엇일까는 우리는 전혀 불가지(不可知)이다."라고 한다. 이같이 물자체는 인식의 전제로 예상되나 그것은 사유될 뿐이요 인식되는 것은 아니다. 물자체란 것은 인식의 대상이 아니라 인식의 한계 개념이요 우리 사유상에만 있는 가상체(Noumenon)이다. 인식은 이러한 물자체의 영역까지 도달할 수 없고 다만 감성과 오성에 의하여 규정될 수 있는 현상(phenomenon)의 세계에만 국한되는 것이다. 인식의 대상은 주관에서 독립하여 존재하는 물자체가 아니라 물자체가 의식에 나타난 현상이라 한다. 그래서 칸트의 인식론을 선험적 관념론(Transzendentaler Idealismus)이라 부른다.

5. 실재론적 인식론

'실재론'은 인식에 있어서 그 대상은 인식 주체와는 독립하여 의식 밖에 실재하는 것이라고 주장하는 태도다.

이를테면 나의 시야에서 의자는 의자대로 책상과 사뭇 떨어져 있듯이 그 대상은 인식하는 주체와 아무런 관련 없이 독립적으로 존재한다고 실재론은 주장한다. 이러한 실재론에도 그 인식의 대상이 정신의 영외(領外)에서 어떻게 실재하는지 그 실재에 대한 의견의 다름에 따라서 다시 몇 가지로 나눠진다.

1) 소박적 실재론(naive realism)

이 실재론은 세계란 우리가 보는 그대로 있다고 말한다. 다시 말하자면 우리의 지각은 대상의 한갓된 모사라고 한다.

예컨대 파란 하늘의 빛이라든가 어떤 꽃의 붉은 빛은 그대로 그 꽃이며 하늘의 속성이라고 보는 것이다. 이러한 생각은 인식한다는 것은 외계를 있는 그대로 우리의 의식에 비치는 것, 그리고 우리에게 지각되는 그대로 사물은 외계에 실재한다는 상식적인 신념을 넘어서지 못한 생각이다.

이러한 인간 주관의 감각적 상태를 바로 그대로 의식 밖에 실재하고 있는 사물의 실재적 질서라고 믿는 소박한 견해는 이미 근세과학의 초엽에 비판을 받은 바 있다. 이른바 하늘이 파랗다든지 육모초의 맛은 쓰다든지 무릇 감각적 성질은 아무런 객관 자체를 나타내는 것이 아니며 우리의 감각기관의 구조와 작용에 의존한 것이기에 객관적 인식에 있어서는 배척되어야 할 것이라는 것이 천명되었다.

또 이 소박한 실재론적 견해에 있어서는 우리의 인식은 이 의식 밖에 실재하는 사물 및 그들의 연관 자체를 흡사 거울이 외경을 비치는 것과 같이 인간 주관이 여실히 파악하는 것이라고 믿고 있다. 이 견해가 인식론상 모사설(copy theory)이라고 불리어지는 소이연(所以然)이 여기에 있다. 그러나 인간 주관이 거울과 같은 것은 아니며 또 인간 주관에 의하여 감지된 의식적 내용의 구조가 외계 실재의 구조와 일치한다는 아무런 보장이 없는 고로 소박적 실재론은 너무나 무비판적인 것이다.

2) 과학적 실재론(scientifical realism)

소박실재론 또는 모사설의 이 상식적인 세계상은 과학적으로 비판을 받지 않을 수가 없다. 다 같이 실재론적 방향을 지향하면서도 이 상식적인 소박실재론의 실재성을 과학적으로 비판해서 실재성에 새로운 규정을 내리는 것이 과학적 실재론이다.

그들은 감각에 나타나는 그대로를 실재적으로 여기지 않고 이 감각을 토대로 하여 그것을 하나의 개념적 형태로 순화(醇化)한 물질 개념만을 진실한 실재성(reality)을 가지는 것이라고 한다. 색채는 에테르—그들에 의하여 구성된 하나의 물질 개념—의 진동이 우리에 미치는 현상으로서 실재하는 것은 오직 에테르라고 불리어지는 물질뿐이다. 색채는 진실한 의미에서의 실재성을 가지는 것이 아니라고 한다. 그와 같이 소리의 고저강약은 공기(空氣)활동의 진폭과 진동수 여하에 의하여 일어나는 현상일 따름 아무런 실재성을 가지는 것이 아니라고 하여 감각의 실재성을 거부하고 과학적 개념구성에 의하여 생각되는 물질 개념—예컨대 H_2O와 같이—만에 대하여 실재성을 허용한다. 그들의 이 견해는 물리학 · 생리학 · 심리학 등 여러 과학의 탐구업적에 의하여 밑받침을 얻는다. 우리에게 일견 사실적 존재같이 보이는 감각상태는 사실인즉 물리학적 실재가 감관에 영향을 끼쳐서 말초신경에 변화를 일으키고 이 생리적 변화가 중추신경에 전달되어서 비로소 심리현상으로 나타나는 것인 만큼 감각은 물리적 실재가 인간 주관에 미치는 물리-생리-심리적 현상일 따름이다. 그런고로 색채감각이나 음향감각은 인간 주관의 의식 내에서 일어나는 심리현상임에도 불구하고 우리는 그 현상을 일으키는 원인이 외계에서 오는 고로, 색채나 음향이 흡사 외계 사물의 실재적 성질인 양 생각하는 습관을 가지고 있다. 즉, 다시 말하자면 우리의 심리적 현상을 외계에 투사(project)해서 보는 것이다.

또한 우리의 감관이 외계 실재를 여실히 비칠 수 없는 것은 우리의 감관은 우리의 생존의욕인 본능적 충동에 대한 의존을 벗어나지 못하는 데에서 그 이유를 찾을 수가 있다. 광선은 단순히 광파(光波)의 진동수 여하에 수학적으로 반응하는 현상이 아니라 빛도 항시 눈부시든지 또는 희미하든지의 충동적 반응으로서만 나타나는 것이며 음향도 역시 귀 따갑게 들리든지 유쾌하게 들리든지의 쾌 · 불쾌의 정서를 반드시 수반하는 것이다.

이렇듯 물리학 · 생리학 · 심리학에 의해서 반성할 때 소박적 실재론에는 많은 수정이 필요한 것이다. 이것이 과학적 반성을 촉구한 것이며 여기에 과학적 실재론이 물질 개념을 구성하게 하는 이론적 근거가 있는 것이다.

3) 신실재론(new realism)

상술한 과학적 실재론이 유일한 실재성으로 생각한 것은 비록 감각적 상태로서의 주관적 인 것은 아니었으나 그들이 말하는 실재란 것, 예컨대 에테르니 양자니 전자니 등은 사실인즉 그들이 구성한 개념에 불과한 것이다. 그러한 의미에서 그것은 물질 개념이기는 하나 역시 주관의식의 산물임에는 틀림없다. 도리어 이런 것들은 인간 주관에 나타난 감각상태보다도 비현실적인 것이라고도 할 수 있다. 감각은 차라리 외계와의 접촉에서 일어나는 만큼 설사 그것이 외계의 실재 그 자신은 아닐지라도 외계 실재에 바싹 다가선 것이다. 그러나 과학에서 말하는 성질은 현실적으로 주어진 감각을 일반화해서 개념의 형태로 만든 점으로 보아 감각보다도 훨씬 외적 실재에서 멀리 떠나서 인간 주관의 사유능력에 의하여 생각되어진 것이다. 그러므로 주관적 감각을 벗어나려는 그들의 의도와는 달리 의식초월적 실재를 의식의 산물로 만드는 결과를 가져왔다고 할 수 있다. 그러므로 과학적 실재론도 또한 주관적 관념론이라는 비판으로부터 벗어날 수가 없는 것이다. 또 지각과 실재의 혼동을 경계한 점에서 반성적이기는 하나 과학적 실재론에는 역시 모사설의 잔재가 남아 있다. 우리로서 보면 의식에 의하여 구성된 것에 불과한 물질을 그들은 물론 외계에 실재적인 것으로 믿고 있었으며 과학적 인식은 이 외계 실재에 일치하는 지식이라고 믿었다. 인식관계에 대한 설명을 소홀히 했다.

그러므로 여기에 과학적 인식에 대한 비판이 요청된다. 이 점에 깊이 유의하여 과학 지식에 대한 비판을 한 것이 신실재론(新實在論)이라는 새로운 경향이다.

그들은 주관적 관념론에 대하여 대상의 실재를 강조하려는 점에선 과학적 실재론의 객관주의—비록 성공은 못했으나 본래의 의도이었던—와 같은 방향을 걸었으며 과학적 실재론이 소홀히 했던 인식을 설명하는 데에 노력했다. 주관적 · 관념론적인 견해에 대하여 자연과 역사 같은 실제적 대상은 물론이려니와 의미와 가치 같은 관념적 대상까지도 제 자체로 의식과는 독립하여 존재하는 것이라는 객관주의를 취한다.

또 그들은 대상들의 본질은 대상을 인식하는 의식에 대해서는 외적인 것이며, 인식의 관계의 일방의 항인 객관은 이 인식관계와는 독립된 존재성을 가지는 것이라고 한다.

주관적 관념론을 논박하는 것이 그들의 출발점인 만큼 그 선구자인 무어(G. E. Moore)는 버클리의 "존재 즉 지각"이라는 명제에 대한 비판을 그의 철학의 출발점으로 삼는다. 존재와 지각이 전연 동일한 것이라는 의미라면 그것은 전혀 무의미한 것이고, 이에 반하여 지각 즉 경험이 존재의 일부에 일치한다고 하면 지각 즉 경험은 실재의 전부가 아니라 실재의 일부에 불과한 것일 것이다. 그렇다면 지각된 이외에도 또 다른 부분으로서의 실재의 부분을 용인하지 않을 수 없다. 그러므로 존재 즉 지각이라는 명제는 유지할 수 없는 것이라고 하여 의식에 대한 초월적 대상의 존재를 증명했다.

지각과 지각되는 대상과는 혼동되어서는 안 되는 것으로서 인식이란 것은 이 양자 간에서 일어나는 외적 관계에 불과한 것이라고 한다.

이 주장에 찬의를 표하여 그의 견해를 계승한 것이 러셀(B. Russell)이다. 러셀은 보는 작용은 의식 내에 있으나 대상은 의식작용을 초월하여 존재한다고 한다. 그리고 각 대상은 일정한 관련을 가진 것이요 인식은 이 관계를 파악하는 것으로서 사고에 있어서 내재적으로 생각되어 있는 대상 간의 관계가 대상 자체로서 관련에 일치할 때 그 인식을 진(眞)이라고 한다. 가령 책상 위에 놓여 있는 새빨간 장미꽃의 화병을 본다고 치자. 꽃의 새빨간 빛을 보고 있는 우리의 시각작용이 우리의 의식인 것은 물론이려니와 보여지는 새빨간 꽃빛도 또한 우리의 의식 안에 내재함은 틀림없는 사실이다. 그러나 주관적 관념론들이 생각하듯이 이 의식이 곧 존재요 이 의식적 존재 이외에 하등의 실재가 없다고 보는 것은 오류라고 한다. 꽃빛은 우리의 의식 안에 있으나 꽃 자체는 우리의 의식 밖에 우리의 의식을 초월하여 독자적으로 존재한다고 한다. 이 신실재론적 경향을 취하는 철학자로는 무어, 러셀 이외에 화이트헤드(A. N. Whitehead), 알렉산더(S. Alexander), 페리(R. B. Perry) 등을 들 수 있다.

4) 비판적 실재론(critical realism)

신실재론의 지나친 객관주의적 경향을 수정하며 특히 주관적인 오류의 설명을 용이하게 하려는 의도를 가진 것이 제1차 대전 직후 미국에서 일어난 비판적 실재론이다. 우리는 객관적 실재를 있는 그대로 알 수는 없는 것이다. 우리가 알 수 있는 것은 지각여건으로서의 성질부합(character complex)에 불과한 것이라고 한다. 다만 우리는 그것을 어떤 실재물의 성질로 믿고 그것에 대하여 반응을 할 따름이다. 그들이 말하는 성질부합은 일종의 현상으로서 그것은 초월적 존재로서의 대상과는 준별되는 것이다. 이 현상에서 존재의 세계를 알 수 있는 것은 오직 실제생활상의 행동적 반응에서만 있을 수 있다. 우리는 흔히 이 현상이 존재를 여실히 가리키는 것으로 여기나 현상은 어디까지나 존재와는 딴 것으로서 오직 실제생활 행동에 의해서만 이들 현상이 존재와 상응하는가 않는가를 알 수 있다고 하여 지각과 감각과의 구별의 규준(規準)을 행동에 두었다. 이 점에 있어서 비판적 실재론에는 실용주의적 색채가 농후하다. 그 대표자로서는 미국의 드레이크(D. Drake), 산타야나(G. Santayana) 등이다.

이와는 전혀 다른 방향으로 하르트만(Eduard von Hartmann)은 칸트의 사상을 계승하여 실재론적으로 발전시키기를 의도했다. 그는 물자체의 개념은 불가결한 것이라고 주장한다. "나는 감각한다. 그런고로 나는 있고 또한 물(物)도 있다." 또 "나는 다른 사람을 사랑하는 감정을 느끼고 있다. 그런고로 타인의 존재와 공동세계는 있다."고 하여 그들의 실존성을 주장한다. 이 사상적 경향을 이어 초월적 실재를 주장하여 소박실재론을 인식론적으로 세련시킨 것은 쿨페(O. Külpe)를 대표로 하는 비판적 실재론이다.

쿨페는 『실재의 지정은 가능한가, 또 어떻게 그것은 가능한가, 실재의 규정은 가능한가, 또 어떻게 그것은 가능한가』라는 저서에서 한편으로는 실재를 부정하는 주관적 관념론을 비난하며 다른 한편으로는 실재를 인정하기는 하나 그것의 규정은 불가능하다고 보는 현상론도 비난했다. 비판적 실재론은 우리의 의식을 떠나 존재하는 초월적 존재를 긍정하면서도 비판적 입장에서 감각과 존재를 엄정히 구별하며 초월적 존재에 대한 인식을 직접적으로 인식할 수는 없으나 과학적 처리를 가하므로 점차 가능하다고 한다. 이 무한한 접근으로서 미지의 영역에 육박하는 데에 인식의 본질이 있다고 한다.

하르트만(N. Hartman)은 이와 같은 경향을 취하면서 그는 인식은 주관과 초월적 관계에 있는 객관적 대상을 파악하는 기능이라고 하며 이 기능을 그는 초월파악의 작용(Transzendente Akt)이라고 부른다.

6. 실용주의적 인식론

끝으로 미국의 윌리엄 제임스 이후 실용주의자들의 인식론적 견해를 약술하려 한다. 그들은 관념의 가치는 이미 되어져 있는 실재와의 관련에서 평가되는 것이 아니라 앞으로 되어질 무엇과의 관련에서 표준을 구하여야 한다고 말한다. 이같이 관념은 행동과 긴밀한 관련을 가지고 있다. 그래서 관념은 그것이 장차 생기게 한 행동과의 관련을 통하여서야 그 진리 성격이 평가되리라고 한다. 관념은 그 실제상 효과에 의하여 진리성이 결정된다. 어떤 사상이 옳은 것인지 틀린 것인지 그 진리의 표준은 추리적 귀결이 아니라 실용적 효과이다. 우리 현실 생활에 구체적 효과를 가져오는 관념이 진(眞)이 된다.

동물은 대상이 자기에게 적합한지 아니한지를 감각하여 이 감각의 가르침에 따라 그 대상을 멀리 하든지 가까이 하든지 한다. 단순한 의식은 이같이 구성되어 있다. 그러나 갈등과 알력이 생기자 사태는 일변한다. 동물이 자기에게 필요한 것을 찾아내지 못한 경우에는 감각만으로는 부족하다. 그 동물은 자기에게 결핍되어 있는 새로운 무엇을 구하지 않으면 안 된다. 그것이 어디서 찾아질까를 알기 위해서는 '반성' 자문하지 않을 수 없다. 그러므로 반성은 선택이 행해지지 않으면 안 될 경우에밖에 개입하지 않는다. 이러한 반성적 사고는 본능과 관습에는 나타나지 않는다. 반성적 사고 내지 지식은 정당한 조건하에서 생물에게 어떤 가능한 해결법을 십자로같이 눈앞에 나타내 보인다. 이러한 경우 우리는 어떠한 것을 체험하는가. 그것은 불확실, 불여의(不如意), 불안이다. 그런고로 사고는 사물 그대로의 사태를 관상(觀想)하기 위하여 개재하는 것이 아니다. 사고는 결정되고 안정되어 있는 것을 표시하는 것을 기능으로 하기는커녕 없는 것을 불러내고 결핍된 것을 획득하고 공허한 것을 채우려 한다. 사고는 과거나 현재의 편으로 향하지 않는다. 그것은 온전히 미래의 편으로 향하고 있다. 그것은 앞을 내다보고 있다. 그래서 사고의 기능은 사변적이 아니라 무엇보다도 실제적이요 행위의 최초의 윤곽이다. 사고가 나타나는 것은 실재를 모사하기 위한 것이 아니라 그것을 효과 있게 변경하기 위한 것이다. 합리주의에서는 정신과 실재를 상반하는 두 극단으로 보나 실용주의는 실재와 사상은 동일과정의 일부를 이루는 것이다. 감각, 관념, 행위는 연속된 계열이다. 사고는 행위에로 나아가게 하는 기구이다. 과거의 행위를 기억하여 장래 행위에 유용케 하려는 것이 인식 발생의 목적이라고 실용주의자는 주장한다. 이제 우리는 실용주의적 인식론의 근원과 그 발전을 살피기로 하자.

일찍이 듀이는 퍼스를 가리켜서 "글자 그대로의 프라그마티스트라면 제임스보다도 프라그마티스트로서 합당하다"고 평가했다.

그 퍼스(C. S. Pierce, 1839~1914)에 의하면 어떤 대상에 관해서 우리의 관념이나 사상을 밝히려면 그 대상이 어떠한 실천적 귀결을 가지고 오는가, 우리가 그 대상으로부터 어떤 감각을 받으며 어떤 반작용을 기대하겠는가를 생각해 보아야 한다. 이러한 귀결에 대한 우리의 개념은 그것이 직접적이든 간접적이든지 하여튼 우리의 행동에 대하여 적극적인 뜻을 가지는 한에 있어서 그 대상에 관한 우리의 개념의 전체를 형성하는 것이다. 사물에 관한 명확한 관념이라는 것은 필연적으로 실천상의 가능성을 지닌 것이며 또 그러한 것이어야 한다. 그러기에 우리의 관념을 명백히 하려면 그 관념의 실천 혹은 실험상의 가능성을 생각하면 된다는 것이다. 그런데 퍼스에 있어서 회의를 풀고 행위의 확립을 가능케 하는 밑받침이 되는 것은 신념—우리의 신념만이 참으로 행위의 규준이다. 색다른 신념은 색다른 방식의 행위를 확립하는 것이기에 그때 가능한 실천적 귀결을 생각함으로써 신념의 차이가 표명된다.

이러한 원리에 따르는 다음의 제임스(W. James, 1842~1910)에 있어서는 경험적인 행동주의적 요소가 지배적인 것이 된다. 단적으로 말해서 퍼스의 관념론적 주장에 있어서는 대상에 관한 우리의 사유가 명확한 판단에 이르기 위해 다만 사유의 세계에 편안히 자리 잡고 일정한 신념을 획득하는 것이 필요했다. 그런데 제임스에 있어서는 존재에 관한 일정한 관념이 바른가 그렇지 않은가의 진리 문제는 다만 사유의 세계에 있는 것이 아니라 그 결정적인 증명은 행위의 세계에서 찾아져야 할 것이다. 모든 철학적 명제의 타당성은 저마다 특수한 실천적 경험의 귀결들의 관련 아래 비로소 논증된다. 일정한 관념은 그것이 예상된 특수한 실천적 귀결을 이끌어낼 수 있는 관념일 때 비로소 진리일 수 있다. 즉 일정한 관념의 진리성 혹은 허위성은 그것이 우리의 실생활에 있어서 어떠한 실천적 차이를 일으키는가에 따라서 재결(裁決)된다.

이러한 풍토에서 실용주의적 인식론은 듀이(J. Dewey, 1859~1952)에 의해서 다음과 같이 결실했다.

그의 논문「철학의 개조」에서 그의 말을 인용하여 그의 견해를 살펴보기로 한다. 인식되는 대상은 도대체 지와 무지의 문제가 아니다. 그것은 행위에의 자극으로서만 있다. 그것은 반작용을 예감하고 있는 그 무엇인 것이다. 즉 물을 예로 들면 물은 음료로서, 세탁용으로서, 소화용으로서, 또는 마침내 우리의 반작용에 대해서 도로 작용해 오는 것, 즉 우리를 병들게 하고 질식시키고 물에 빠지게 하는 것이다. 이 이중의 작용에 의해서만 물 혹은 그 밖의 모든 것은 우리의 경험의 영역에 들어오는 것이다. 그리고 그러한 경험은 하등 인식에 의존하는 것이 아니다. 경험이 의식에 의존한다는 의미로서는 경험과 인식 사이에는 하등의 관계가 없다. 경험은 그 자신은 하등 인식적 성질을 가지지 않으나 경험은 인식에 앞선다. 이러한 의미에서라면 경험과 인식 사이에는 끊으려야 끊을 수 없는 관계를 가졌다고 할 수도 있고 경험에 있어서 사물에 대한 인간의 반응 또는 역방향으로 인간생활에 대한 사물의 반작용은 인식에 있어서와는 판이하다. 물이 우리의 행위에 대하여 적절한 자극이 될 동안 즉 그 반작용이 우리를 압도하는 한에 있어서는 그것은 어디까지든지 인식 영역의 밖에 서 있는 것이다. 그러나 이 물체의 한갓된 존재가(가령 시각에의 자극) 다만 우리들의 반응을 야기하는 자극으로서 직접적으로 작용해 오지 않고 도리어 거꾸로 인간이 그것에 반응할 때 그때 비로소 그 결과의 예견과 관련하여 그것은 의미를 가지며 인식되며 대상되어지는 것이다.

그때에는 물은 습기를 지니고 유동하는 어떤 물건으로서 인식되는 것이다. 여기에 다시 다른 감관들에 의하여 이해되는 시각 이외의 여러 가지 성질들이 그 위에 부가되어서 확장되기는 하지만 최초의 시각적 성질을 기초로 하여 그 위에 형성되는 우리의 개념은 경험 속에서 나온 것이 아니라 "모든 경험은 인식적인 주의로 되지 않으면 아니 된다"는 관념(생각)에 우리의 경험을 합치시키는 데에서 생기는 것이다. 시각적 기관에의 자극이 자극으로서 단순히 작용하는 한에 있어서는 결코 빛이나 색깔로서의 이해도 없으려니와 지각이 없고 감각자극의 대부분에 대하여 우리들은 이와 같이 전혀 비인식적인 방식으로 반응하고 있는 것이고 가지가지의 결과를 예상하면서 반응을 잠시 보류하는 태도를 취하고 있을 양이면 이 직접적인 자극은 그것과는 다른 어떤 다른 것의 나타남 즉 지표(指標)로 된다. 여기에 있어서 주의(注意) · 이해 · 요해(了解) 그 밖에 어떤 말을 쓸지라도 하여튼 그러한 것이 비로소 문제가 된다. 이 상위(相違)는 경험과 인식의 '인식한다는 자연적 사상(事象)'이 '직접적인 유기적 자극이라는 자연적 사상(事象)'에 부가된 상위(相違)에 지나지 않을 뿐 결코 하나의 실재를 비실재로, 대상을 그 어떤 주관적인 것으로 만드는 것 같은 변화가 아니다. 그것은 어디까지나 이전에는 결합되어 있지 않던 것, 즉 가능성을 머금고 있는 미래의 것과의 관계 속에 들어섬으로써 새로운 뚜렷한 특징을 참으로 파악하는 것에 불과한 것이다.

『철학』 1954년 4월

학문과 진리의 문제

'학문'이란 것은 일의적으로 정의될 수도 없고 그 대상과 범위도 실로 막연하다. 글이니 학(學)이니 학술이니 과학이니 하는 용어가 다 비슷한 대상을 지시하는 것 같기도 하고 서로 다른 점도 있다. 그러면 무엇을 학문이라 일컫느냐? 글자로 쓰인 것이면 다 글이요, 글이면 다 학문이라 할까? 오래 매몰되었던 금석문과 시중 상사회사(商事會社)의 장부가 다 글자로 기록되었다 하여 학문이라 할까? 이것들도 고찰하는 입장에 따라서는 여러 학문의 자료는 될 수 있으나, 그 자체가 학은 아니다. 금석문이 역사적 사실의 한 고증이 될 수는 있다. 한 상점의 장부도 그 시대의 물가지수를 연구하는 경제학자에게 한 자료가 될 수는 있으나 그 자체가 경제학이 되거나 경제학의 한 부분이 될 수 없는 것이다. 그러면 이것이 학문이 되지 못하는 이유가 무엇이며, 학문이 되려면 필요조건이 무엇이냐?

서양어에서 학문이라는 말은 그 어원이 '알다'는 동사에서 나온 것처럼, 학문은 그 목적이 지식을 추구함에 있다. 지식이 인생생활의 행복을 증진시키는 능력임은 사실이다. 그러나 지식의 실용적 가치는 학문의 간접적 결과요, 학문은 지식 그 자체를 애구(愛求)함에 있다. 아리스토텔레스는 그의 『형이상학』 첫머리에 사람은 본성적으로 지(知)를 애구한다. 지각을 좋아함이 그 표시이다. 지각은 효용을 떠나서도 그 자체를 위하여 애호되고 특히 시각이 그러하다. 행위하기 위하여서만 아니라 아무런 행위를 지향치 않을 적에라도 우리는 다른 감각보다 보기를 더 좋아한다. 그 이유는 모든 감각 중에서 시각이 우리에게 사물의 많은 차이점을 명백히 계시함으로써 사물을 가장 잘 인식케 하기 때문이다.

라고 말하였다.

위에 인용된 대로 보면 학문은 인간의 알고 싶어 하는 본성에서 솟아나오는 지식애(愛)요, 또 그 결과이다.

그러면 지식 혹은 인식은 어떤 것인가? 눈을 들어 내 앞에 있는 것을 보면 곧 지식이요, 인식이라 할까. 감각으로 들어온 모든 것을 지식이라 한다면 학문이 별로 귀여울 것도 없다. 누구나 다 정상적 감각기관을 가졌으면 이만한 지식은 쉽게 얻을 수 있다. 그러나 감각적 지각은 아직 지식이 아니다. 감각이 지식의 중요한 원천이기는 하나 이는 무엇에 대하여든지 그것이 어떤 이유로 그러한지를 말하지 않는다. 아리스토텔레스의 든 예대로 감각은 "불이 뜨겁다" 하는 사실을 고하여 주되, 불이 왜 뜨거운지는 우리에게 설명치 않는다. 또 감각과 마찬가지로 우리의 경험도 우리에게 그 사실이 이러이러함을 보여줄 뿐이요 그 사물의 그러한 이유를 말하지 않는다. 그러므로 지식은 사물을 있는 그대로 봄으로써만 성립되는 것이 아니라 그 이유를 설명할 수 있어야 한다. 다시 말하면 관찰로 얻어진 사실의 원인을 탐구하는 것이 학문이다.

오늘날의 사람도 태양이 동에서 서로 가는 것을 보나 그 이유를 고인(古人)과는 달리 설명한다. 지구가 자전하는 원인으로 인하여 그 현상이 생긴다고 한다. 우리는 감각여건을 이성에 의하여 해석함으로써 사물을 이해한다. 인간 지식의 첫 단계는 감각적 여건을 신화적으로 해석함이었으나 학문이 점점 진보할수록 진정한 인식은 감성에 주어진 것을 이성으로 파악하는 것이다. 이성으로 파악한다는 것은 개념을 통하여 사물을 이해함이다.

현대인은 학문에 대하여 논의하려면 과학에 대하여 말하지 않을 수 없다. 과학은 학문 발달의 최후 단계요, 근대 문화의 정수이며 인간 진리의 표본이다. 철학적 인식론도 과학적 사실과 결부되어 있으며 과학적 지식의 기초를 주는 데 있다. 과학적 사실에 위반되는 생각은 진리될 수 없고 학으로 성립될 수 없다. 그러면 과학의 진리성이 어디 있는지 더듬어보자.

인간은 과학하기 전에 경험적 세계에 살고 있다. 인간이 그 직접 경험하고 관찰할 수 있는 사실이라 하는 좁은 범위에 갇혀 있는 한에는 진리에는 도달할 수 없다. 과학은 일상경험을 확장하고 풍부히 하여 고립한 사실을 기술치 않고 포괄적 전망을 주려고 노력한다. 사실 뒤에 숨은 원인과 그 사실을 지배하는 법칙을 탐구하는 것이다. 과학은 새로운 질서, 새로운 형식의 지적 해석을 요구한다.

우리가 언어를 통하여 돌이니 나무니 짐승이니 하는 것은 표면의 유사성만 있으면 다 공통한 명칭으로 지시한다. 그러나 과학은 이러한 상식 단계의 분류를 수정하여 일정한 원리에 기초한 자연적 체계를 세우려 한다. 우리가 이러한 여러 현상을 종(種)·유(類) 개념과 일반 법칙에 포섭할 때에 우리는 자연의 사실을 단순히 기술하는 것만이 아니다. 분류는 적어도 한 체계를 세우는 것이다. 체계는 어떤 것이든지 모두 인위적이요, 의식적 · 창조적 활동의 결과이다. 언어에서는 무의식적으로 행한 것이 과학적 분류에서는 의식적으로 기획되고 조직적으로 수행된 것이다.

과학적 진리는 사물을 체계 하에 정돈하는 분류나 법칙적 질서뿐 아니라 수적 질서 하에서 정확한 지식을 성립시키는 데 있다. 피타고라스는 수를 우주의 원리라고 생각한 최초의 사람이었다. 수야말로 우주질서의 기본적 구조임을 보인 것이다. 사물은 수에 의하여 설명되고 표현될 뿐 아니라 수 그것이라고 피타고라스학파는 주장하였다. 언어에서는 사물을 분류하는 노력을 찾아볼 수는 있으나 언어 자체가 체계 있는 것이 아니므로 사물의 참 체계를 완성할 수 없다. 그러나 수는 그 자체가 항상 체계적 질서에서 자리를 잡고 있다. 하나, 둘, 셋이라는 자연수는 무한의 계열이다. 수는 사물이 아니요 관계이다. 사물은 이 수의 관계에 의하여 체계화될 수 있다.

데카르트가 발명한 해석기하학은 수와 공간적 연장의 관계를 증명하였다. 이로 인하여, 공간과 시간적 연속 중에 포함되어 있는 물리적 사상(事象)의 전 영역을 수의 통제 하에 둘 수 있게 되었다. 역학(力學)과 물리학이 수학을 응용함으로써 완전한 과학으로 조직된 것이다. 고대 데모크리토스는 원자구조를 설명할 때에 그는 감각적 경험의 세계에서 유추하였다. 개개의 원자는 갈고리를 갖고 있어서 서로 걸려 있다고 하였다. 그러나 현대의 원자론에서는 이러한 구상적(具象的) 설명은 없어졌다. 닐스 보어의 원자 유형에서는 이같이 눈으로 볼 수 있는 것 같은 그림자는 전혀 없다. 과학은 일상 언어로 말하지 않고 수학적 기호로 말하는 것이다. 칸트는 말하기를 자연과학의 진리는 수학이 응용되느니만큼 그만큼 진리라고 하였다. 현대 양자물리학은 매트릭스라 하는 새로운 형식의 대수적 기호를 사용함으로써 고전물리학보다 더 풍부하고 탄력 있는 설명을 하게 되었다.

수학자 가우스는 과학의 여왕은 수학이요, 수학의 여왕은 산수(算數)라고 말하였다. 그런데 수학은 왜 진리 중의 진리인가? 모든 수학적 명제는 그 자체 안에 필연성과 보편성을 갖고 있기 때문이다. "7에 5를 더하면 12가 된다"는 명제는 그렇게 아니 될 수 없고 다르게 될 수 없는 판단의 필연성을 우리에게 의식하게 한다. 또 동시에 그 명제는 그렇게 판단하는 주체나 다른 사람도 그렇게 의식하리라는 보편성을 가지고 있다. 이 필연성과 보편타당성은 바로 진리의 불가결한 조건이다.

학문은 지식을 추구하고 지식은 진리되기를 요구한다. 학문에 종사하는 우리 활동의 목적은 진리 발견에 있다. 그러나 인류의 문화 발전상에서 보면 진리는 잠깐 보이다가 곧 스러져 버리고 다른 자태로 우리를 호리어 끌어가고 있다. 우리가 진리를 아무리 따라가더라도 잡지 못하겠기에 흔히 사람들은 진리 아닌 것이나마 믿어서 일시적으로 생의 위안을 얻고자 하는 것이다.

위에 논한 바와 같이 학문은 근본적 원리에 의한 체계 있는 지식되기를 요구한다. 그러나 모든 지식이 한 체계에 일관될 수 있느냐 하는 문제는 이상적 요구요, 실현되기 곤란한 일이다. 칸트같이 인간 정신의 고정한 형식과 범주가 있다고 전제하며 또 인간이 경험에서 얻은 모든 현상은 이 고정한 틀에 의하여 박아낸 것이라고 즉 현상계는 인간 정신에 의하여 구성된 것으로 본다면 인간의 지식은 한 체계에 일관될 수 있을 것이다. 그러나 어떠한 근원적 원리라도 선험적으로 고정시킬 수 있을는지 의문이다. 칸트 시대까지 내려온 수학은 시간과 공간이라는 것을 고정한 것으로 생각하였으나 그 후의 기하학은 우리로 하여금 유일한 유클리드 공간만을 필연적이라고 강요하지 못하게 하였다. 우리가 유클리드 공간을 채용하든지 비유클리드 공간을 채용하든지 선택이 가능하게 되었다. 우리가 다만 실용상 편리한 것으로 인정케 되므로 3차원의 공간체계를 채용하는 것이다. 그러나 오늘날 물리적 현상을 설명하기에는 4차원의 시공연속체로 써야 물적 실재에 더 근사치를 얻을 수 있다고 한다. 푸앵카레에 의하면 우리는 간단하고 편리한 것을 협약으로 삼는다고 하였다. 시간과 공간은 결코 선험적으로 고정된 것도 아니요 또 경험에 그 기원을 둔 것도 아니라고 그는 결론하였다.

모든 학문의 기본원리는 한 요청이요 상정(想定)이다. 이러한 상정과 가설 위에 세운 사상체계는 영구한 진리라고 할 수 없다. 다른 상정 위에 다른 사상건축이 가능하다. 위에 인용한 푸앵카레의 협약주의적 과학관은 진리의 실용적 가치는 보증하면서도 진리의 절대성을 부인하는 것이다.

학문은 내적 모순 없는 원리 위에 선 체계 있는 지식으로 기지(既知)의 다른 지식과 서로 일관하여야 한다는 것은 곧 진리의 연속설이다. 우리는 위에서 주로 이 학설을 전개하였고, 다음에는 진리의 역사적 상대성과 협약주의를 들어 이 학설을 비판하였다. 이제 진리에 대한 많은 학설 중 간과할 수 없는 한 중요한 견해를 음미해 보자.

고대로부터 내려오는 고전적 견해로서 모사설 혹은 상응설이라 하는 것이 있다. 진리는 관념과 실재와의 일치에 있다, 혹은 진리는 표상과 대상과의 일치에 있다고 모사설은 주장한다. 또 우리의 생각이 실재나 사물과 합치하며, 합치하지 않는 데 따라 진(眞)이 되거나 위(僞)가 된다는 것이다. 아리스토텔레스는 우리 판단의 진위는 물 자체에 있는 것이 아니요 그 물에 대한 우리 사상에 있다고 하였다. "내가 당신은 창백하다"고 할 때에 당신이 창백하다고 내가 생각한 까닭에 당신이 창백한 것이 아니라 반대로 당신이 창백한고로 "당신이 창백하다"고 하는 것이 진인 것이라고 그는 말하였다(『형이상학』, 1051). 사상이 물(物)에 옳게 대응하면 진이 되고 그렇지 못하면 위가 된다. 이런 견해에서는 시간 · 공간상에 한 세계가 있어서 거기에 모든 가능한 진리가 머물러 있다고 보았다. 인간의 언명은 그 영원의 진리를 충실히 모사하면 할수록 진이라고 한다. 초상이 모델에 유사한 것같이 우리의 생각과 언명이 현실과 사실을 모사한 것을 진이라고 보는 것이다. 그러나 현실이란 것은 시간 · 공간의 이러이러한 점에서 일어난바 이러이러한 결정된 사실이다. 그 각개 사실은 독자적이요 변화하는 것이다. 그런데 우리 언명의 대부분은 일반적이요 그 대상의 안정성을 포함하고 있다. "사람은 죽는 것이다" 하면 이 명제는 지금까지 이 세상에 생존하였던 어느 개인의 죽음을 모사하는 것이 아니라, 앞으로 생겨날 사람 즉 우리가 아직 경험하지 못한 사람들에 대해서도 그들의 죽음을 주장하는 것이다. 진리의 실효용 가치도 미래의 경험을 예측할 수 있는 데 있다. 일반적 진리는 어느 한 현실을 충실히 모사하였다기보다 어느 것도 모사치 아니하였다고 볼 수 있다.

모사설은 그 근저에 우리 의식 밖에 의식을 초월하는 실재를 인정하고 그것과의 관계에서 일치 여부를 찾고자 한다. 그러나 이 같은 의식 너머의 실재란 것은 우리에게 의식되지 아니한 것이니 어떻게 사고가 그것에 일치를 맞추어 볼 수 있을까. 이는 감각적 지각이 외적 실재를 그대로 반영하려니 하는 소박한 견해이다.

사고와 사실의 일치는 검증에 의할 것이다. 그러나 우리 경험사실 중에는 인위적으로 재현할 수 있는 것과 재현할 수 없는 것도 있다. 대다수의 역사적 명제는 이미 지나버린 것에 관한 것으로 우리가 그 사실을 검증하기 불가능하다.

1812년 나폴레옹이 모스크바에서 패전하였다.

임진란 시 이순신이 한산도 앞바다에서 왜적을 섬멸하였다.

하는 역사적 언명의 대응되는 그 사태를 재현시킬 수 없으니 일치를 검증할 수 없다. 그러나 우리는 이런 역사적 사실의 진에 대하여 의심치 않는다.

진리 중에는 애초부터 상응을 요구치 않는 것도 있다. 수학적 진리 같은 것은 외계의 실재와 일치하는 데서 성립하는 것이 아니다. 점(點)이라 하는 것은 개념상 정의된 것이요, 실재하는 물(物)이 아니다. 원은 중심에서 등거리에 있는 점들의 궤적이라 하나 이러한 원이 실제로 이 세계에서 발견될 수 없다.

끝으로 현대 실용주의의 진리관을 살펴보자. 프래그머티즘은 우리가 위에 논한 합리론과 모사설을 강렬히 비판한다. 진리가 순수히 객관적이요 보편적이라 하면 그것은 인간을 바로 무관심하게 내버리게 될 것이다. 인간적 목적에서 떠난 독립성, 바꾸어 말하면 인간생활에서 분리된 '절대성격'을 진리에 부여하는 것은 지식의 '비인간화'이다. 우리에게는 무인격적인 이성이 존재치 않고, 다른 여러 생활기능과 긴밀히 관련한 한 생활기능인 지성이 있을 뿐이다. 우리는 진리를 탐구할 경우에 항상 목적을 지향한다. 진리는 선택의 길을 통하여 결정되고 이 선택을 결단하는 것은 인간의 관심이다. "진리는 철두철미 인격적인 문제이다. 지식으로서 자기이익을 위하여 '일하게' 하고, 자기 목적을 실현하기 위하여 그것을 이용하는 본인의 의도적인 활동에 의하여 지식은 잠세적(潛勢的)인 것에서 현실적인 것이 된다"고 실러는 주장한다. 진리가 인간적이라 하는 것은 지성이 생활에서 떠날 수 없고 논리가 심리에서 떠날 수 없기 때문이다. 진리는 인간생활을 위하여 지어진 것이다. 사고를 인간생활에 결부하는 것이 프래그머티즘의 기본사상이다.

만약 진리가 객관적이요 보편적이어서 시대와 장소에 따라 변치 않는 것이라면 진리란 실재의 표현이므로 실재도 또한 영원히 정체된 그 상태에 있다고 생각지 않을 수 없다. 그러나 이와 반대로 실재가 생명인 것이요 또 새로운 자기를 생산해 간다고 하면 진리도 또 변화하고 살아가지 않으면 안 될 것이다.

실용주의에서는 지식을 행동의 기구로 생각한다. 관념은 우리 행동을 인도하는 임무밖에 가지지 않았다. 윌리엄 제임스는 말하기를

> 어떤 관념의 (…) 최대한도의 진리는 그것이 우리 자신을 대상과 사실상 융합케 하고 상호합류와 완전한 동일화로 우리를 인도하여 주리라고 생각하는 것이다. (…) 정신과 실재와의 합류는 진리의 절대적 극한이리라.

고 하였다.

> 관념은 그 기능상에서 보면 우리를 대상과 더 잘 관계케 하고 또 그러한 작용을 가능케 하기 위한 기구이다.

요컨대 '안다' 하는 것은 실재와의 효과적인 관계에 들어가기 위한 방법이요 모사는 문제가 아니다. 그러나 관념이 우리를 인도하는 종국의 행위가 적당한지는 어떻게 아느냐? 제임스는 대답하되 우리가 체험하는 만족감으로 그것을 알 수 있다 한다. 이 만족은 진리의 표식이다. "진리란 구체적으로 고찰하면 우리 신념의 속성이요, 이 같은 신념이란 만족을 지향하는 태도인 것이다."라고 그는 주장한다.

"세상에 생긴 일 중에 가장 신기한 것은 의식이다. 의식이 나타나자 어떤 새로운 것을 도입한다. 대체 누가 대웅성좌(大熊星座)에 별이 일곱 개인 것을 찾아내었으며 또 어떤 동물의 형태와 유사함을 지적하였는가? 그것은 의심 없이 인간이었다. 물론 그 별들은 발견되기 전에도 일곱 개였고 그 배치도 그러한 모양이었을 것이다. 그러나 우리가 그것을 명확히 알게 되기에는 한 조건이 있다. 이 조건이란 '세어 보고 비교하는 정신의 행위'밖에 다른 것이 아니다. 여기서 인간이 행한 것은 표시하고 발견한 것뿐인 것같이 생각된다. 그러나 어떤 의미로는 인간은 무엇을 부가하였고 또 만들어 내었다. 즉 인간은 7이라는 수를 창조하고 유사라 하는 것을 창조한 것이다. 인간의 사고는 실재의 모사가 아니라, 틀림없이 한 창조"라고 제임스는 논하였다.

인간 정신이 부단히 변화하는 현실세계에 부닥쳐 서로 조화를 이루는 데서 진리와 학문이 생성되어 가고 있다. 인간정신에게 이미 고정한 활동형식을 예정하거나, 세계의 영구한 법칙을 예상하는 것은 안정감을 요구하는 이성의 표현일 뿐이요, 생생한 현실은 부단히 창조되어 가고 있다. 이에 따라 학문과 진리도 재구성되고 항상 진전될 것이다.

〈참고문헌〉

Aristoteles, *Metaphysica*.
Descartes, *Meditations*.
Kant, *Kritik der reinen Vernunft*.
E. Cassirer, *An Essay on Man*.
B. Blanchard, *The Nature of Thought*, 1939.
A. C. Ewing, *Idealism, A Critical Survey*, 1933.
B. Russell, *An Inquiry into Meaning and Truth*, 1940.
R. Carnap, *Die Aufgabe der Wissenschaftslogik*, 1934.
W. James, *The Meaning of Truth*, 1909; *The Pluralistic Universe*, 1909.
F. C. S. Schiller, *Studies in Humanism*, 1907.
J. Dewey, *How We Think*, 1910; *Logic, The Theory of Inquiry*, 1938.
H. Bergson, *La Pensee et le Mouvement*, 1934.
H. Poincaré, *La Science et L'Hypothèse*, 1902; *La Valeur de la Science*, 1905.

「현대사상강좌」 1960년

도식과 형상

칸트는 『순수이성비판』의 '순수오성개념의 도식작용'이란 장에서 이 문제를 다루었다. 원본대로 모두 11페이지에 불과하나 이 적은 부분이 칸트의 "광범한 전 저작의 핵심으로 인도한다."[1]라고 하이데거는 말한다. 칸트 자신도 "우리 오성의 이 도식작용(Schematismus)은 인간 영혼의 깊은 곳에 숨어 있는 기술이다. 이 기술의 진정한 활동방식은 그 자태대로 명백하게 나타나게 하기는 쉽지 않을 것이다."[2]라고 하여 어려운 문제임을 명언(明言)하였다.

우리가 눈앞에 있는 책상을 보면 그 형상이 나타난다. 이것은 안전(眼前)의 존재자로서 보이는 한, 대상의 형상(*Bild*, image)을 의미한다. 이것이 형상의 첫째 뜻이며, 둘째로는 우리가 그 대상에서 눈을 돌리면 그 대상이 직접 보이지는 않더라도 이미 보았던 그 대상의 모사(模寫)적인 형상이 우리 의식 속에 떠오른다. 이는 안전에 존재치 않은 것의 복사(複寫)적인 형상이다. 셋째로 미래에 산출될 수 있는 것에 대하여 미리 그리는 형상이다. 우리가 아직까지 그런 실물을 경험하지 않았더라도 그 가능성이 실물을 보기 전에 우리 의식에 예사(豫寫)되는 형상이다.

첫째 의미대로 대상이 우리 의식에 그 형상을 주어 대상을 나타내는 것을 우리는 경험적 직관작용이라 한다. 둘째 의미대로 직관에 대상이 현존하지 않더라도 대상을 표상하는 능력을 우리는 구상력(*Einbildungskraft*, imaginaton)이라 한다.[3]

구상력은 감성적 직관에서 복사적인 상을 얻는 편으로 보면 역시 감성에 속하나, 다른 편으로는 감관같이 수용적이 아니라 자발적으로 오성 범주에 맞추어 감성적 다양을 종합, 통일하도록

감성을 선천적으로 규정하는 능력이다.[4]

그래서 구상력이 바로 우리 지성의 감성에 적용될 수 있는 기초인 것이다.

이제 칸트가 도식론에서 논의하려는 것은 예술가의 창조적 상상력도 아니요, 또 우리가 사고할 때에 한 관념이 다른 관념을 불러일으키는 연상적 상상력도 아니다. 관념연합의 법칙에 따르는 상상을 칸트는 재생적 구상력이라고 하여 그의 본래 의도하는 생산적 구상력에서 구별하였다. 이 생산적 구상력은 오성만에 의하여 되는 지적 종합과는 달리, 개념에게 형상을 주는 능력이다. 그래서 이는 근원적이요 생산적인 구상력이다.

그런데 사고의 형식인 순수오성개념은 지성적이요, 감관으로 주어진 다양은 감성적이다. 이 둘은 종류가 다르다. 그러면 어떻게 경험적 직관을 개념 하에 포섭할 수 있을까 , 현상에다 범주를 적용함이 어떻게 가능할까? 우리가 한 접시를 보고 '이 접시는 둥글다'고 판단할 때에 이 접시는 감성적 직관에 의하여 얻어진 표상이요, 둥글음은 순수

하게 기하학적인 개념이다. 감성적 내용이 어떻게 오성의 개념 아래 이해되느냐가 문제이다. 이 문제를 해결하기 위하여 칸트는 도식작용론을 제출하였다. 한편으로는 감성적이요 , 다른 편으로는 지성적인 제삼자가 매개가 되어 이 문제가 해결될 것으로 그는 시도하였다. 개별적인 형상과 일반적인 개념과의 중간물 같은 도식(Schema)이 작용한다는 것이다.

도식이란 말은 희랍어로 본시 형상을 의미하는 것인데 칸트는 이에다 다른 의미를 부여한다. 그러면 그는 무엇을 도식이라 하는가.

> 한 개념에게 형상을 마련하는 구상력의 일반적 방법의 표상을 나는 이 개념에 대한 도식이라 부른다.[5]

고 한다. 형상은 감성으로 주어진 것이요, 도식은 칸트에 의하면 언제나 구상력의 소산이다. 구상력의 종합은 감성을 규정하는 데 있어서 통일만을 목적하기 때문에 도식은 형상에서 구별된다는 것이다.

칸트가 든 예대로 개라는 개념은 경험이 우리에게 보이는 어떤 특수한 개의 형상도 아니요, 이런 개 저런 개들의 가능한 형태만에 제한된 것도 아니다. 개라는 개념은 한 방식인데 우리의 구상력이 그 방식에 따라서 일정한 네발짐승을 일반적으로 표시할 수 있는 그 방식이다. 형상은 개별적이로되 도식은 일반적이다. 도식은 개념의 감성화인데 이에서는 직접적 형상을 주는 것이 아니라 표현가능성이 생각되고, 이 표현을 규정하는 방식(규칙)이 표상된다. 형상은 사진 같아서 언제나 한 면에서 본 모양으로 대상이 가질 수 있는 무수한 면의 모양들을 충족하게 표현할 수는 없다. 형상은 임의의 여럿으로 표상될 수 있는 것들 중에서 어느 하나로 개별화된 것이다. 칸트에 의하면 도식은 도리어 형상들을 가능케 하는 밑받침의 그림이요, 이런 약도를 그려낼 수 있게 하는 규칙이다.

> 사실, 우리 순수한 감성적 개념의 기초에 놓여 있는 것은 대상의 형상이 아니라 도식이다.[6]

라고 칸트는 말한다. 우리가 한 집을 보고 그것이 집이라고 이해함은 지각된 그 집의 형상이 일반적으로 집이라는 개념에서 표상되는 것을 보이기 때문이다. 우리가 어떤 사물의 형상을 보면서도 그것이 무엇인지 알지 못하는 것은 그 형상을 포괄할 만한 개념의 표상이 띄지 않기 때문이다.

칸트는 삼각형의 예를 들어 더 자세히 설명한다.

> 삼각형의 어떠한 형상도 삼각형 일반의 개념에 어느 때나 합치되지는 않을 것이다.[7]

왜냐하면 삼각형은 직각이든 예각이든 둔각이든 모든 삼각형에 타당하도록 보편성을 가진 것이로되, 형상은 이런 보편성에 도달하지 못하고 삼각형의 범위의 일부분에 제한될 것이기 때문이다. 한 걸음 더 나아가 종이에 그려진 한 삼각형의 형상은 이미 각 변의 길이가 정해져 있으므로 개별적이다. 이 형상은 삼각형 일반을 상정케 할 뿐이요, 모든 대소를 가질 수 있는 삼각형 중의 하나이다. 그러나 삼각형의 도식은 사고 속에만 있고 그 이외의 아무 곳에도 있지 않으며 공간적 형태에 관하여 구상력이 종합하는 규칙을 의미한다.

개라는 경험적 개념과 삼각형이라는 기하학적 개념보다 더 순수한 수의 개념을 칸트는 다시 예로 들어 도식은 확실히 형상과 구별된다고 한다. 우리가 다섯 개의 점을 차례로 찍는다면 이것은 다섯이란 수의 형상이다, 그 반대로 수 일반을 생각하는 경우에는 일정한 개념에 따라 한 집합량(예로 천千)을 형상으로 나타내려는 '방식의 표상'이고 형상 자체는 아니다.

> 수 그것은 다섯 점 같이는 보이지 않는다. 그러나 5, V라고 하는 기호같이도 보이지 않는다. 실제로 이 기호들은 또 다른 방식으로 그 수의 형상이다. 공간 중에 그려진 5라는 형상은 일반으로 수와 아무 공통한 점이 없다. 다섯 점의 형상……은 다섯이라는 수에 의하여 세어질 수 있다.[8]

그러나 천의 경우에 있어서는 천 개의 점을 찍었다 하더라도 우리 상상력은 그 형상을 둘러볼 수 없다. 우리는 수를 이런 형상에서 파악하는 것이 아니라, 한 수를 한 형상으로 표현하려는 '방법의 표상'을 갖고 있다. 어떤 임의의 수를 수로서 정립할 수 있는 방식은 수의 개념을 형상화하는 '방법의 표상'으로서 그것이 수 일반의 도식인 까닭이다. 도식은 형상같이 고정된 것이 아니라 어디까지나 방식으로서, 조작으로서 도식이라기보다도 차라리 동적인 도식작용(Schematism)

에서 파악될 것이다. 그래서 칸트는 결론하기를 형상은 재생적 구상력의 소산이요, 감성적 관념들의 도식은 순수한 선천적인 구상력의 소산이라고 한다, 이 선천적 구상력의 약도에 의하여 형상들이 비로소 가능하게 된다고 하였다.

그렇다면 순수오성개념 즉 범주가 감성화하는 데 매개가 되는 것은 무엇인가? 그것은 시간이다. 시간상에서 범주는 감성화되어 도식화된 범주(Schematisierte Kategorie)로 선험적 기능을 다하는 것이다. 시간은 본래 현상의 가장 보편적 형식이다. 형식적인 것으로서 시간은 범주에 유사하고, 현상의 형식으로 그것은 감각에 밀접하게 결합하여 있다. 그리하여 시간은 감각에다 범주의 적용을 매개하고, 범주에게 일정한 의미를 주는 것이다. 칸트는 이 지루한 분석을 그치고 범주의 순서에 따라, 또 범주와 연결시켜서 도식형성을 서술하였다. 우리는 그의 도식론을 통하여 형상과 도식 사이에 구별되는 특징을 지적함으로써 만족하려 한다.

그런데 19세기 말에 이르러 철학적 혁명이라고 부를 만한 사태가 발생하였다. 1889년에 낸 『의식의 직접적 소여에 대한 시론』과 1896년에 낸 『물질과 기억』이라는 저서에서 베르그송은 실어증과 대뇌기능의 국재성(局在性)에 대하여 결정적 비판을 내려서 고전적 견해를 깨어 버렸다. 추억적 상(image)은 단지 대뇌기능의 재생과는 별물이며, 그 이상의 것이다. 대뇌는 형상을 저축하는 것을 그 기능으로 할 수는 없을 것이다. 지각은 사물과의 직접 접촉이다. 감각의 다양을 결합하는 종합능력은 단지 심적 요소가 아니다. 모든 의식은 종합이요, 심적 존재의 양태 그것이다. 벌써 의식의 흐름 가운데는 고체적인 단편은 존재치 않고, 또 모든 상태의 병치관계도 존재치 않으며, 내적 생명은 서로 무한히 침투되어 있는 것으로 나타나며 지속하는 것이다. 이러한 유명한 주장은 심적 상(image)의 심리학을 일신할 사명을 띤 것같이 보였다.

베르그송은 1902년 「지적 노력」이라는 논문에서 회상 문제를 중심으로 하여 형상과 도식의 구별을 '의식의 여러 평면'이라는 층을 세워서 분별하였다. 이는 아직 확연한 형상으로 옮기기 전의 '순수한 회상'에서, 이 회상이 감각적 단서가 되고 운동의 발단이 되기까지 층계가 있다. 어떤 회상을 유의적으로 환기한다는 것은 의식의 여러 평면을 차례차례로 관통하여 감을 말함이다.

일반적으로 한 학과를 암기할 때 혹은 인상의 일군을 기억 속에 넣으려 할 때에 우리는 배운 바를 잘 붙잡을 것을 목적한다. 그래서 우리는 여러 가지 수단을 쓴다. 하나는 청각적 · 시각적 · 운동적 여러 심상을 서로 병렬하여 그들을 생생한 상태대로 파악하는 기계적 방법이요, 다른 하나는 그 반대로 한 중심 관념을 이에 대치하여 그 의미를 나타내게 하고 필요할 때에는 이 관념에 의하여 전체를 다시 조립하는 이해적 방법이다, 그러나 우리는 회상할 때에 어느 한 방법에만 의뢰할 수 없다. 자동기제(mécanisme)나 지성적 반성이 서로 깊이 얽혀 있고 형상이 형상을 불러일으킴과 동시에 정신은 추상적인 표상 위에 활동하고 있다. 이 때문에 복잡한 회상의 모든 부분을 기계적으로 불러일으킬 때와, 그 반대로 이들을 능동적으로 재건할 때에 정신이 취하는 두 태도를 명확히 정의하기는 어렵다고 베르그송은 말하면서 기억의 두 층을 여러 예로 설명한다.

어떤 이가 자기 아이에게 직각적이요 순간적인 기억을 발달시키는 방법을 말한다. 그는 먼저 주사위의 한 면을 아이에게 보이고 셀 여가를 주지 않고 점의 합계를 묻는다. 다음 날에는 한 번에 두 개, 세 개, 네 개의 점수들을 합계하는 데 성공하고 매일 이같이 진보를 거듭하여 나중에는 주사위 열두 짝의 점수를 말할 수 있게까지 되었다. 그 아이의 시각 발달은 놀랄 만한 정도로, 어떤 서고(書庫) 앞에 몇 순간 선 후에, 그는 매우 많은 서책의 표제와 그 정확한 위치까지 생각해 내었다. 말하자면 그는 전경의 사진을 찍은 것이어서 그 다음 각 부분들을 생각해 내는 것이다. 그러나 이 맨 처음 연습에서 벌써 주사위의 점을 세지 않도록 하는 데서, 지성의 활동을 중지시킨 데서 이 기억 수단의 특징이 보인다.

> 시각적 형상의 모든 해석이 시각 행위에서 배제되어 있다. 지성이 시각 형상의 평면 위에 내려가 있는 것이다.[9]

외국어 교수법에도 이런 방법이 있다. 초학자(初學者)로 하여금 문구의 의미를 알지 못하게 하고 각 단어를 떼지 않고 한 어구를 일관하여 기계적으로 반복시키는 것이다. 오히려 초학자가 의미를 알려고 하면 결과는 얻어지지 않는다.

> 여기는 지성의 간여를 허락지 않는다. 이 수단은 정신활동을 할 수 있는 대로, 음(音)인 청각형상이니 발성운동이니 하는 것으로 전개시켜서, 감각과 운동의 평면 외에 있는 추상적인 모든 요소의 개입

을 막는 데 있다.[10]

우리가 학교에서 배운 시를 다시 외워 보면 어구가 어구를 기계적으로 불러일으키고, 의미를 생각하는 것은 도리어 이 메커니즘을 방해하는 것같이 보인다. 이 경우의 회상은 시각적이요 청각적이요, 발성운동의 습관들이다. 이 시를 외우다가 중도에서 중지하면 '불완결'의 감정을 경험하는데 이는 그 남은 부분이 기억 속에서 계속해서 부르려고 함이며 때로는 발성운동의 여세가 끝까지 약진해 가려는 듯이 느낀다. 여기서 청각적 회상과 운동적 회상은 같은 층계의 것이다. 말하자면 이들은 같은 의식평면에 있는 것이다.

이 반대로 상기(想起)가 노력을 수반하면 정신은 한 평면에서 다른 평면으로 동(動)하고 있다고 베르그송은 말한다.

이해적으로 암기하는 방법은 어떠한가? 먼저 문장을 주의 깊게 읽고 다음에 그 내부 구조를 생각하여 이를 절로, 구로 나눈다. 그리하여 전체의 도식적 개관(Une vue schématique de l'ensemble)을 짓는다. 그리고 이 도식 안에 가장 현저한 표현들을 삽입한다. 지배 개념에 종속 개념을, 또 모든 종속 개념에 주요 대표어구들을, 또 이 어구들에 중간어구들을 고리같이 서로 연결한다. 이 단어들을 서로 결합하여 개념의 논리적 연쇄를 형성하는 것이다. 여기서는 벌써 각 형상이 기계적으로 그 후에 올 것을 일으키지 않도록 하여 형상에 형상을 맞붙이는 것이 아니라, 여러 잡다한 형상이 유일한 단순하고 분할할 수 없는 표상에 압축된 듯한 한 점에 서 있다. 사람이 자기 기억을 믿는 것은 이러한 표상이다. 그리고 상기할 순간이 오면 사람은 이 피라미드의 정점에서 그 밑변으로 내려간다. 모두가 유일표상 중에 뭉쳐 있는 고층면에서 차차 낮은 감각에 가까운 평면으로 옮아가는 것인데, 거기서는 이 단일 표상이 여러 형상으로 되어 분산되고 형상들은 전개하여 언어로 된다. 이러한 상기는 벌써 직접적도 아니요 쉽지도 않다. 거기는 노력이 따르는 것이다. 이렇게 기억시키는 방법은 모든 개념, 모든 형상, 모든 언어를 유일한 점으로 향하여 집결하는 능력을 증대시키는 데 있다. 그것은 모든 통화의 기초가 되는 유일 원형(原型)을 얻는 데 있다.

그러면 이 원형이 무엇이냐? 잡다한 형상으로 전개할 수 있는 단일 표상을 '동적 도식'(Le schéma dynamique)이라고 베르그송은 부른다. 이 도식의 표상은 여러 형상 자체들보다도 오히려 그들을 재현하기 위하여 취할 지시를 포함하고 있다. 베르그송은 도식과 형상 사이의 차이점을 들어 말한다. 도식은 여러 형상에서 추상된 것이 아니요, 그것을 빈약케 만들어서 얻어진 것도 아니다. 만약 그렇다 하면 이 도식에서 여러 형상이 전체적으로 나올 이유가 알 수 없게 된다. 이 도식이라는 것은 정의하기는 어려우나 누구나 그 느낌을 갖고 있다.

베르그송은 '눈을 감고 장기 두는 사람'들의 기억에 대한 조사의 결과를 말한다. 그것은 장기판과 말의 형상이 '거울에 비치는 것같이' 그대로 기억에 떠오르는 것이 아니라, 도리어 순간마다 장기사(將棋士)의 노력에 의하여 재구성되는 것이다. 그들이 심중에 말을 보는 것은 유해무익하다고 단언한다. 한 개 한 개의 말에 대하여 그들이 표상할 수 있는 것은 그 외형이 아니라 오히려 그 말들의 능력과 그 영향 미칠 범위와 가치와 그 작용인 것이다. 그들은 판의 변화를 처음부터 마음으로 고쳐 나간다. 현재의 국면으로 되어 나온 차례 차례의 사건들을 생각으로 고친다. 이리하여 전 국면에 대한 한 표상을 얻고 이에 의하여 어느 순간에나 필요한 요소들을 시상화한다. 여기에도 전체를 나타내는 한 도식이 있다. 이 도식은 발췌도 요강도 아니다. 그것은 한 번 재생된 형상과 마찬가지로 완전한 것이다. 그러나

> 그것은 상호함축의 상태에서 형상들이 일일이 차별되어 전개할 것을 내포하고 있는 것이다.[11]

만약 기억을 노력 없이 그대로 방황하게 내버려 두면 형상은 형상에, 어구는 어구에 함부로 계기(繼起)하여 모두 동일한 의식평면 위에 놓여 있다. 이와 반대로 상기하기 위해 지적 노력을 가하면 곧 우리는 먼저 스스로 상층으로 집결하고, 차차 생각나는 형상으로 내려가는 것같이 보인다. 기억에는 수평적 운동 같은 형상들 사이의 자동적 메커니즘과 두 다른 수평면을 통하는 수직적 운동 같은 지적 도식작용이 있다. 이 도식작용에는 전체에서 그것을 구성하는 부분으로 내려가고, 그 전체가 먼저 옹근 도식으로 나타나며, 노력에 대한 감정적 색채를 구비하고 있다. 그런데 노력의 감정이 생기는 것은 도식에서 형상으로 가는 도정에서다.

베르그송은 더 구체적으로 노력이 상반하는 지적 작용을 설명한다. 이해하는 행위는 끊임없이 행하므로 지적 노력이 어디서 시작하며 어디서 끝나는지 말하기 어려우나, 노력이 들지 않는 것도 있고, 이를 필연적으로 수반하는 것도 있다. 우리가 일상 사물을 재인식한

다는 것은 그 사용법을 안다는 것이 아니고 무엇이냐? 그리고 '그 사용법을 안다'는 것은 그것을 지각할 때, 습관에 의하여 이 지각에 결착된 행위가 기계적으로 좀 일어나는 것이 아니고 무엇이냐? 이러한 자동적 이해작용이라는 것은 우리 상상보다 더 광범하다. 일상 회화의 대부분이 평범한 물음과 기성의 응답으로 되어가는 것인데 지성이 그 둘의 의미에 관심할 것 없이 대답은 물음에 이어 나가는 것이다. 지성의 간여가 없이 말이 말을 연락할 수도 있다. 이런 예에서 감각은 곧 운동에 의하여 해석되고 있다. 말하자면 이는 정신이 동일 '의식평면' 위에 서 있는 까닭이다.

그러나 진정한 이해작용은 이와 다르다. 그것은 한편 지각이나 형상과 다른 편으로 '의미'와의 사이를 내왕하는 정신의 운동에서 성립하는 것이다. 그것은 형상에서 출발하여 그 의미로 올라가는 것으로 생각된다. 왜냐하면 형상의 편이 먼저 주어져 있고, 또 이해한다는 것은 그 지각과 형상을 해석하는 것이라고 생각되는 까닭이다. 어떤 증명을 따르거나, 서책을 읽거나, 연설을 듣거나, 항상 지각이나 형상이 지성에 의하여 관계로 번역된다. 구체적인 것에서 추상적인 것으로 가야 할 것으로 생각된다. 그러나 이는 외관에 불과하고 실제는 해석의 조작에 있어서 정신은 이와 반대로 움직이고 있다.

이는 수학적 조작에서 더 명백하다. 자신이 속으로 행해 나가지 않고서는 연산을 따라갈 수 있느냐? 자기 자신이 풀어보지 않고서 문제의 해법을 깨달을 수 있느냐? 연산은 칠판에 쓰여 있고 해법은 책에 기록되었거나 말로 들려진다. 그러나 보이는 숫자와 들리는 숫자는 자기가 틀린 길을 가지 않게 하기 위하여 우리가 되돌아올 도표에 불과하다. 우리가 읽거나 듣거나 하는 말이 우리에게 충분한 의미를 나타내게 하기 위해서는 우리 자신이 그 말들을 다시 생각해낼 수 있어야 하는 것, 그 숫자나 말이 가리키는 수학적 진리의 표현을 자기 자신 속에서 만들어내어 말하자면 이것들을 창조할 수 있는 것이 필요하다. 남의 증명을 보거나 들으면서 우리는 몇 암시를 주워 모으며 목표를 고른다. 이런 시각적 · 청각적 형상에서 관계의 표상으로 뛰어오르며, 다음 이런 표상에서 출발하여 이를 언어나 여러 형상으로 전개하는 것이다.

해석의 조작도 이와 같지 않은가? 제 나라 말을 들을 때에는 쉽게 이해하기 때문에 이러한 과정으로 분해될 여가가 없다. 그러나 잘 알지 못하는 외국어로 말할 때에는 이 분해 의식은 선명해진다. 분명하게 들린 몇 음에 안표를 해두는 것, 이 들린 음에 의하여 암시된 추상적인 표상의 범위에 자기를 단번에 들여다 놓고 짐작하는 것, 이런 지적 태도를 취하여 상상된 의미를 갖고 지각된 음을 접수하는 것, 이런 것이 우리 지적 활동이 먼저 표상으로 올라가고 다음 들리는 음을 해석하는 것을 보여주는 바이다.

실제로 우리가 단어에서 개념으로 가는 것이라면 해석이 가능할 것인가? 어구 중의 단어들은 절대적 의미를 가지고 있지는 않다. 그것들은 한 문맥 중에서 특수한 의미의 색채를 앞의 것에서와 뒤에 오는 것에서 빌려온다. 어구 중의 여러 단어가 다 독립된 형상이나 개념을 불러일으키는 것이 아니다. 그들의 대다수는 전체 중에 있는 위치와 다른 단어와의 인연에서 관계를 나타내고 있다. 만약 지성이 끊임없이 단어에서 개념으로 간다고 하면 그는 항상 당황하고 방황하지 않으면 안 될 것이다. 이해작용이 선명하고 확실해지려면 우리가 가정적으로 설정된 짐작된 의미에서 출발할 것, 거기서 실지로 지각된 여러 단어의 단편으로 내려갈 것, 이 단어들을 표본으로 이용하여 곡절(曲折)의 경로를 계획함으로써 지성의 나갈 길을 여는 것이 필요한 것이다.

그러므로 해석하고 이해하는 지적 노력은 '동적 도식'에서 스스로를 전개하는 형상의 방향으로 옮아가는 운동인 것이다. 이런 종류의 전개의 진행 중에서만 우리는 지적 노력의 의식을 갖는다.

> 이해작용의 노력의 감정은 도식에서 형상에로 가는 도상에서 생기는 것이다.[12]

끝으로 이 법칙은 가장 고등 형태의 지적 노력 즉 발명에 대해서도 검증된다. 상상에 있어서 창조한다는 것은 문제를 푼다는 것이다. 그러나 문제를 푸는 데는 처음부터 그것이 풀렸거니 상상하는 것밖에 방법이 있느냐? 사람은 먼저 얻어질 결과를 표상한다. 그리고 다음에 어떠한 요소의 결합에 의하여 이 결과를 얻을 수 있을까를 연구한다. 일약 완전한 결과에로 실행할 목적에로 가서 그곳에 서서 뛰어넘은 틈을 채우는 것, 이번에는 그 목적을 실현할 수단의 실마리를 따르면서 다시 도달할 것을 시도하는 것이다. 그러나 이런 경우 수단 없이 목적을, 부분 없이 전체를 어떻게 내다볼 수 있느냐? 이는 형상의 모양에서는 있을 수 없다. 왜냐하면 결과의 완성된 것을 보일 형상은, 그 형상 자체의 내부에서, 이 결과를 완성하기 위하여 취할 수단들도 우리에게 보이지 않으면 안 되는 까닭이다. 그러므로 역시 전체가 도식으로 제기되는 것, 발명은 바로 이 도식을 전개하여 형상으로 하는 것으로 인정하지 않을 수 없다. 더구나 시적 창작은 '추상에서 구체적인 것으로' 옮아가는 과정을 분명히 보인다. 이는 요컨대

> 지적으로 일한다는 것은 동일 표상을 다른 의식평면들을 통하여 추상에서 구체로, 도식에서 형상으로 인도하여 가는 일이다.[13]

고 베르그송은 도식의 특징을 설명한다.

도식은 여러 형상에 대한 기대 위에서, 지적 태도 위에서 성립하는 것이니, 기억의 경우에서는 한 정확한 형상이 돌아오기를 준비하는 것이요, 창작의 경우에서는 자기 속에 들어와 끼울 수 있는 형상들 사이에 계속하는 조직적 활동을 일으키는 것이다. 도식은 동적으로 전개되는 상태에서 되어 갈 것(devenir)으로, 형상은 정적 상태에서 완성된(fait) 것으로 우리에게 현전한다. 도식은 형상을 불러일으키는 조작 중에는 현전하고 활동하나, 일단 형상이 일어나는 일을 마치면 그 배후로 스러져 버린다. 명확한 윤곽을 가진 형상이 그 있던 대로를 그려 내는 것이다. 과거의 경험을 현재의 선에 따라 이용할 수 있도록 하는 융통성 있는 지성에게는 형상 이외에 이와 다른 차원의 표상 즉 도식이 있어서 언제나 스스로를 형상으로 실현할 수 있는 것이다. 그러나 이 도식은 항상 형상에서 구별되지 않으면 안 된다. 그래서

> 도식의 존재는 사실(事實)이다.[14]

라고 베르그송은 결론하였다.

위의 칸트의 도식설과 베르그송의 학설이 모두 같은 필요에서 제기되었다. 도식은 사고와 심상을 매개하는 기능을 갖고 있다는 것이다. 그것은 극한적으로 상용(相容)할 수 없는 두 존재형, 상(像)과 사고(思考) 사이의 간격을 메꾸어 연속성을 주려는 것이다. 도식은 어떤 때에는 감각적인 물질성을 결합할 심적 통일의 원리요, 어떤 때에는 매우 빈한한 형상이요 해골이다. 또 어떤 때에는 독특한 형상으로서 관념을 공간적인 관계로 번역하는 요인이다.

칸트에 있어서는 감성적 소여를 전제하고서야 지성의 통일, 종합능력을 말할 수 있다. 베르그송에 있어서는 의식은 한 질료, 거의 실물같이 나타나고, 순수하게 잠재적인 상태로 존재할 수가 있다. 그가 의식이란 것은 각 순간마다 통일체임을 주장하면서도 다른 편으로는 무의식층 아래 담겨 있는 심상들에게 물체처럼 개별성과 다양성을 주지 않고는 알 수 없었다. 이 무의식적 실재, 고립화된 무수한 심상이 쌓여 있는 창고가 정신세계에 실제로 작용력을 갖고 있다. 의식은 이 여러 상의 실재에다 지적 통일의 형을 줌으로써밖에 자기를 다양으로 변화시킬 수는 없다. 베르그송에게 가장 중요한 종합의 관념도 역시 상이라는 요소들의 융합상태로 보여진다. 그러나 요소라는 관념은 남아 있다. 형상에 대하여는 그가 그처럼 공격하려는 경험론자들의 생각과 다름이 없다. 베르그송에게나 칸트에게나 마찬가지로 형상이란 것은 지각에 붙어 있는 한 요소요, 지각과 같은 불연속성과 개별성을 보이고 있다. 흄의 경우에서는 형상은 지각의 쇠약해진 것으로서 지각에 잇따라 일어나는 것이다. 베르그송은 형상을 지각의 상(像)이 무의식계에 내려가 잠재하는 심상으로 되는 이중상으로 만들었다. 어느 경우에나 형상은 사물의 그대로의 복사이며 사물과 같이 불투명하고 굳게 응고된 요소요 곧 사물이다. 흄이 이런 여러 상에게 서로 연합되기 위하여 견인력과 같은 경향, 능력을 부여한 것처럼, 베르그송은 도식에서 이런 작용력을 준 것이다. 도식은 여러 형상으로 전개될 수 있는 융통성을 갖고 있어서, 의식에게 유통성(流通性)과 자발성과 생명을 줄 수 있다고 한다. 도식과 형상의 사이에 두 차원을 가정한 그는 종합과 연속의 정신력을 주장하는 데 그쳤다.

칸트는 『순수이성비판』에서 수동적인 감성적 직관과 능동적인 지성의 차이를 분명히 지적하였고 베르그송은 형상을 한 개의 사물로서 사고활동에 대립시켰다. 심적 도식은 이러한 양극적 두 항 사이에 조정을 가져오게 할 필요에서 생긴 것이다.

> 칸트의 경우나 베르그송의 경우나 도식은 항상 감각적 존재의 다양성에 사고의 능동성과 통일성을 결부하기 위한 술책에 불과하다. (…) 현재의식 내의 사고라기에는 너무 구체적이요, 주위의 개개의 사물과 동화하기에는 너무 한정성을 결하고 있는 간략화된 표상이 있다. 이 표상을 도식이라고 부르는 것인가? 그렇다면, 왜 단적으로 그것도 형상이라고 부르면 아니 될 것인가? 결국 이러한 간략화된 표상상(表象像)을 위해 다른 부류를 세워야 할까? 형상은 단순한 사물의 복사는 아니다. 그것은 대상물을 어느 방식으로 자기의식에 현존시키기 위한 조작일 것이다. (…) 도식도 벌써 다른 형상과 동양(同樣)인 한 개의 형상밖에 다른 것이 아니다.[15]

라고 사르트르는 논평한다.

사고와 형상의 문제는 도식론에 의한 해결 이외의 다른 방법을 모색하여야 할 필요를 지적함으로써 이 소론을 끝맺는다.

『연세인문과학』, 1966년 6월

후주

1 M. 하이데거, 『칸트와 형이상학의 문제』, 1929, p. 86.

2 칸트, 『순수이성비판』, A판, p.141.

3 상동, B판, p. 151.

4 상동, B판, p. 151.

5 상동, A판, p. 140.

6 상동, A판, p. 140.

7 상동, A판, p. 140.

8 M. 하이데거, 『칸트와 형이상학의 문제』, p. 95.

9 H. 베르그송, 『정신력』, 10판, p. 168.

10 상동, p. 169.

11 상동, p. 174.

12 상동, p. 185.

13 상동, p. 188.

14 상동, p. 200.

15 J. P. 사르트르, 『상상력』, p. 70.

인식으로서의 역사

역사라는 말은 이중의 의미로 쓰인다. 하나는 현실로서의 역사 즉 인간과 인간행위의 역사요, 다른 하나는 인식으로서의 역사 즉 사학을 말함이다.

현실로서의 역사는 인간에게 8·15 해방과 같이 환희와 희망도 주고 6·25 전란과 같이 절망과 공포도 주는 것이다. 이제 필자는 이런 현실인 역사를 논하려 하지 않고 지식으로서의 역사의 학적 성격을 다루려 한다.

19세기의 학문은 일반적으로 실증주의(positivism)로 향하였다. 실증주의는 자연과학을 위한 철학이라고 할 수 있다. 마치 중세철학이 신학의 여종이던 것 같다. 실증주의자들은 자연과학에 대하여 그네 나름의 견해를 가졌다. 자연과학은 첫째로 사실, 둘째로 법칙으로 성립된다고 한다. 그들에 의하면 사실이란 것은 감각적 지각에 의하여 확정되는 것이요, 법칙이란 것은 이런 사실들에서 귀납에 의하여 일반화함으로써 구성된다는 것이다.

그런데 사실이란 것은 무엇이냐? 19세기는 사실을 존중하는 풍조가 높았던 시대였다. 1830년대 사학가 랑케는 역사가의 할 일은

다만 진정한 사실을 보이는 것뿐이다.

라고 하였다. 학문으로서의 역사는 먼저 사실을 확정하고 그 사실들에서 결론을 끌어내라고 실증주의자는 말하였다. 사실이란 것은 감각적 인상과 마찬가지로 외부에서 관찰자에게 부닥쳐 오는 것이므로 관찰자의 의식에 독립하는 것이라는 것이다. 이것을 받아들이는 과정은 수동적이어서, 사실이란 것은 사고적 추리와는 아주 다른 경험에 의하여 주어진 것으로 보는 것이다.

물리적 사실과 역사적 사실 사이에는 어떤 차이가 있느냐. 둘이 다 경험적 현실의 부분으로 보인다. 둘이 다 우리에게 객관적 진리를 주는 것 같다. 그러나 우리가 이 진리의 성질을 확정하려 생각할 때에는 다른 방법을 취하는 것이다. 물리적 사실은 관찰과 실험에 의하여 결정된다. 이 객관화의 과정은 우리가 주어진 현상을 수학적인 언어로 기술하는 데 성공하면 그 목적을 달하는 것이다. 물리적 사실은 항상 직접적으로 관찰할 수 있고 측정할 수 있는 다른 현상에 인과적으로 관련되어 있다. 만약 물리학자는 실험의 결과에 대하여 의심이 나면 실험을 되풀이하고 정정할 수 있다. 그는 그 대상이 어떤 순간에서도 그의 눈앞에 현존하고 그의 질문에 대답하려 하고 있음을 본다.

그러나 역사가의 경우는 다르다. 그의 사실은 과거에 속하고 과거는 영원히 가버리고 말았다. 우리는 그것을 재건할 수 없다. 우리는 과거의 사실을 깨워 일으켜서, 물리적 의미대로 새 생명을 줄 수는 없다. 기껏해야 우리는 과거의 사실을 '회상'하는 것이다. 그것에 새로운 관념적 존재를 주는 것이다.

역사적인 지식의 첫걸음은 관념적 재구성이지 경험적 관찰이 아

니다.[1]

역사가는 역사적 사실에 당면할 수는 없다. 그는 이전의 생활의 형식 속에 들어갈 수는 없다. 그는 그의 연구 목적에 간접적으로 가까이 갈 뿐이다. 그는 그에게 주어진 자료와 기념물을 해석하여야 한다. 어떤 역사적 사실이라도 해석에 의하여 이해될 수 있다. 역사 인식의 첫 대상은 문서와 기념물이다. 역사가가 찾고자 하는 것은 물리적 대상이 아니다. 역사적 기념물이 무엇을 의미하는지 해독하지 않으면 아니 된다.

그러면 역사적 사실은 무엇이냐. 인간의 행동에 의하여 생겨난 과거의 사건이면 다 역사적 사실일까. 하늘 아래서 매일 일어나는 많은 인간적 사건 중에서 역사적 사실을 구별하는 표준이 무엇이냐. 역사가가 그것을 중대한 사건으로 평가하는 데서 '역사적 사실'이 결정되는 것이다. 역사가는 많은 과거의 사실 중에서 어떤 것을 선택한다. 그러므로 역사가의 해석에서 독립하여 객관적으로 존재하는 역사적 사실을 믿는 것은 잘못이다. 역사적 사실이라는 지위는 해석의 문제에 의존하는 것이다. 이 해석이라는 요소는 역사상 모든 사실 중에 포함되어 있는 것이다. 역사가는 적은 중요한 사실을 발견하여 그것을 역사상 사실이 되게 함과 동시에 많은 중요치 않은 사실을 비역사적 사실이라 하여 버리는 이중의 일을 하는 것이다. 지금 남아 있는 모든 사료집들은 누군가 알고 있던, 틀림없는 무수한 사실 전체 속에서 살아남아, 그야말로 역사적 사실이 된 것이다.

> 우리가 읽고 있는 역사는 확실히 사실에 기인하였을지라도, 엄밀히 말하면 결코 사실이 아니라 오히려 널리 알려진 판단이다.[2]

라고 한 역사가는 말하였다.

신칸트학파에 의하면 역사적 실재란 것은 바로 관념적이다. 마치 물리학적 실재 즉 원자니 전자니 양자니 하는 것이 관념적인 것처럼 그렇다고 한다. 역사적이거나 물리적이거나 다 실재적이 아니다.

> 그 어느 하나가 다른 것보다 더 진(眞)도 아니거니와 더 실재(實在)도 아니다.[3]

이 철학자들에 의하면 역사는 역사편집(historiographie)이어서 인과관계의 지정, 의미의 창조 등에 의하여 재구성되는 것이다. 역사가는 직조공같이 모형에 따라 역사를 짜내는 것이다. 가령 율리우스 시저의 역사를 쓰는 사가는 그 영웅의 생활 중에서 천만 가지 사정을 빼어버리고, 그의 성격 중 특수한 점에 관심을 둔다. 역사는 인간생활의 총체도 아니요, 참으로 주어진 사실의 설명도 역사의 주요 임무는 아니다. 사실이라고 해서 모두 역사적 사실이 되는 것은 아니다. 1769년 8월 15일에 몇 만 명의 아이들이 출생하였지만 모두가 역사적 인물인 것은 아니요, 역사에 관심된 인물은 오직 나폴레옹 보나파르트이다. 한 사실이 역사적이 되기에는 어떠한 가치를 가져야 한다.[4] 역사가는 진정한 사실을 체로 쳐서 특정한 가치를 가진 것들만을 보존하는 것이다.

역사가가 연구하는 과거는 죽은 과거가 아니라 어떤 의미에서 오히려 현재에 살아 있는 과거이다.[5]

역사가의 마음속에 있는 역사의 재구성은 경험적 증거에 의하여 행하게 되는 것이다. 그러나 이 재구성 자체는 경험적 과정이 아니요 사실의 순수한 열거로 끝마치는 것도 아니다. 이 관념적 재구성이 사실의 선택을 지배하는 것이다. 이것이 사실을 역사적 사실이 되게 하는 것이다. 역사는 역사가의 경험이다. 이는 역사가만이 만드는 것이요, 역사를 쓰는 것은 학문으로서 역사를 창작하는 유일의 방법이다. 그러므로 역사가가 역사를 만들고 다시 만드는 것이다.

1890년대에 역사에 있어서 사실의 우월성에 반대하여 도전하기 시작한 이는 독일 철학자 딜타이요, 20세기에는 이탈리아의 크로체이다. 그는 극단적인 역사철학을 제의하였다. 그는 모든 역사는 현대사라고 선언하였다. 그가 의미하는 바는 역사라 하는 것은 현재의 눈을 통하여 현재의 문제에 비추어서 과거를 보는 데서 성립되는 것이요, 역사의 주요한 일은 기록하는 것이 아니라 평가하는 것이요, 역사가가 평가하지 않으면 어떻게 무엇이 기록할 만한 것인지를 알 수 있을 것인가 하는 것이다.

현재의 가치표준에 의하여 과거의 사실 중에서 선택된 역사적 사실은 실증주의자가 주장하던 것처럼 감각경험에 의하여 확정되는 것은 아니다.

실증주의자가 말하는 과학의 둘째 단계는 법칙을 찾는 것이다. 역사가 자신들은 새 사실을 많이 확정하고 역사적 기념물을 많이 발굴

하는 것을 그들의 임무로 보았으나, 철학자는 사가의 이런 열성에 의심을 품게 되었다. 이런저런 많은 사실이 발견되었다 하여도, 일반 범인(凡人)은 그 문제점과 의미를 보지 못한다. 실증주의적 철학자도 역사가 순전한 사실에만 국한한다면 역사는 과학이 아니라고 불평한다. 일반인도 발견된 사실 그 자체만으로는 흥미 있는 것이 아니라고 한다. 이 두 불평이 다 한 뜻이다. 순전한 사실의 확정만은 충분치 못하고 그 사실들을 넘어 그것들을 정당화하는 무엇이 더 필요한 것이다. 오귀스트 콩트는 역사적 사실은 그보다 더 중요한 무엇의 자료로 사용될 그 무엇을 요구한다 하였다. 과학은 사실을 확립하는 데서 시작하고 그 다음에는 그 사실들 사이에 인과관계를 찾는 데로 나가야 한다는 것이다. 그는 이런 방법으로 역사적 사실을 설명하는 한 과학, 즉 사회학을 창설하였다. 실증주의자는 역사와 자연을 대립적으로 보지 않고, 역사적 진행은 자연적 진행과 같은 종류이며, 자연과학의 방법은 역사 해석에도 응용되어야 한다고 하였다. 자연과 역사의 근본적 구별을 부정하는 실증주의자의 사상은 명백히 헤겔 역사철학에 근본적으로 반대이다. 역사에서도 물리학에서와 마찬가지로 사실을 설명하는 법칙의 발견을 그들은 요구하였다.

18세기, 19세기를 통하여 과학자들은 자연의 여러 법칙—뉴턴의 운동법칙, 인력법칙, 에너지 불멸의 법칙, 진화의 법칙—이 발견되고 결정적으로 증명된 줄로 생각하였다. 또 관찰된 사실에서 귀납에 의하여 이러한 법칙을 더욱 발견하고 증명하는 것이 과학의 할 일이라고 생각하였다. 법칙이란 말은 영광스러운 말이다. 사회과학자들도 자기들의 연구가 과학으로서의 지위를 얻기 위하여 같은 용어와 같은 연구방법을 쓴 것이다. 경제학에서 그레샴의 법칙, 수요공급의 법칙, 임은의 법칙 등을 말하고, 마르크스는 '근대사회의 경제적 운동법칙'을 발견하였다고 하였다. 인간 현상의 진행은 보편적이요 예외 없는 규칙성이라 하는 한 원리에 의하여 일관되어 있다고 확신하였다.

실증주의자 텐에 의하면 역사의 객관적 문제는 가장 간단한 방법으로 해결될 것이다. 물리학자와 화학자와 마찬가지로, 역사가는 사물의 가치를 판단하지 않고 사물의 원인을 연구하지 않으면 아니 된다. 텐은 말하기를

> 사실이 물리적이건 정신적이건 사실은 다 원인을 갖고 있다. 소화, 근육운동, 동물의 체온 등과 마찬가지로 야심 · 용기 · 진리에 대한 원인이 있다. 악과 덕은 유산(硫酸)과 사탕과 마찬가지로 생성물이다. 그리고 아무리 복잡한 현상이라도 더 간단한 다른 현상에서 나온 것이다. 그래서 우리가 물리적 성질에 대하여 단순한 현상을 구하는 것같이, 정신적 성질에 대해서도 단순한 현상을 구하자.[6]

하였다. 그는 물리적 현상에서나 정신적 현상에서나 다 같이 보편적이요 영구적인 원인을 찾으려 하였다.

> 그것은 어떤 시기에나 어떤 경우에나 존재하고, 항상 도처에서 활동하고 또 결국은 반드시 지배적인 위치를 가지는 것이다. (…) 사물의 일반적 구조와 사건의 큰 특징은 이 보편적이요 영구적인 원인의 소산이다. 모든 종교 · 철학 · 문학 · 시 · 산업 · 사회와 가족의

형태는 결국 이들의 원인의 각인이 깊이 찍힌 흔적에 지나지 않는 것이다.[7]

라고 하여, 역사학의 특성을 인정하지 않고 역사를 자연과학에 환원하려 하였다. 그러나 텐 자신이 역사현상에 대하여 탐구와 기술을 시작할 때의 그의 견해는 곧 수정된 것이다.

> 발견된 역사적 문서나 기록은 구각(具殼)과 같이 생명 없는 잔해여서, 완전한 존재를 보이는 것으로서만 가치가 있다. 우리는 이 산 존재에까지 도달하지 않으면 안 되고 노력하여 재구성하지 않으면 아니 되는 것이다.[8]

이 재구성은 자연의 법칙을 통하여서가 아니다. 역사는 해석학의 영역에 포함될 것이지, 자연과학의 영역에 포함되는 것은 아니다. 텐의 이론은 역사가의 두 임무를 인정하고 있다. 그는 '사실'을 수집하지 않으면 안 되고, 그들의 원인을 탐구하지 않으면 안 된다. 그러나 텐이 간과한 것은 이들 사실 자체는 역사가에게 직접 주어져 있지 않다는 것이다. 그것들은 물리적 또는 화학적 사실과 같이 관찰될 수 있는 것은 아니다. 이것들은 재구성되지 않으면 아니 된다. 역사에서 자료와 기록의 해석이 사실 모집에 앞서 있고, 이 해석이 없으면 역사적 진실에 접근할 수 없다.

20세기 오늘에 와서는 누구나 역사에 인과적 법칙을 믿지 않는다. 푸앵카레는 『과학과 가설』이란 저서에서 자연과학자가 만든 일반명

제라도 법칙이 아니요, 사고를 결정조직(結晶組織)하기 위한 가설이라 하였다. 그것은 후에 증명되고 변경되고 반박될 것을 면하지 못하는 것이다. 과학자가 발명을 행하고 새 지식을 얻는다고 하여도 엄밀한 포괄적인 법칙을 세움으로써가 아니라, 새로운 연구의 길을 타개할 가설을 만듦으로써 하는 것이다.

> 절구는 우리에게 봉건영주의 사회를 주고, 증기제분기는 우리에게 산업자본가의 사회를 준다.[9]

고 마르크스는 말하였다. 사회조직은 기술의 발달에 따라 변동한다고 하는 것이 한 법칙이라고 그는 말할 심산인 것 같으나, 오늘날 용어로서는 이것은 법칙이 아니라 새로운 이해에 이르는 한 유효한 가설이다. 프랑스 사회운동가 조르주 소렐은

> 우리는 자기의 방법을 의식하면서 진행하지 않으면 안 된다. 우리는 개연적이요 부분적인 가설을 철저히 검사하고, 언제나 금후의 정정의 여지를 남기는 것 같은 잠정적인 근사치로 만족하지 않으면 아니 된다.[10]

고 하였다.

역사적 사실 간의 인과관계에 대하여 명확한 관념을 갖기는 어려운 일이다. 18세기에 몽테스키외는

> 모든 왕조의 속에 작용하여 이를 흥하게 하고 이를 보존하고, 이를 망하게 하는 정신상 · 물질상의 일반적 원인이 있다.

고 하고,

> 모든 사건은 그 원인에서 생겨난다.

고 하여 인과법칙을 그의 로마사 고찰의 원리로 삼아 출발하였다.

> 우리가 세계 중에서 보는 모든 결과는 맹목적 운명에서 생겨난 것이다.[11]

라는 생각은 유치하다 하고, 인간의 행동은 '사물의 본질'에서 유래하는 어떤 법칙 내지 원리에 좇는 것이라는 것이다. 그 후 200년간 역사가나 역사철학자가 역사사건의 원인과 이를 지배하는 법칙을 발견하고, 이에 의하여 인류 과거의 경험을 조직하려는 시험에 몰두하였다. 인과법칙은 역사의 과거의 사건을 정연한 연쇄로 정리하는 것이라고 만인은 인정하였다.

그러나 진작 역사가가 사건의 원인을 열거할 필요에 당할 때에는 역사가의 견해는 서로 다르다. 로마제국의 멸망의 원인에 대한 여러 사가의 대답은 구구하다. 로마사를 쓴 기번은 기독교와 야만의 승리라 하고, 다른 이는 인종의 퇴화, 어떤 이는 기후의 불순과 한발, 막스 베버는 노예제도의 폐지와 자연경제의 복귀, 또 다른 이는 농민과 도

시민 간의 계급투쟁 등 원인의 다양을 들어 말하였다. 현대적 사건을 논의할 때에 의견은 더욱 분분하다. 왜 1917년에 러시아혁명이 일어났느냐의 질문에 러시아 군대의 계속적 패배, 투쟁의 중압 하에 러시아 경제의 붕괴, 농업 문제에 대한 차르 정부의 실패, 볼셰비키의 교묘한 선전, 가난한 프롤레타리아가 페테르부르크 여러 공장에 집중했던 것, 레닌은 결의하고 있었는데 다른 진영은 결의치 못하였던 것 같은 사실들을 열거할 것이다. 요컨대 경제적 · 정치적 · 개인적 원인을 많이 들 것이다. 물리적 사건에서도 원인은 복잡하거니와, 역사적 사건에서는 결정적 원인을 규정하기는 심히 어려운 것이다.

원인이란 것은 어떤 사건의 발생을 위한 필연적이요 충족한 조건의 총합을 지시함이다. 원인이 역사에 있어서 행동의 필연적 조건이라는 것은, 그 행동이 그것 없이는 수행될 수 없다는 뜻이 아니라, 그것 없이는 이를 수행할 좋은 이유가 없다는 뜻으로만 필연적이요, 마찬가지로 원인의 충족적이란 것도 그것이 주어지면 그 행동이 필연적으로 수행된다는 뜻은 아니라, 문제에 있는 그 행동의 과정을 합리적으로 요구하게 만든다는 뜻으로 콜링우드는 분석한다.[12] 원인은 행동을 강요하는 것으로 인식될 수 있다. 행위자가 그렇지 않으면 하지 않을 것을 행하게 하기 위한 충족이유를 주는 그 무엇은 합리적 · 역사적 의미에 있어서 원인으로 여길 수 있을 것이다.

19세기 말경 독일에서 역사철학이 크게 관심을 끌어서, 역사와 자연과학 사이에 학문적 성격의 구별을 찾으려는 이론이 대두하였다. 칸트와 헤겔의 유풍을 받아 자연과 역사는 각자 독특한 성격을 가진 두 딴 세계로 보았다. 로체는 『미소세계』에서 자연은 필연의 세계요,

역사는 자유의 세계라 하였다. 자연과 역사의 차이를 이해하기 위해 과학자와 역사가의 사유하는 방식의 구별을 찾으려 하였다. 이런 입장에서 빈델반트는 1894년 시트라스부르크 대학 총장 취임연설에서 그 주제를 깊이 다루었다. 역사와 과학은 각자 제 방식을 가진 상이한 학문이라는 것을 설정하였다. 과학은 일반법칙의 형성을 목표로 삼는데, 역사는 개성적 사실의 기술에 있다고 하였다. 그리하여 학문에는 두 종류가 있다. 하나는 자연과학으로 법칙정립적(nomothetisch)이요, 다른 하나는 역사로 개성기술(idiographisch)이라 하였다.[13] 전자는 우리에게 일반법칙을 주고, 후자는 개개의 사실을 기술한다. 이 구별이 역사적 인식에 관한 리케르트의 학설 전반을 통하는 기초가 되었다.

> 경험적 실재성은, 만약 우리가 보편에 관계시켜 고찰한다면 자연이 되고, 만약 그것을 개별적인 것에 관계시켜 고찰한다면 역사가 된다.[14]

고 하였다.

그러나 보편성과 개별성은 어느 한 학문의 영역에만 있는 특징은 아니다. 자연과학이 보편적 지식을 찾으려 하나, 때로는 사실에 대한 기술이 필요하다. 지질학자는 다른 지질학적 시대의 지층의 상태를 기술하고 구체적인 유일한 사건에 관한 보고를 행하는 것이다. 이런 사건은 다시 반복할 수는 없다. 역사적 사건의 일회성이 역사를 과학에서 구별하는 특징으로 생각하나, 이는 결코 사학의 특권이 아니다. 그 반면 역사에서도 자연과학과 마찬가지로 일반적인 것, 보편적인 것을 다루는 것이다. 과학자나 역사가나 사유와 언어를 통하여 연구하는 이상, 운명적으로 보편에 이르게 된다. 역사상 많은 투쟁들이 각기 독자의 성격을 갖고 있으나, 사가는 어느 것이나 다 전쟁이라 부른다. 현대 사가도 프랑스혁명과 러시아혁명을 다 혁명이라 부른다.

> 역사가가 참으로 관심을 가지는 것은 특수적인 것이 아니라 특수적인 것 속에 있는 일반적인 것이다.[15]

1920년경에 제1차 대전의 원인에 대하여 역사가들이 논의할 때, 이 전쟁은 세계가 불행히도 지역적 주권국가로 나누어 있었던 까닭이라 하든지, 1930년대에는 이 전쟁은 자기 손에서 세계를 분할하려 하는 몰락기의 자본주의적 제국주의의 여러 나라 사이의 경쟁에 의한 것이라 하는 견해가 일어났다. 이 같은 논의는 전쟁의 원인, 적어도 20세기 조건 하에 있는 전쟁의 원인에 관한 일반화를 포함하고 있었던 것이다. 언제나 역사가는 증거를 테스트하기 위하여 일반화를 이용한다. 역사가를 역사적 사실의 수집가에서 구별하는 것은 일반화이다. 이와 같이 일반화가 자연과학자를 박물학자와 표본수집가에서 구별한다고 말해도 좋을 것이다.

역사가는 특수적인 것과 일반적인 것과의 관계를 문제로 한다. 역사가는 사실과 해석을 분리할 수 없는 것처럼 특수적인 것과 일반적인 것을 배제할 수 없을 것이다. 그러나 이렇게 놓고 보면 실재의 전 영역은 보편성과 개별성이라는 두 방식에 의하여 구별되어지지 않는 것이다.

역사가의 역사적 사건에 대한 지식은 한 구체적 사건을 그 밑에 포괄시킬 범주의 선택에 달렸다. 같은 역사적 사건이 여러 다른 입장에 따라 달리 분석되고 결합된다. 그러나 이 범주는 역사가의 자의에 달린 것이 아니라, 일정한 역사적 시기의 가치와 이상의 표현이다. '진리와 가치는 시간의 딸'(Veritas et virtus filiae temporis)이라고 하는 말로 표현되는 역사주의는 역사적 상대주의이다. 이 상대주의는 진리·정의·습관·윤리와 모든 이상과 가치를 일정한 역사적 시기와 일정한 문화의 소산으로 보는 것이다. 어느 이상과 가치도 이 역사적 조건에 면해 날 수 없으므로, 모든 다른 역사적 시기에 의하여 창조될 진리와 가치를 판단할 초역사적 진리와 가치가 없는 것 같다.

따라서 역사적 과정에서 창조된 이상과 가치는 그 시기에 있어서 정당화될 수 있으며 상대적이다. 필자는 이제 '역사와 가치'에 관한 역사철학에 더 논급하려 하지 않는다.

'인문과학' 공개강연, 1966년 10월 26일

후주

1 Ernst Cassirer, *An Essay on Man* (1944, sixth printing 1951), p. 174.

2 G. Barraclough, *History in a Changing World* (1955), p. 14.

3 Th. Lessing, *Geschichte als Sinngebung des Sinnlosen* (1921), p. 16.

4 ALf. Stern, *Philosophy of History and the Problem of Values* (1962), p. 73.

5 E. H. Carr, *What is History?*, p. 16.

6 H. Taine, *Histoire de la littérature anglaise*, Introduction.

7 H. Taine, *op. cit.*

8 H. Taine, *op. cit.*

9 Marx-Engels, *Gesamtausgabe*, I, vi, p. 179.

10 G. Sorel, *Materiaux d'une theorie du proletariat* (1919), p. 7.

11 Montesquieu, *De l'esprit des lois*, preface et ch. 1.

12 R. G. Collingwood, *The Idea of History* (1946).

13 W. Windelband, "Geschichte und Naturwissenschaft", in: *Präludien* (1915).

14 H. Rickert, *Die Grenzen der naturwissenschaftlichen Begriffsbildung* (1902), p. 255.

15 E. H. Carr, *What is History?*, p. 57.

서양인의 인간관

서양철학에서 인간상은 시대와 학자에 따라 가지각색이다. 외계의 대상은 객관적으로 규정하기 비교적 쉬우나 인간처럼 학(學)의 대상이 되기 어려운 것은 없을 것이다. 인간상을 그리는 것은 사람이 무엇이냐 하는 물음에 대답하려는 것, 즉 인간의 본성을 탐구하고 인간 생활의 이상을 제시하려는 것이다.

고대 희랍에 있어서 자연철학의 시기를 지난 후 소크라테스와 플라톤에게서 인간의 문제가 철학의 대상으로 등장된 것이다. 그들은 인간의 혼(魂)을 영원한 물질세계, 이데아(Idea) 세계와 결부된 존재로 보았다. 인간의 참 본질은 이 세상의 시간적 변화를 받지 않고 영구동일한 것으로, 정신은 그 이데아 세계를 항상 관조하며 인생의 목표도 그 최고 이데아, 선(善)으로 접근하는 데 있다고 한다. 혼은 영원한 것, 초시간적이어서 불멸하는 것이라고 하였다.

아리스토텔레스의 형이상학의 한 원리는 형상과 질료의 학설인데, 인간을 보는 데 있어서도 육체는 질료요, 혼은 형상이다. 형상은 항상 일반적인 것이요, 이 일반적인 것을 개별적으로 만드는 것이 질료라고 한다. 영원한 이데아, 형상인 혼이 육체인 감각적 세계에 들어옴으로써 구체적 · 개별적인 개인이 된 것이라고 본다. 혼은 그 자체에 있어서 식물적 · 감각적 · 이지적 세 부분으로 나눠지고 이지가 영양작용과 감각작용 이상으로 인간의 본성에 속하는 것이요 또 모든 인간에게 공통한 것이라는 견해이다.

희랍사상에서 인간이란 것은 신에 대비한 인간이요, 동물에 대비한 인간으로서 인류 일반이라는 것이었고, 개개인이라는 사상은 그리 철저하지 못하였다. 중세의 그리스도교가 개개인의 영혼의 불멸성 위에 기초를 둔 것이다. 인격적인 신, 개인의 불사성, 원죄와 속죄 등의 사상이 희랍의 인간 본성의 일반성에 정면으로 대립하게 되었다. 그리스도교는 개인의 영혼을 구제하는 것을 종교적 사명으로 삼게 되었다. 그리하여 각자의 개인성(personality)이 일반적인 인간성(humanity)보다 우위를 차지하게 된다. 개인성은 육체와 혼의 합성체이다. 혼이 육체를 떠나서 정신적 기능을 행할 수 있다 하더라도 그럴 경우엔 생명적인 기능을 영위할 수 없으므로 완전한 인격이라고는 할 수 없다. 그러하기에 그리스도교에서는 영원한 세계에서도 육체의 부활을 주장하는 것이다.

인간이 동물보다 고귀한 존재라는 것은 자연의 질서를 인식할 뿐 아니라, 행위에 있어서 도덕적 가치, 최고선을 인식하고 그 지선에 도달하려고 노력하는 데 참다운 인격이 성립되기 때문이다.

인간은 자기의 본체를 가능한 한, 순수하게 실현하고 자기 개성을 구현하는 것이다. 그리스도교에서 인간은 신의 피조물로서 한편으로는 영구불변의 본성을 갖고 있으면서도 다른 한편으로는 자유로운 개인적 인격인 것을 보이고 있다. 희랍사상과 기독교사상에서 인간이란 것은 고유한 본성과 주관적인 개인성이라 하는 양극을 가진 통일체로 표현되어 있다. 고대에서는 인간을 우주나 자연과의 관계에서 사고하고, 중세에서는 인간을 신한테서 생긴 질서의 한 부분으로 보았다.

1. 합리주의적 인간상

이러한 철학사적 배경을 가진 현대 서양의 인간관은 어떠한가. 인간이 무엇이냐 하는 물음에 대답하는 현대 사상의 주류는 아무래도 합리주의적 견해일 것이다. 인간의 본질은 이성이라고 보는 것은 서양의 전통적 사상이요, 근대 데카르트의 인간관이다. 인간이 자기를 탐구하기 위하여 밖에 있는 외부세계를 관조할 것이 아니라, 자기의 내적 세계 즉 체험에서 자기를 이해하려고 한다. 이는 대상적으로 보여지는 인간이 아니라 주체적으로 잡혀질 수 있는 인간의 내적 자연이다. 이는 자기의 내적 생활과 개성을 살펴보는 관심이다.

인간의 본질이 이성이라면 이성은 무엇인가. 데카르트는 이렇게 대답한다.

> 이것은 잘 판단하고, 참된 것을 거짓된 것에서 가려내는 능력, 즉 바로 양식이요 혹은 이성이다.

고 일컬어지는 것인데 모든 사람이 나면서부터 이것을 평등하게 분배받아 가진 것이라고 한다. 그는 이같이 인간의 본질을 주로 사유에 있다 하고 이 사유하는 실체 즉 정신에 제2의 실체인 육체를 대립한 것은 철저하게 합리주의적 전통을 보이고 있다.

> 이성(理性)만이 우리를 인간되게 하여서 우리를 짐승들에게서 구

별케 하므로 나는 사람마다 그것을 갖추고 있다고 믿으며 이 점에서는 철학자들의 공통된 의견을 따른다.

고 한다. 정신은 상위의 존재 계층이요, 육체는 하위로서 기계적 결정론에 따르는 것이라는 견해를 보인다. 데카르트는 인간의 사유하는 실체와 육체적 실체의 근본적 차별을 말하고, 동시에 그들이 서로 작용함을 주장하였다.

영혼에 속하는 것으로 본 것들 중 어떤 것이 내 속에는 없을까? 영양을 취한다든가 걷는다든가 하는 일은 어떨까? 그러나 내가 지금 신체를 가지고 있지 않다면 영양을 취할 수도 없고 걸을 수도 없다. 감각하는 것은 어떨까? 물론 이것도 신체가 없으면 생기지 않는다. 또, 꿈속에서는 감각하고 있는 줄 알았지만 사실은, 정말 감각한 것이 아니었다고 나중에 알게 된 것이 많았다. 그러면 생각하는 일은 어떤가? 나는 여기서 생각함이야말로 나에게 속하는 것임을 발견한다. 이것만은 나에게서 떼어낼 수 없다. 나는 생각한다. 그러므로 나는 살고 있다. 나는 실존한다. 이것은 확실하다. 그러나 얼마 동안인가? 물론 내가 생각하고 있는 동안이다. 왜냐하면, 만일 내가 생각하기를 아주 그친다면, 그 순간 나는 또한 존재하기를 즉 실존하기를 그치겠기 때문이다. 지금 내가 승인하는 것은 참된 것뿐이다. 그러므로 엄밀히 말한다면, 나는 다만 하나의 생각하는 것, 즉 하나의 정신, 하나의 오성 혹은 이성일 따름이다.

이렇게 데카르트는 이원론적이기는 하나 이성을 인간의 본성으로 보는 것이다. 이 합리사상은 인간으로 하여금 자기 이성에 의하여 자기 행동을 규제할 수 있는 능력에 자신을 갖게 하였다. 오성은 자연의 객관적 법칙을 발견함으로써 이성 능력의 무한을 알게 된 것이다. 인간은 자기 내면에 있는 이성의 빛을 유일한 인도자로 삼아 세계에 확실한 길을 개척하여 나아갈 수 있는 줄로 믿었다. 합리론적 세계관에서는 이 세계가 영구불변의 객관적 질서를 가졌으므로 이 보편적 질서가 개인의 행동에 규범이 되고 지도가 된다는 것이다. 개인은 이 확고한 객관적 질서에 순응하는 생활태도를 취하게 된다. 변전무상(變轉無常)한 생성에 대립하여 고정불변의 존재와 질서가 개성보다 우월한 가치로 나타난다. 개인의 의지는 오성의 비치는 한계 안에서 자기 행위를 결정하여야 함이 참 자유라고 한다.

사유 능력에 근거한 합리주의는 현대의 자연과학과 기술을 통하여 오히려 그 대립적 분극(分極)인 자연주의적 인생관으로 넘어가게 되었다. 자연주의의 기본원리는 모든 존재를 그 최하층인 물리적인 것과 그 법칙에로 환원하려는 것이다. 자연의 법칙은 모든 존재자에게 통용되고, 인간의 도덕성까지도 그 위에 세워진 것으로 보려 한다. 실증론에서는 사실과 사실들을 지배하는 법칙을 관찰과 실험을 통하여 발견한다. 그리고 인간은 계량할 수 있는 자연법칙에 복종하고, 역사에 있어서도 자연에서와 같은 법칙성이 지배하고 적용된다고 보는 것이다. 자연, 개인, 사회는 고정된 법칙성에 복종하는 한 거대한 통일체를 구성한 것으로 본다. 모든 실체는 물질이요 모든 현상은 인과적으로 결합되어 있다고 하는 전제에서 인간의 혼에 대해서나 사회생활에 대해서도 인과법칙이 타당하다고 하여 개인의 자유의사를 부정하는 데까지 이르렀다. 이러한 자연주의적 인생관은 인간 본성 중 사유하는 능력, 이성에 너무 편중한 주지주의적 폐단에서 파생한 결과이다. 인간을 의식존재(bewusstsein)로 해소한 것이다.

2. 비합리주의적 인간상

영구불변의 본성을 가졌다고 하는 합리주의에 대립되는 비합리주의적 인간관이 차차 나타난다. 희랍의 헤라클레이토스는 확고한 존재는 없고 모든 것은 흘러간다고 하였다. 인간은 두 번 같은 흐름 속에 들어갈 수 없다. 왜냐하면 흐름은 두 번째는 벌써 다른 것이 되어 있고 또 그리로 들어가는 인간도 변하여 있기 때문이다. 모든 존재하는 것은 끊임없는 생성(becoming)에 따르고 있다. "모든 것은 유전(流轉)한다"는 명제는 인간에게는 아무런 초시간적인 견고한 실체가 없으며, 그 생은 영원한 규범과 법칙이라 하는 것에 구속되지 않는다 하는 의미이다.

근세에 와서 이러한 비합리주의적 인간상이 참으로 중심적인 의의를 얻게 된 것은 파스칼에 이르러서이다. 그는 당시 최고의 수학자로서 그 분야에서 명석한 합리주의적 방법을 존중하였다. 인간이란 갈대같이 약한 존재이나 생각하는 데 있어서는 만물을 능가한다고 하였다. 그는 인간에 있어서 생각하는 이성을 높이 평가하는 반면에 인간 존재의 본질적 문제에 있어서는 합리적 사상의 한계를 자각하였다.

그는 '기하학적 정신과 섬세한 정신'을 구별하였다. 기하학적 정신은 분석할 수 있는 능력으로써 몇몇 공리에서 출발하여 거기서 추론을 내리는 것이요, 그 진리는 보편적인 논리법칙에 의하여 이것을 논증할 수 있다. 그러나 모든 것이 이러한 논증으로 다루어질 것은 아니다. 논리적 분석으로 전연 이해하기 불가능한 것이 있다. 다른 방법으로 다루어야 할 것이 바로 인간의 정신이다. 인간의 본성은 그 깊이에서 역설적이요 부조리한 것이어서 오성에게는 잡혀지지 않는다. 인간의 본질적 측면은 도덕적이요 종교적이다. 그것을 파악하는 데는 논변적인 지성과는 다른 방법을 필요로 한다. 인간은 논리 일관한 어떤 통일체로 정의될 수 없고 모순투성이어서 인간의 생활과 행위를 통해서만 이해될 수 있다. 윤리적 · 종교적인 생의 요소는 컴컴하고 신비롭다. 그리하여 심정의 생생한 힘만이 이것을 감득할 수 있고 냉철한 지성으로는 불가능하다. 비합리적 성질인 심정에 의해서만 인간 존재의 가장 깊은 밑바닥에 도달할 수 있다. 심정은 자기만의 독특한 논리(Logique du coeur)와 타당성을 자기 속에 갖고 있다. 파스칼은 인간혼의 심층부에 비합리적인 심정이 있어서 의식의 상층에 있는 이성과 대립적으로 긴장하는 운동을 하고 있음을 보이었다.

그 후 낭만주의에서는 합리주의적 문명이 인위적인 규범에 의하여 인간의 본성을 위축 혹은 파멸하였다고 비판하고 인간의 본연으로 복귀할 것을 주장하였다. 이 사상에서는 인간적 존재는 비합리적인 생의 관계에 얽혀 있다고 본다. 그래서 오성과 의미보다도 감정과 환상(fantasie)이 중시된다. 끊임없는 생성과 무한한 생의 흐름은 고정한 개념과 체계로 잡혀질 수가 없다는 것이다. 낭만주의자는 근원적인 것, 미지의 것, 신비의 것, 모두 하나라는 감정에 융합함으로써 단순한 감각적 세계를 초월하려고 하는 것이다.

이러한 비합리적 사조는 19세기 쇼펜하우어에 이르러 인간의 본성이 이성에 있는 것이 아니라, 세계와 인간 본래의 기초가 의지에 있다고 한다. 의지는 본시 합리적 질서에 대립하고 근본적으로 무논리적(alogisch) 성질이어서 어떠한 오성의 범주에도 복종하지 않는다. 이 사조는 인간의 깊은 밑바닥에 컴컴한 의욕이 있음을 드러내었다. 의지는 인간의 본질이요, 또 세계의 본질이다. 우리의 지성은 세계의 외피를 스칠 뿐이요, 한 현상에서 다른 현상으로 한없이 진행할 뿐이다. 지성은 세계의 본질을 알 수 없다. 세계의 본질을 파악하려면 경험의 전체를 두루 볼 수 있는 천재적 직관이 필요하다. 우리 내적 경험에 의하면 인간의 모든 의식상태와 활동은 의지인 것으로 알려진다. 세계의 일부인 인간이 의지인 이상 세계 전체가 의지 아닐 수 없다. 물이 굳은 바위를 뚫고 흐르며, 자석이 무거운 철을 당기며 생물이 종족을 번식하려는 여러 가지 현상에서 우리 인간 내부에서 활동하는 것과 마찬가지인 비합리적, 맹목적 의지, 아무 목적 없는 노력을 볼 수 있다. 의지는 억누를 수 없는 충동뿐이요, 존재하려는 힘이다. 이 의지를 쇼펜하우어는 살려는 의지(Wille zum Leben)라 하였다.

이 사상 계통을 이어받은 니체는 지성적 체계와 객관적 규범을 거부한다. 인간의 생은 추상적인 일반 타당성에 복종하지 않는다. 모든 영원한 가치란 것은 생명을 잃은 추상적 · 형식적 형해(形骸)라고 폭로한다. 그에게 있어서 가치는 한 견고한 체계로 완성된 것이 아니라 오히려 가치를 설정하는 창조적인 생의 관계에서 나오는 것이라 하여 모든 기존 가치의 전환을 요구한다. 이러한 사상은 가치의 근거를 생에 두는 것이며 지적 체계는 지성의 구성물에 불과하다. 아폴론적, 지적 인간상에서 디오니소스적 생의 인간상으로 대치되어지지 않으면 아니 된다. 인간은 본질적으로 본능 · 감정 · 생명성이요, 오성은 단순히 부차적 역할을 행하는 것이다. 인간의 존재를 규정하는 것은 의식, 정신, 이성이 아니라, 오히려 그와 반대로 무의식적인 창조적 생, 컴컴하고 혼돈스러운 충동이다.

또 니체는 말하기를 "인간은 존재하는 것이 아니라, 되는 것이다"(Der Mensch "ist" nicht, er "wird") 한다. 인간은 동물과 달리 미완성인 것으로 오히려 모든 가능성에 대하여 열려 있다. 인간에 대해서 영속하는 것은 아무것도 없고, 모두 끊임없는, 쉬지 않는 운동 중에 있다. 이러한 생은 그에 의하면 어떠한 실체도 아니요 어떠한 존재도 아니라, 헤라클레이토스적인 것으로 '되어감'이다.

그러나 그는 모든 동일한 것은 영원회귀(ewige Wiederkehr)한다는 다른 사상을 말한다. 니체의 흐름은 항상 되풀이하여 자기에게로 되돌아오며, 이미 있던 것과 같은 것을 새것으로 다시 실현한다고 한다. 이 말은 인간은 같은 것으로 같은 흐름에로 항상 되돌아온다는 것이다. 이는 분명히 그의 비합리적 전제와는 모순된다. 두 번 다시 돌아올 수 없이 모두 흘러 버리는 전제에서 동일한 것이 되돌아온다는 것은 인정될 수 없다. 이 영원회귀의 이념은 버리기 어려운 합리주의 사상이다.

니체에 있어서 생은 그 본질에 있어서 '권력의 의지'(Wille zur Macht)라고 한다. 이 권력의지는 자발적이요 새 방향을 보여주는 힘이다. 인간은 자기에게 형상과 규범을 가져오고 생은 자신에게 의미를 부여하는 것이다. 진리와 선의 개념은 그에게 있어서는 실용주의적 관점에서 해석된다. 모든 진리와 가치는 생에 대한 실용성에 의하여 계량된다. 모든 가치는 무의식적인 생이 창조적으로 형태화한 산물이다. 생에서 독립하여 타당한 것은 아무것도 없다. 가치는 활동적 행위의 결과요, 논리적 사유가 찾아낼 대상이 아니다. 가치는 인간이 평가하고 그것을 창조하는 능동성에 의하여 존재하게 되는 것이다.

19세기에는 생물학의 발달로 인하여 생명의 문제를 철학에서 고찰하게 되고, 존재를 물질, 생명, 정신이라는 삼원적 계층으로 보게 되었다. 이 생명과 정신의 철학의 가장 독창적인 대표자는 앙리 베르그송이다. 베르그송에 의하면 세계 전체와 그와 함께 인간도 창조적 진화(생성)로서 잡혀진다. 생은 그 밑에서 일어나는 끊임없는 운동, 시간성, 지속이다. 고정한 생과 정적인 생은 있지 않다. 근대의 과학 특히 심리학은 결정론적 방법을 사용하므로 인간의 실상에 접근할 수 없고 오히려 그 실상을 그르친다고 그는 비난한다. 그에 의하면 지성은 다만 공간적인 것, 양적인 것, 기계적으로 결정되는 것, 따라서 물질적인 것을 파악하는 능력을 가진 데 불과하다. 공간적인 물질에 대응하는 인간의 능력이 지성(intelligence)이요, 지성은 온전히 행동에 관계하는 것이다. 행동하기 위해서는 사물이 정확히 규정됨이 필요하기에 지성이 대상으로 삼는 것은 물체적인 것, 유기화되지 않은 것, 고정한 사물이다. 지성의 영역은 물질이요, 물질을 도구로 만들기 위하여 물질을 잡는다. 지성은 공작인(homo faber)의 기관으로 물체를 분석하고 재구성할 수 있는 능력이다. 그러나 지성으로는 지속이나 생명을 이해할 수 없다. 지성은 생명을 잡기 위해 그 흐름을 중단시키고, 연속적인 것을 비연속적 · 공간적인 것으로 화하는 것이다.

그런데 혼의 생은 추상적인 기하학적 공간에서 운동하는 것도 아니며 비연속적인, 동질적인 시간 안에서 경과하는 것도 아니라, 그 본질에 있어서 연속적, 이질적인 지속이다. 생의 심층에 도달하려면 지적 직관이 필요하다. 우리가 직접적으로 대상과 공감할 때, 우리는 지성으로 설명할 수 없는 것에 접촉하는 것이다.

> 내가 여기서 직관이라 부르는 것은 대상의 내부에 들어가 대상이 가진 유일한 것, 따라서 표기할 수 없는 것과 합일하는바 공감(sympathie)을 이름이다.

고 한다. 우리가 우리의 전 생명, 즉 우리 의지를 대상 속에 옮겨놓고 우리의 의지를 팽창함과 함께 사물의 비전도 팽창하여 생명이 넘칠 때야말로 우리가 참 실재에 접촉하는 것이다. 이것이 철학적 직관이라 한다.

베르그송이 드러내 보이려 하는 것은 피안의 초월적 세계가 아니라 우리 자신의 내면 혹은 우리 자신의 속 밑에 알려지는 순수지속(durée pure) 그것이요, 이 지속상(持續相) 하에 잡히는 생명이다. 순수지속이란 무엇이냐. 우리는 우리 자신의 자아는 우리에게 직접 주어지거니 믿는다. 우리가 보통 자아라고 생각하는 것은 굳어진 껍질 같은 것이요 표면의 자아이다. 그러나 그 밑에 생생하게 동하고 있는 근본적 자아가 있다. 환상 같은 자아 밑에 참으로 산 자아가 잠겨 있다. 때로는 생각도 못했던 격정, 용기가 우리 자신에게서 일어나는 것은 이러한 자아가 우리 밑에 있는 까닭이다.

베르그송은 인간의 자아를 인식의 주체로나, 형식적 통일 기능으로 보지 않고, 살아 움직이는 실체적 자아가 시간의 흐름에 따라 자기의 과거를 자기에 걸머지고 자기 자신 안에 새로운 것을 창조한다고 한다. 인간에게는 외계의 영향에 대하여 기계적으로 반응하는 신체 이외에 다른 것이 있으니

> 시간을 통하여 지속하는 것이요 벌써 자동적이 아닌, 예견도 못했던, 또 선견할 수 없는 자유로운 운동을 신체에 요구하고 강요하는 무엇이 있다. 이것이 여러 편으로 신체를 넘어 흐르고 자기 자신을 창조하면서 행위를 창조하는, 이것이 자아요, 이것이 심(心)이요, 이것이 정신이다.

고 그는 생생한 구체적 자아를 열어 보인다. 이러한 자아는 미리부터 고정불변의 실체가 아니라 시간상에서 되어나는 가능성으로 보인다. 여기서 모든 의식의 구조성은 잃어버리고 남은 유일한 것은 무의식적인 생명력의 흐름이다. 흘러 지속하는 생성이 본래의 실재요, 고정적인 질서와 형식은 생을 잃은 정신의 굳어진 추상화이다.

3. 행위자로서의 인간상

합리, 비합리의 두 인간상의 분극적 대립을 통일, 융합하려는 노력이 오늘날 철학적 과제의 하나이다. 현대에서는 우리가 인간을 자기행동을 통하여 저 자신을 만들어내는 존재자로 이해하려 한다.

인간을 인간으로 만드는 것은 일반적인 본성이 아니라 그 개성, 그

일회성, 그 역사성, 그 실존, 그 인격이다.

인간이 공통으로 가지고 있는 일반성과 필연성이 차차 뒤로 물러가고 그 반면 개인의 특수성 · 자유 · 가능성이 강조된다. 인간이라는 일원적 중심이 후퇴하고 각 개인을 중심으로 하는 다원적 인자로 인간이 분해된다. 그 각 개인은 일회적이요, 되풀이할 수 없는 역사 속에서 자기 존재의 방향과 의미를 얻을 수 있다고 한다.

이것이 현대의 개인주의적 · 실존주의적 · 역사주의적 동향이다. 역사는 인간 현존재의 근본구조로 이해케 되고 모든 행위는 처지와 상황에서의 행위이다. 오르테가(Ortega y Gasset)는

> 자연은 물(物)이다. (…) 물은 고정한 구조와 통일을 가지고 있다는 것을 의미한다. (…) 인간은 '물'이 아니다. (…) 인간은 자연(본성)을 가지지 않았다. 인간이 가진 것은 역사이다.

고 한다.

윌리엄 제임스의 실용주의의 한 전제는 실재란 단 하나의 생성의 흐름이라는 것이다. 그는 인간 존재에 대해서도 어떠한 혼이란 실체가 있지 않고 의식의 흐름이 있을 뿐이라 한다. 개별적인 인간은 역사적 생성 속에 서 있다. 그리하여 이 생성에 그저 끌려가지 않으려면 행위함으로써 자기를 창설하지 않으면 아니 된다. 인간은 능동적으로 자기를 형성하고, 자기를 창설한다. 실용주의에 의하면 인간이 바로 활동적 행위에 있어서 수행되는 것이라고 한다. 각 개인은 각자의 활동으로 그 독자의 구조를 설계하고 수행한다는 아메리카 사람의 낙관

적 인생관을 보이는 것이다.

인간과 세계는 이미 완결되어 주어져 있는 것이 아니라, 창조적 노동에 의하여 형성되고 변혁될 것이라 보는 것은 칼 마르크스이다. 그에 의하면 인간을 인식하기 위해서는 인간을 개별적으로 분단한다고 하는 방식으로 형이상학적으로 연구할 것이 아니라, 인간이 역사적 발전 속에 이루어 놓은 것에서 인간을 관찰하지 않으면 안 된다. 그리하여 개인은 어느 순간에서라도 그 여러 사회관계의 전체라고 하는 것이 발견된다.

> 인간의 의식이 인간의 존재를 규정하는 것이 아니라, 인간의 사회적 존재가 인간의 의식을 규정하는 것이다.

인간은 헤겔에게서와 같이 의식으로서의 인간이 아니라, 의식이 인간으로서의 의식이다.

> 인간을 알게 할 수 있는 것은 사회요, 계급의 대립에 기본한 여러 사회관계이다. 이러한 관계들은 개인에 대한 개인의 관계가 아니라, 자본가에 대한 노동자의 관계, 토지소유자에 대한 소작인의 관계들이다.

인간과 세계의 상호작용, 노동이라고 하는 것에 마르크스의 관심이 있다. 인간이 노동을 통하여 자기 능력을 실현하고 자기 자신을 창조하는 것이다.

끝으로 현대 실존철학자의 공동된 노선을 따르면 현대의 역사적 상황은 안정된 것이 아니어서 인간은 항상 위기를 느끼며 불안에 떨고 있다. 인간은 각자가 자유롭고 책임을 지고 있으며 어둠 속에 홀로 서 있다. 인간은 세계 안에 던져져 있다. 인간은 자기가 어디서 왔으며 어디로 가는지 알지 못한다. 또 우리가 왜 있지 않으면 안 되느냐 하는 것은 아주 이해할 수 없는 것이다. 인간은 이 던져진 상태에서 그 밖으로 나아가려고(Ex-sistenz) 애쓰고 있다. 인간은 먼저 실존하고 미래를 향하여 자신의 가능성을 향하여 자신을 설계하고 투기한다. 사람은 여러 길 중에 어느 하나를 선택하고 들어가 수행하는 대로 되어진다. 어느 한 길만이 예정되고 하나만 타당한 것은 아니다. 사람은 아직도 되어질 수 있고, 단순한 가능성에서 아직도 되어지지 않은 것에서 자기실현을 할 수 있다. 그러므로 자기실현은 자기에게 책임이 있다. 선택의 자유는 행동을 통해서만 표현되고 행동과 일치를 이루는 것이다. 자유라는 것은 절박한 상황에서 회피하려는 것이 아니라, 반대로 현실에 참여하고 미래를 건설하는 힘이다. 각 개인의 인격은 행동하는 데서 이루어지는 것이라고 한다.

'인문과학' 심포지엄에서 발표, 1970년 10월 8일

과학과 인간의 가치

오늘 교육대학원 개강에 즈음하여 이 사람에게 강연의 영광을 주신 데 대하여 먼저 감사드립니다.

과학자 아닌 사람이 과학을 평가하기가 어려운 일이나, 오늘날 과학이 극도로 발달한 만큼 과학이 주던 혜택보다도 과학으로 인하여 인류생활에 파멸을 초래하지 않을까 하여 인간이 자기의 산물인 과학 앞에 공포를 느끼고 있습니다.

과학이라는 말을 나는 좁은 뜻으로 자연과학을 가리켜 말합니다. 이 자연과학은 르네상스 시대 이후 학문 발달상 최후 단계이며 인간이 찾은 진리 중에 가장 정확한 지식이외다. 그런데 자연과학의 발달이 실제생활에 큰 도움을 주고 기술과 공업을 향상시켜서 인간의 생활방식을 구미에서는 지난 두 세기 동안 우리나라에선 한 반세기 간, 변형하다시피 개량하였고, 앞날에는 더욱 급격한 변화를 예상시키는 것입니다.

많은 사람은 과학의 공적을 이러한 모양으로 실용상 견지에서 찬양하리라고 생각합니다. 그러나 기술적 · 공업적인 발달이, 급속히 진보하는 자연과학의 뒤를 따라 달성한 것이 과연 인류의 행복을 가져오느냐 어떠느냐 심히 의문입니다. 예컨대 지구의 표면이 인공방사능에 의하여 점점 오염되어서 인류에게 비참한 영향을 주지 않을까 두

려워하는 것이외다. 지금 교통기관이 꿈같이 발달하여, 앞으로 인공 위성의 속도로 여행하는 날에는 지구상 먼 거리라는 것이 한 시간 갈 길도 되지 못할 것입니다. 편리하다면 편리한 것이외다. 그러나 이 교통 편리 때문에 친족과 친지가 지구상 여러 곳으로 서로 헤어져서 다시 만나지 못하고 아침저녁으로 상심하는 것을 상상해 본다면 이런 것이 과연 인류의 행복이라 할 것인가, 이런 예를 들자면 한이 없을 것이외다.

그러면 자연과학의 가치는 어디 있느냐? 자연과학도 지식을 추구함이요, 지식은 인생생활의 행복을 증진시키는 능력입니다. 그러나 지식의 실용적 가치는 과학의 간접적 결과요, 과학이란 지식 그 자체를 애구함에 있습니다. 옛 철인이 말하듯이 사람은 본성적으로 지를 애구하는 것입니다. 이것이 인간의 모든 정신활동의 참 근원이외다. 이 요구에서 나오는 더 절실한 학문은 인간 자신이 무엇이냐 하는 물음, 즉 인간의 본질을 탐구하는 학문, 인문과학과 사회과학이외다. 자연과학의 가치는 이 다른 분야의 학문과의 종합적 관련에서만 정당히 평가되리라고 믿습니다.

호세 오르테가 이 가세트라는 스페인 철학자는 1920년대에 용감히도, 전문화된 과학자를 무정하고 무지한 오합지졸, 말하자면 집단 인간의 전형적인 대표의 예로 보았습니다.

> 참으로 교육된 인간이라면 알아야 할 많은 일 중에서 단 한 가지 특수한 과학만이 익숙한 인간이 과학자이다. 그 과학이라고 하는 것까지도 그 자신이 연구하고 있는 극히 좁은 분야에 한정되어 있

다. 그는 점점 자라서 그 자신이 개척한 좁은 분야의 울타리를 넘어 다른 모든 것에 주의를 분산하지 않는 것이 과학자로서의 최고의 덕이라고 선언하고, 모든 지식을 종합하려고 하는 호기심을 가리켜 딜레탕트라고 비난한다. 그 자신이 잘 알지 못하는 그 과학을 진보시키고 그 진보에 따라 종합된 인간의 사상을 진보시키는 줄을 알지 못한다. 도대체 어떻게 돼서 이런 일이 지금까지 가능하였을까?

오늘날 교양 있는 인사의 대부분은 과학에 관심을 가지지 못하고, 과학적 인식이 인생의 사상적 배경의 일부분이 됨을 깨닫지 못하고 있습니다. 많은 사람은 과학이 참으로 무엇인지를 알지 못하므로 과학이라는 것이 생활조건을 위하여 어떤 새로운 기계를 발명하든가 그 발견에 도움이 되는 것으로 생각하고 있습니다. 그래서 많은 사람은 이런 일을 전문가에게 맡겨 버리는 것입니다. 과학적 시대라 하는 오늘에도 과학의 사상적 의무라 하는 것을 경시하고 있습니다. 공업 발전의 결과 인생의 물질 면에 현저한 영향이 생겨나고, 과학의 그 밖의 의의라는 것이 거의 잊혀 버려졌습니다. 이런 물질적 발전이란 것이 유물론적 견해를 끌어 일으켰다고 생각됩니다. 그동안 과학의 공리적 면에만 심취하여 사람들은 과학의 진정한 의의를 망각하였던 것입니다. 오늘날 과학이 우리에게 주는 우주관을 우리가 바로 이해해야 될 시기에 이르렀습니다.

코페르니쿠스, 케플러, 갈릴레이라는 이름들에 결부되어 있는 지동설이 그 당시의 사고방식과 세계관에 혁명적 영향을 주었듯이 오늘날

과학도 특히 물리학은 더 깊은 지적 혁명을 일으키고 있는 것으로 생각합니다. 일반적으로 교양 있는 인사는 이 큰 사상 변혁의 의의를 파악할 의무가 있습니다.

여기에 물질의 문제가 있습니다. 물질이 무엇이냐? 물질이라 하는 것을 어떻게 마음에 그려야 옳을까?

근대 초기에 자연과학의 기초는 '객관적 세계'가 그 자체로서 존재하는 실재로 이해되었던 것이외다. 이러한 사상 가운데는 실재 자체에 있어서 이미 성립하고 있는 진리를 발견하는 것이 모든 인식의 의미라고 확신하였었습니다. 유일한 시간상에서 자연적 사건은 그 선행하는 상태에서 필연적으로 그 계기하는 모든 상태를 연역할 수 있다고 믿었던 것이외다. 이런 인과적 결정성이라는 확신이야말로 고전적 물리학의 기초를 제공한 것입니다. 이 입장에서 인식하는 주관과 인식되는 객관이 엄격히 분리되어 데카르트 이래 존재자의 전 영역이 내적인 의식계, 외적인 연장체라는 두 영역으로 분할되었고 그리고 세계는 엄밀히 기계적으로 결정되어 있는 것으로 생각되어 왔습니다. 그때에도 물질도 아니고 의식도 아닌 생명의 현상 때문에 곤란을 느끼지 않은 건 아니었습니다. 유기적 현상이 물리적 · 화학적 과정으로 분해 또는 환원될 수 있느냐 하는 생명에 관한 여러 문제는 복잡을 피하기 위하여 생략하려 합니다.

19세기 후반까지 물질이란 것은 항구적인 것이어서 새로 생기는 것도 아니요, 없어질 것도 아닌 줄로 생각되었습니다. 물리학자가 아는 대로는 물질이 무에서 창조된 것도 아니요, 무로 돌아갈 수도 없는 것이었습니다. 또 그 위에 물질은 그 운동에 있어서 엄격한 법칙을

는다는 것이므로 그것의 행동을 예언할 수가 있고 장래의 운명은 첫 상태에서 엄격히 결정된다고 생각하였습니다. 그런데 최근 반세기 동안 물질에 관한 견해가 근본적으로 변하였습니다. 이 변혁은 어느새 우리로 하여금 옛날의 유물론의 틀을 넘어서게 하는 것입니다. 물질은 상당한 거리를 두고, 공허한 공간 속에 산재하여 있는 입자로 만들어져 있다고 생각하였습니다. 이 생각은 기원전 5세기 희랍 데모크리토스에까지 거슬러 올라갑니다. 이 원자설, 미립자와 공간이라는 개념은 오늘날도 남아 있는 것이외다. 오히려 옛 철학자가 어떻게 용감하게 이런 상상을 하였는가가 놀랍습니다. 오늘날 여러 무상촬영이라는 방법에 의하여 물질이 입자로 지어져 있다는 옛 가설이 과거 여러 세기 동안 기대했던 바를 실험으로 확실하게 되었습니다.

그러나 입자의 본질에 관해서는 생각이 크게 변하였습니다. 그 전에는 원자라 하면 개개의 딴 것이요, 따로따로 알려질 수 있는 것, 마치 손으로 만져 느껴질 수 있는 작은 물건이라는 점에 확신을 가졌던 것입니다. 이 여러 개개의 입자와 원자를 따로따로 추적하는 것이 여러 방법으로 성공하도록 된 근년 몇 십 년에, 이러한 입자가 원리적으로는 그 동일성을 영구히 유지하고 있는 것 같은 '개물'이라고 하는 생각을 버리게 된 것입니다. 물질의 궁극적 성분은 동일성이라 하는 것을 전연 가지고 있지 않다고 주장하지 않을 수 없게 된 것입니다. 예로 한 전자(electron)를 관찰하면 한 개물이 아니라 한 고립한 사건(event)으로 보게 된다 합니다. 극히 짧은 시간 후에 최초의 관측점에 극히 가까운 데에서 같은 듯한 입자를 다시 본다 하더라도 그는 두 경우에 본 것이 동일한 입자라고 주장할 수 없는 것이라 합니다. 물질의 궁극적 존재자인 입자가 개물이 아니라 하면 도대체 무엇이냐? 물리학은 우리가 지금까지 가지고 있던 실체 개념에 변동을 시사합니다. 현대 양자역학은 동일의 물리적 객관이 두 개의 현상형식, 즉 입자와 파동을 갖추고 있다는 것을 발견하였습니다. 모든 원자는 실험에 있어서 입자와 파동의 두 형식으로 나타난다 합니다. 입자라는 것은 어떤 장소에 있을 때 그 장소에서 떨어진 다른 장소에 동시에 존재할 수 없는 물리적 형상입니다. 파동적 장이란 것은 공간을 통하여 퍼져가는 형상입니다. 어떤 형상이 입자적 성질을 가지고 있다고 하는 것은 그 작용의 극소화를 증명하는 모든 실험(무상촬영)에서 얻은 결론이요, 또 그것이 장 · 파동의 성격을 가졌다는 것은 서로 떨어진 많은 장소의 협동작용을 증명하는 실험(간섭)에서 얻은 결론이외다. 여기서 물질이란 것이 고정한 물체 같기도 하고 물결같이 흐르는 것 같기도 하다는 모순을 보여줍니다. 이러한 모순을 어떻게 극복할 것인가. 우리들은 그렇게 두 방식으로 현상하고 있는 것이 그 자체에 있어서 무엇이냐 묻고 싶을 것이지만은 이런 물음이 무의미하다는 것입니다. "우리들이 자연의 상보적 두 예면 중에서 어느 측면을 보느냐 하는 것은 우리가 자유로이 선택하는 실험적 배치 여하에 달렸다." 그리고 한 사태의 실험은 이와 상보적 관계에 있는 다른 사태의 실험을 불가능하게 하고 있는 것이라고 합니다.

여기서 벌써 주관과 객관을 분리하는 데카르트의 사고방식을 버려야 할 것이며 객관적인 것을 그 자체적인 존재자로, 관찰하는 주관을 떠나서 존재하는 것으로 진술할 수도 없다고 보는 것입니다. 원자적 상태라는 것은 관찰 작용에 관계하고 있기 때문에 주관으로부터 분리해서 객관을 논할 수 없다는 것입니다. 이것은 인간의 존재를 참조하지 않고서는 자연의 존재에 대해서 말할 수 없다는 것이외다. 고전 물리학은 인과결정에 의하여 자연을 절대화하는 입장이었으나, 현대 물리학에서는 물질의 궁극적 구성요소는 객관적 공간 속에 그 자체로 규정되어 있는 것이 아니라 물질의 공간성의 그때그때의 특유한 성격인 입자와 파장은 관찰하는 인간과의 관계에서 비로소 구성되는 것이라고 해석하게 됩니다.

현대 물리학은 시간과 공간 개념에 대해서도 큰 변혁을 가져왔습니다. 심리학적으로 '동시'라는 시간 진술은 사건 자체에 구비되어 있는 절대적 규정을 의미하는 것이 아니며, 그 측정 진술은 관찰자가 선국소체계의 진술이라는 점을 통찰하였습니다.

이로써 두 개의 사건이 절대적 의미에서 "동시적"이라는 사고방식을 버리게 되는 것입니다. 이 사건들은 어떤 관찰자에게는 동시적이지만 다른 운동체계에 있는 다른 관찰자에게는 "계기적"인 것을 아인슈타인의 상대성이론이 밝힌 바입니다. 이러한 데서 공간의 3차원을 시간의 1차원과 합하여 4차원의 연속체를 상정하였습니다. 모든 물리적 사건은 이 시공이라는 연속체 가운데서 이동하는 주관을 통하여 체험되는 지각뿐이라고 해석합니다.

이렇게 과학 발전의 의미를 돌아보는 동안, 과학이 인간 지성의 본질에 관한 깊은 자기성찰을 철저하게 하는 것임을 알 수 있습니다. 인간 본성 속에 영구불변의 사고방식, 즉 고정한 범주가 있는 것을 부인함이외다. 이것은 칸트의 비판철학을 비판할 길을 열어줍니다. 인간 본성을 지 · 정 · 의의 세 기능으로 본다면 과학은 지성의 자기모순을 극복하여 자신의 초월을 전개하는데 더 지적 가치가 큰 것이외다. 우리가 과학을 매개로 하여 얻은 세계관이 인간 지성의 자기형성을 자각케 하는 것으로 해석할 수 있습니다. 인간 지성은 다른 존재자와의 접촉에서 이해할 수 있는 모든 방법으로 모색하다가 막다른 길에 부닥치면 스스로 탈피하여 비약합니다.

현대 자연과학이 주는 시사에서 이러한 철학적 귀결이 생긴다고 생각됩니다. 과학 발달이 인간생활에 복리를 증진시키는 간접적 효과보다도 지성 자체를 전개시키는 것을 자각하게 됩니다. 지 · 인 · 용 3대 덕이 인격의 요소라면 과학적 지식은 현대인의 자기형성에 불가결의 요건이요 자기실현의 한 과정으로 자각되는 바이외다.

그러나 과학으로 인한 인격 형성의 결함을 간과할 수 없는 면은 전문화이외다. 현대 과학과 기술은 사회적 분업과 전문화에 근거하여 발전되어 온 것입니다. 현대인은 유기적 조직체 안에서 각기 이질적 기능을 행하는 것입니다. 개인이 여러 직업이나 여러 직능을 행하지 않습니다. 오늘날 심한 경우에는 한 노동자가 일생동안 단조무미한 한 가지 작업을 행합니다. 이렇게 세분된 사회적 분업은 인간을 부분적 인간으로 전락시켰습니다. 이 부분적 인간은 인간으로서의 원시적 전체성을 상실하였고 인간으로서의 특성인 자율성을 향유하지 못합니다. 인간이 정서 없는 것으로 되어 일종의 기계로 타락될 위험에 있습니다.

과학은 객관적 자연의 모든 사상이 이러이러하다고 하는 지식이외다. 과학은 어디까지나 존재에 대한 인식입니다. 그래서 과학에 대하여 이렇게 행하여야 한다는 인간의 행위상 당위의 언명을 요구할 수는 없습니다. 이러이러하다는 지식에서는 이러하여야 한다는 것은 결코 끌어낼 수 없습니다. 인간 행위에 있어서 당위나 인생 목적이나 이상 같은 것을 과학에서 도출, 결정할 수는 없는 것이외다.

자연의 사건이 어떤 조건 하에 어떻게 된다는 것을 확언하는 과학상 지식은 인간 행위에 있어서 그 목적을 위하여 방법과 수단을 어떻게 선택하면 좋을지를 가르칠 수 있습니다. 우리는 과학 지식을 가짐으로써 개인적 · 사회적 행위의 목적이 정해지기만 하면, 그것을 위한 적당한 방법과 수단을 선택할 수 있습니다. 그러나 당위 목적 자체는 과학적 지식에 의하여 교시되지 않습니다. 과학적 지식은 사회적 물질 생산, 정치적 행동, 예술적 행위, 도덕적 행위, 교육적 활동, 종교적 행동에 그 목적 달성을 위해 요구되는 수단과 방법을 주는 역할로 그 기능을 다하는 것이외다. 과학은 인생 목적의 결정에 있어서 효과를 나타내는 것이 아니라, 오히려 주어진 목적 달성의 수단을 가르치는 데서 효과를 나타냅니다. 과학은 인간 행위의 당위 목적을 직접적으로 결정한다든지 혹은 비판한다든지 하는 원리를 가지고 있지 않습니다. 따라서 과학은 정당한 실천 목적을 지향하는 바른 이성, 바른 양심에 의하여 지도되지 않으면 인류를 불행과 타락과 파멸에 인도할 것이외다.

과학적 지식은 힘이니만큼 잘못 사용하면 위험한 것이외다. 인간은 자기의 정당한 양심에 의하여 과학을 이용하지 않으면 아니 되는 것입니다. 과학은 수단방법과 목적을 다 가르칠 만한 만능적 지식이 아닙니다. 여기에 인생 실천에 관계할 때의 과학의 한계가 있습니다.

과학적 지식은 우리의 세계관, 인생의 목적 결정에 중요한 관계를 갖고 있습니다. 세계관이란 것은 일면으로는 세계상을 포함하고 다른 면으로는 인간적 생의 최고 통일적 목적을 말합니다. 이 둘은 서로 제약하는 관계에 서 있습니다. 세계는 자연과학적 지식과 사회과학적 지식에 기인하여 형성되는 것이외다. 이 두 지식은 세계관 형성을 위한 기초적 자료이외다. 그러나 세계관에 있어서, 최고의 인생의 목적, 혹은 생의 이념은 자연과 사회를 포함한 세계가 전체로서 어떠한 것이며 본성이 무엇인지, 그 해석에 따라 생의 목적이 결정되는 것입니다. 종교, 도덕, 예술, 철학, 정치, 경제 등 실천적·이론적 활동에서 찾아진 최고의 생의 목적에 의하여 영향을 받는 것입니다. 과학 지식은 인간의 이상을 표하는 세계관 결정에 간접적으로 참여하는 것입니다.

(이 글은 1968년 3월 11, 12, 14일 3일 동안 '교육과 과학'이라는 주제로 열린 교육대학원·제3회 개강식 및 학술강연회에서 발표된 필자의 강연이다.)

『연세춘추』 1968년 3월 25일

버트런드 러셀 『서양 철학사』 역자 서문

1. 제1권

러셀 고대 철학사의 특질은 자연 철학자들에 대한 평가를 높이 하는 것, 플라톤, 아리스토텔레스의 철학에 있어서의 지위를 낮추는 일, 아리스토텔레스 이후의 철학자들을 그들의 사회적, 정치적, 경제적 환경과의 긴밀한 관련 밑에서 해명하려는 것들이라고 할 수 있다. 이 마지막 점은 다른 책에서도 다소간에 다 언급되는 사항이나, 그러나 러셀에 있어서와 같이 철두철미하게 그 입장을 관철시키며 그 입장에서 철학자들의 사상을 분석하는 책은 드물다. 자연 철학자들을 높이 평가하는 일과, 플라톤, 아리스토텔레스의 철학을 낮추어 평가하려는 일과는 동일한 입장의 반영이라고 할 수 있다. 러셀은 철학의 방법으로서의 플라톤 식의 대화적 방법으로서는 새 지식을 얻을 수가 없다는 것을 지적하고 있다. 소크라테스와 플라톤은 그 후에 철학의 방향에 대하여 좋지 못한 영향을 끼치었다고 한다.

인류사에서 희랍 문명이 일어난 일을 러셀은 한 기적으로 본다. 그리고 그 기원과 발달을 보통 문화사에서 보는 바와 같이 상당히 상세하게 취급하고 있다. 그리고 희랍 문명과 병행하여 희랍의 사회 속에 부절히 움직여 온 종교적 움직임을 그는 대단히 중요시하고 있다. 러셀은 희랍 철학에 대한 이면의 영향을 깊이 주목하고 있다. 디오니소스 종교에서 바쿠스 종교에로, 또 바쿠스 종교에서 오르페우스에로, 오르페우스에서 피타고라스에로, 피타고라스에서 플라톤에로, 여기서부터 철학 속으로 신비적 요소가 들어오게 된 경로를 분명히 한다. 동시에 이 요소는 그 후에 철학 전반에 해독을 끼치며 그 발전을 저해하여 왔다는 것을 지적하고 있다.

그러나 그 찬란한 희랍 문명 사이에 어떻게 하여 이 종교적 요소가 퍼지게 되는가? 우리는 보통 희랍 사람들의 특질을 그들의 명랑한 문명과 현세주의적 또는 합리주의적 경향에서 본다. 그러나 그 문명의 배후에는 그것에 나타난 것보다 더 뿌리 깊고 힘 있는 디오니소스적 어두운 흐름이 있다는 것을 강조한다. 그리고 이것이 인간성의 가장 깊은 곳에 뿌리박고 있다는 것을 보이려고 한다.

플라톤, 아리스토텔레스의 철학은 이 디오니소스적 요소가 이데아로서 혹은 실재의 이름으로서 나타난 것에 불과하다. 다른 대부분의 철학사가 플라톤, 아리스토텔레스 앞에서는 그 권위를 인정하기에 힘쓴다. 그러나 러셀의 경우는 이들의 방대한 체계가 다 아무것도 아니라는 것을 실지로 보이려고 힘쓴다. 그리고 그 방법도 근본적으로 잘못되었다는 것을 지적한다. 러셀은 소크라테스, 플라톤의 영향이 한없이 유해한 것이었다고 보며 그 후의 철학에 끼친 그들의 영향이 크면 클수록 그만큼 더 섭섭한 일로 보는 것이다. 그는 플라톤과 소크라테스를 도덕적으로는 성자의 반열에 들지 모르나, 철학적으로는 아직도 과학의 연구에 의해 머물러 있어야 한다고 한다.

아리스토텔레스 이후의 철학들은 모두 그 사회상의 한 반영으로서 보려 한다. 스토아 철학, 회의주의, 쾌락주의의 각 학파가 들고 나오는 이론이 다름에도 불구하고, 결국 목표하는 바는 혼란된 악한 환경에 대하여 어떻게 하면 무관심하게 될 수 있으며, 또 마음의 평정을 얻을 수 있는가 하는 것이었다는 점에서 전부가 일치하고 있음을 보이려 한다.

러셀은 희랍 문명이 인류사에서 그와 같이 돌연히 일어난 것을 경탄과 감사로 바라보고 있다. 그리고 이 희랍이란 적은 지역에 일어난 문명이, 미케네 문명이 갈 데 없이 사라진 것과 같이 사라지지 않고 오늘날의 인류 문명에까지 계속 발전할 수 있었던 것은 첫째는 마케도니아의 알렉산더와 다음으로 로마 제국의 공으로 돌리고 있다. 러셀은 이들이 크세르크세스가 아니었고, 카르타고가 아니었던 것을 다행으로 보고 있다. 마케도니아와 로마가 비록 스스로는 야만인 정복자들이었으나, 피정복자의 문명인 헬라 문명의 보호자로서 등장한 것이, 헬라 문명이 미케네 문명화하지 않게 된 주요 원인이 있다고 본다. 왜냐하면 알렉산더가 아니었고, 그때에 한 칭기즈칸이 일어났다면 희랍 문명이 어떻게 하여 현대에까지 발전하여 올 수 있었겠는가를 생각한다. 여기서 이 책에 나타난 견해를 전부 체계화하려는 것은 아니다. 다만 보통 철학사에 비하여 특질적이라고 생각되는 점 몇 가지를 적어 보았을 뿐이다.

이 책을 번역하면서, 우리나라 학도들도 적어도 이 책에 실리어 있는 정도의 지식을 누구나가 다 가져야 하겠다고 느꼈다. 이 번역이 우리나라의 학도들에게 상식을 보급하는 데 도움이 될 것을 희구하여 마지않는다.

마지막으로 이 번역의 불완전함을 자탄하며, 그러나 이 책이 자라

나는 젊은이들에게, 또 새로운 지식을 갈급하는 여러 독자들에게, 풍부한 지식을 제공하는 데 도움이 되기를 바라면서 이 책을 보내는 바이다.

2. 제2권

버트런드 러셀은 이 철학사의 부제에서도 엿볼 수 있는 바와 같이, 철학을 그 정치적 · 사회적 환경과 관련시켜서 고찰하고 있다. 따라서 그는 사회 전반에 관한 일반 역사 기술을 먼저 하고, 그런 환경 밑에서 어떠한 사상가들이 생겨났고, 그 사상가들의 순수철학 학설이 어떠했는지에 관한 서술은 언제나 마지막으로 돌린다. 이 중세 철학사는 더욱이나 교회 철학의 역사로 되는 고로, 그 교회 제도의 성립과 발전과 쇠퇴의 역사와 유리시켜서 고찰하기가 곤란하며, 따라서 이 중세 철학사는 일반 역사 서술에 더욱이나 중점을 두고 있음을 볼 수 있다.

알렉산더 왕국의 붕괴와 이에 따르는 혼란, 무정부 상태가 고대 후반기의 특질이었다면 중세는 가톨릭교회를 중심으로 한 통일과 질서의 형성과 그 쇠퇴로서 특징지을 수가 있다. 러셀은 이 가톨릭교회의 구라파 통일을 일컬어서 '가톨릭 통일'(Catholic Synthesis)이라고 부른다. 이것은 비단 종교계만의 통일만을 말하는 것이 아니고, 종교, 사상, 도덕은 물론이요, 그 외의 인간 생의 모든 국면, 즉 정치, 경제, 학문, 예술에 이르기까지 모든 국면에 있어서의 통일을 의미한다. 인류 역사상 희랍 문명의 발생이 가장 큰 경이 가운데 하나라면 기독교의 발생과 중세기에 있어서의 그 세계 통일은 또 하나의 경이라 하지 않을 수 없다. 이런 의미에서 중세는 다만 희랍 문명과 르네상스 사이에 끼인 인류 역사상의 무의미한 부분은 아니고, 그 자체로서 한 의미와 중요성을 보이고 있는 시대이다. 러셀은 본서에서 단적으로 유대교에서 기독교의 발생과 그 발전에로 들어가고 있다.

러셀은 말하기를 세계 통일 방법으로서 역사상에 나타난 두 가지 방법을 볼 수 있는데 하나는 힘에 의한 통일이요, 하나는 이념에 의한 통일이다. 전자는 로마 제국의 세계 통일에 있어서, 후자는 가톨릭교회의 신앙의 힘에 의한 세계 통일에 있어서 이를 볼 수 있다. 또한 러셀은 말하기를 오늘날 세계는 통일에로 움직여 간다고 할 수 있는데 그 방법은 이념에 의한 방법이 아니라, 순수한 힘에 의한 방법이라고 할 수 있다고 한다. 그러므로 오늘날에 있어서 가톨릭교회의 이념적 세계 통일의 내용을 이루는 성 아우구스티누스의 사상에 다시금 주의하여야 할 때가 왔다고 한다. 교권 확립에 필요한 교회 정치의 원조 성 암브로시우스, 수도원 제도를 낳았다고 할 수 있는 성 히에로니무스, 가톨릭교회의 신학을 확립하였다고 할 수 있는 성 아우구스티누스는 실제상 가톨릭교회를 확립시킨 대인물이라 할 수 있다. 첫 3세기 동안의 기독교의 대확장과 동시에 야기된 대혼란 끝에 이제 질서의 시대에 들어가려고 할 때에 이 인물들은 응당 나타나야 하였다. 이들은 가톨릭 통일의 초석을 이룬 인물들로서 중요성을 가진다.

다음 시기는 서로마 제국의 멸망과 야만인 침략이다. 이 시대는 서구라파에 있어서의 암흑시대를 이루며, 이 시대에도 교회는 계속 발전하여 침략하여 온 야만인들은 순차로 기독교화 되었고, 교권은 교황권의 확립과 아울러 성쇠를 거듭하면서 결국 확대의 길을 더듬을 수가 있었다. 이 암흑시대를 통하여 문화를 유지하여 다음 시대에 전달하는 역할을 한 것은 교회였고 더욱이 수도원을 통해서였다.

문화 전달자로서 아라비아 철학자들의 역할은 적지 않다. 더욱이 교회가 전하여 온 철학 사상은 주로 신플라톤학파와 아우구스티누스를 통하여 전해져 온 플라톤 철학이었으나, 이 아라비아 철학자들은 아리스토텔레스의 철학을 전해주어, 스콜라 철학의 후기 발전과 교권에서 해방된 자유로운 과학적 정신 활동의 단서를 열어준 점으로 중요성을 가진다. 본서에서 우리들은 이 아라비아 철학자들의 사회적·종교적 환경과 그들의 철학 및 사상 내용을 엿볼 수 있다.

11세기, 12세기, 13세기에 이르는 교황권의 지상권에 대한 승리의 시대는 반면에 러셀이 말하는바 가톨릭 통일의 붕괴의 싹이 트고 자라나는 시기라 할 수 있다. 교황권이 황제 내지 군주들과 싸울 때, 여러 자유 도식과 여러 자유사상은 이 싸움을 이용하여, 봉건제도를 타파하여 가고 민주세력을 형성하여 간다. 동시에 야만의 침입 시대는 이제는 700~800년 이전의 일이요, 각각 안정을 보아 각자의 전통과 단결력을 보이게 된 프랑스, 영국에서의 민족주의 사상의 대두는 중세기 질서에 대한 직접적 파괴 세력으로 등장하였다. 이 자유해방의 시기까지 인간 사상의 이교적인 내용과 정통과의 알력은 이 시기의 철학사의 주요 내용이 되고 있다.

이상에서 우리는 본서에서 중점을 두고 진술하는 내용 가운데 몇 가지를 들어서 본서에서 무엇을 읽을 수 있는가를 미리 보이고자 하여 보았다. 러셀의 철학사에 대한 가지가지의 비평이 많으나, 철학 사상을 그 정치적·사회적 환경과 관련시켜서 그 교호작용에 있어서 고찰하려는 것이 그의 의도였고, 또 이면에 있어서 우리들에게 상당한 만족을 주고 있다. 중세 철학사에 있어서 언제나 문제되는 것은 보편 개념의 문제를 둘러싼 유명론과 실재론의 논쟁이 얼마나 중심 무대에 오르는가 하는 것이다. 그러나 본서에서는 좀 부득이하게 읽는 독자도 그 문제의 논의를 완파할 정도로 국부적으로 또는 단편적으로 취급하고 있다. 철학 고유의 문제로서는 플라톤의 지식론에서 문제되었고, 아리스토텔레스에 있어서 이 문제가 더욱이 발전을 보게 된 이 보편 개념의 문제는 중세기에 있어서도 응당 중심 문제로 되지 않을 수 없으나, 사회 환경에서 나온 인간 사상과 또 그 사회 환경을 만드는 데 토대가 된 사상들을 중심으로 고찰하는 본서에서는 그 문제도 자연히 말단의 문제로써 또는 본래 철학사에서 가졌던 의미와 다른 의미에서 취급되고 있는 것을 본다.

3. 제3권

이 책은 그 부제목에서도 엿볼 수 있는 바와 같이, 인류의 정치적 환경 및 사회적 환경에 대한 철학적 분석이라고 할 수 있다. 바이런, 히틀러, 무솔리니 같은 사람은 보통 철학사에는 등장하지 않는 인물들이다. 그러나 이들은 2차 대전 직전까지 전 세계를 풍미하던 독일 나치즘, 이탈리아 파시즘 및 인류 사회에 있어서 언제나 발생할 가능성이 있는 낭만주의적 독재주의 철학의 대표자들로서 등장하는 것이다. 본서는 이 낭만적 독재주의의 역사적 근원을 해명하고 있다. 중세기의 질서를 깨뜨리고 개인의 자유를 확보한 인간의 고립화에서 결과하는 주관주의의 발달, 그리고 이로부터 등장하게 되는 정서에 대한 숭

배, 그리고 칼라일, 니체에서 보는 바 영웅 숭배, 이와 같은 경로로 역사상으로 어떻게 하여 낭만적 독재주의가 발달하여 왔는지 그 근원을 찾고 있다. 마키아벨리도 보통 철학사에서는 이 책에서와 같이 중요성을 가지지 못하는 것이다. 그러나 도시 국가 시대나, 이탈리아 문예부흥기에 있어서와 같은 통일된 이념이 없는, 정치적 혼란기에는 언제나 등장하게 되는 권력 쟁탈전과 힘의 정치에 대하여 철학적 근거를 주는 자로서 그 지위를 확보하고 있는 것이다.

가톨릭 질서로부터 해방되어 자유를 얻은 인류는 위에 말한 바와 같이 첫째는 주관주의, 낭만주의에로 빠져들어 갔다. 이것은 해방된 인간 정서가 자기에로 달릴 길을 달려가는 과정이요, 그 결과라고 하겠다. 그 종국을 우리는 니체와 히틀러에게서 본다. 가톨릭의 속박으로부터 해방된 인류는 둘째로 과학을 만들어냈다. 이것의 사회적 · 정치적 반영은 모든 전통에 대한 냉정한 비판과 타파이다. 이것은 프랑스의 혁명철학자들로부터 시작되며, 영국의 급진주의자들, 그리고 칼 마르크스에서 그리고 오늘날의 공산주의에서 그 발달을 볼 수 있다. 이것 역시 전통에서 자유를 찾은 인간 정신의 이성적 능력이 그 달릴 코스를 달려간 필연적 경로라 하겠고, 모든 전통에 대하여 철저한 파괴 세력으로 등장하고 있는 공산주의에서 그 종국적인 모습을 볼 수 있다. 전통과 자유의 극단적인 투쟁의 결과가 이상과 같거니와, 이 둘 사이에서 적당한 타협점을 찾으려는 철학의 대표로서 러셀은 로크를 들고 있다. 그리고 그 정치적 표현이 민주주의이다. 러셀은 이것을 국민의 기질에서 찾으려 하였다.

우리는 여기서 이 책에 나타나 있는 문제를 전부 열거하려는 것이 아니요, 또 열거할 장소도 못 된다. 다만 독자로 하여금 이 책에 어떠한 내용이 실리어 있으며 따라서 어떠한 기대를 가지고 대하여야 할까 하는 것을 알리려 하는 것이다. 요컨대 이 책이 지향하는 바는 철학과 그 환경과의 교호 작용을 고찰하려는 것이 그 하나이다.

우리는 이 책에서 철학이 전문적으로 문제 삼아 온 여러 문제에 대한 러셀 자신의 입장을 볼 수 있다. 러셀의 철학적 입장은 온전한 입장이라고는 할 수 없다. 중성적 단원론(Neutral Monism)의 입장을 취함으로써 그는 실체를 감각적 소여로 다 해소하여 버리고 만다. 또한 분석적 경험론이란 이름 밑에서 보편 개념도 역시 집합류(Class)란 것으로서 해소하여 버리고 만다. 따라서 그는 기회가 닥치는 대로 주어-술어 논리학의 비점(非點)을 지적하여 마지않는다. 경험론의 공동 운명인 인과율에 대한 문제를 그는 개연성이란 것을 도입함으로써 다소간에 발전을 주었다고 할 수 있으나 이 문제에 대한 완전 해결을 주지 못하였다는 것을 자인하고 있다. 그렇다고 하여서 선험철학이 어떤 해결을 준다고 보지도 않는다. 베르그송, 마르크스, 듀이 등에서 보는 철학의 동적(Dynamic)파에 대하여 러셀은 과감하게 정적 철학을 제창한다. 러셀은 이 문제 해결의 요점을 무한수의 문제에로 집중시키고 있다. 이 책에서 취급된 철학 고유의 문제를 여기서 다 열거하려는 것은 아니다. 역자는 다만 이 책이 이와 같은 철학 고유의 여러 문제를 취급하고 있으며, 또한 그 문제들의 해결의 한 방식을 여기서도 찾을 수 있다는 것을 지적하고자 하는 바이다.

이 책은 철학을 전문적으로 하고 있지 않은 사람도 대단히 흥미 있게 읽을 수 있는 책이다. 철학자 하나하나의 생애와 역사적 환경, 그리고 그 철학자가 제기한 문제에 대한 극히 편의한 설명과 비판, 이런 것들이 모두 추상적인 것을 싫어하는 사람에게라도 흥미 있게 읽을 수 있게 만들고 있다. 칸트의 직관의 형식의 비판에 있어서 번갯불과 뇌성의 실례 등 흥미를 가지고 그 난해한 부분을 생각할 수 있게 만들고 있다.

G. E. 무어 『에티카』 역자 서문

이 책은 무어(G. E. Moore)의 『에티카』(*Principia Ethica*, 1956, 제7판)를 번역한 것이다.

무어는 1873년에 영국에서 출생하였고 케임브리지 대학에서 정신철학과 논리학의 교수로 일생을 보내고 지금 퇴직 중에 있으며 신실재론의 지도 인물로 관념론의 열렬한 반대자이다. 그의 주요한 저서로 널리 알려진 것은 여기 번역된 『윤리학 원리』(1903)와 『철학적 연구』(*Philosophical Studies*, 1922)라는 논문집이요, 그 밖에 『윤리학』(*Ethics*, 1911) 『철학의 여러 주요 문제』(*Some Main Problems of Philosophy*, 1953)들이 있다.

20세기 시초부터 영국에는 관념론에 반대하는 사상 운동이 일어났다. 관념론자가 모든 것을 전부 정신에 환원하려 하는데 그 반대로 신실재론은 "모든 것은 있는 그대로 그것이요 다른 것이 아니다"고 주장한다.

무어에 의하면 윤리학은 행위의 실천적 규율을 가르치는 데 있지 않고, "어떠한 사물이 선하냐", "선하다 하는 것은 무엇이냐"는 물음에 대답하려는 것이다. 그리하여 윤리학의 직접 목적은 지식이지 실천이 아니다. 사람이 어떠한 경우에 처하여 어떻게 행하여야 할지를 가르치는 것은 신부의 권고 같은 것으로 결의론(casuistry)에 관한 문제이며 "선이 무엇이냐, 그 자체로 선한 것이 무엇이냐"를 연구하는 것이 윤리학의 주요 문제이다.

우리는 흔히 선이라 하면 인간의 행위에 관한, 또는 인간 본성에 관한 문제로만 생각하기 쉬우나 영어에서는 선하다는 말과 좋다는 말이 동일한 것으로 이 두 의미에서 내재적 가치를 가진 사물이 무엇이냐, 도대체 선행이 무엇이냐를 연구하는 것이 이 윤리학의 목적이다.

그의 사상은 치밀하고 분석이 세밀하여 원문으로도 따라가기가 어려운데 더구나 졸렬한 이 번역은 그 깊은 사상과 맑은 표현을 전하지 못하여 실로 부끄러우나 우리 학계에 한 도움이 될까 하는 정성으로 내어놓는 바이다.

2부

진리의 주변

남대문 역두의 독립만세
- 기미년 3·1운동의 증언

들은 대로, 본 대로, 기억이 날 것인가. 1919년 1월 22일 고종께서 돌아가셨다는 소식이 전해지자 여러 가지 소문이 꼬리를 물고 일어났다. 그의 돌아가신 원인이 무엇이며 그 날짜가 언제인가 하는 데 대한 의혹 때문이었다. 원인은 왜놈의 독살이었고 날짜는 발표한 것보다는 몇 날 전이었을 것이라는 것이 우리나라 사람들의 심증이었다. 이 부음이 발표되자 장안은 온통 슬픔에 잠기었다. 친어버이를 잃은 듯이 애절히 통곡하였다. 당시 우리 2천만 동포가 품은 망국의 원한은 고종에게 동정의 눈물로 화하였다. 왜적의 압력에 의하여 왕위에서 물러나시고, 경술년 망국의 비분을 설치(雪恥)하지 못한 채 종내 천명까지도 보전하시지 못하고 독살을 당하다니 웬 말인가! 그의 운명이 곧 우리 자신의 운명같이 느껴졌다. 누구나 입을 다물고 있었으나 왜적에 대한 적개심은 강렬하여지고 독립을 사모하는 마음은 더욱 간절하였다.

3·1운동 전야

고종이 돌아가신 덕수궁의 대한문 앞에는 거적자리가 펴 놓였고 오고가는 조문객이 줄을 지어 기다리고 있었다. 한 떼가 꿇어 엎디어 통곡하고 끝나면, 또 다른 한 떼가 엎드려 통곡하였다. 이 호곡하는 소리는 시청 앞 광장에 메아리쳐 하늘에까지 미치는 듯하였다. 그 근처를 지나가는 이는 같이 호곡하지 않을 수 없었으며 울음이 잠시도 끊일 사이가 없었다. 민족의 애달픔과 쓰라림이 이 울음을 통하여 이 넋두리를 통하여 자기 정화의 극에 이르렀다. 노인도 부복하여 애곡하고, 학생도 남자도, 아니 멀리 시골에서 흰 상립을 쓰고 온 선비님들도, 개화한 지식인들도 이 한자리에서, 이 울음의 도가니 속에서 한 동포로 순화되는 것이었다. 마음대로 울대로 울고 일어서면 후련하기도 하려니와 서로 알지 못하는 사이지만 서로 붙잡고 하소연하고 싶은 형제의 심정이었다.

너는 남이 아니다. 한 할아버지의 자손이다.

하는 같은 동포로서의 감정이 시선과 시선이 마주쳐 눈물이 서로 어림으로써 교감되는 것이었다. 고종의 상례가 40일간 걸리는 동안 지방 여러 곳에서 서울로 올라오는 이가 많아지고, 누구나 한 번 대한문 앞에서 애곡하고 나면 저절로 민족의식이 각성되어 민족의 단결을 절실히 다짐하게 되는 것이었다. 고종의 국상이야말로 국민으로 하여금 계급이나 지위의 차별 없이 민족감정의 일치를 볼 수 있는 계기를 마련하였던 것이다.

4년간이나 오래 끌어오던 제1차 세계대전이 몇 달 전에 휴전을 고하고

그 해(기미년) 5월에는 세계평화회의가 파리에서 열린다.

하는 소문이 우리 귓전에 이상한 반영과 희망을 일으키는 것이었다. 미국 대통령 윌슨이 제창한 14개 평화원칙 가운데 '민족자결'이라는 주장은 우리 민족에게 큰 충격을 주었을 뿐 아니라 우리의 가슴에 큰 희망을 불어 넣었던 것이다. 민족자결이란 것은 그 당시 강국들이 유럽 약소민족들의 문제 해결을 위하여 내세웠던 것이요, 이 원칙이 우리 아시아 민족들에게 적용될 아무 근거가 없었던 것이다. 그러나 그때 우리가 생각하기를 침략주의는 구시대의 유물이요, 이제 세계개조의 새 시대에서는 정의와 민족자결의 원칙이 어디서나 적용되어야 한다고 믿었던 것이다. 헝가리가 오스트리아에서 분리되어 독립될 것이라 하며, 체코슬로바키아가 신생하리라 하며, 폴란드가 재생하리라 하는 등등의 소문은 우리 가슴을 설레게 하였다. 4천 년의 유구한 역사를 가진 우리 대한이 당연히 국가적 주권을 회복하여야 할 것이요, 우리는 어서 독립운동을 일으켜야 한다는 것이 이때 학생층의 염원이었다. 학생들이 서로 모이면 세계정세에 대한 의견을 교환하는 것이었다. 그리고 미주에서는 누구가, 노령(露領)에서는 누구가, 우리 독립운동의 지도자라는 풍문이 떠돌았다. 그 인물들에 대하여 한 가지 행적을 아는 것이 있으면 서로 이야기함으로써 우리는 해외지사들에게 의지할 기둥을 찾은 듯이 내심으로 기뻐하고 사모하였다. 그 해 2월이 되자 쑤군쑤군하는 소문이 이상하였다. 동경에서 큰 일이 터졌다는 것이다. 2월 8일에 동경 유학생들이 조선인기독교청년회관에 모여 조선독립을 선언했다는 소식은 우리를 흥분케 하였다.

남강 선생의 심부름을 하고

왜정 하에서는 학생의 단체 결성을 일체 금지하였고 종교적 집회만이 허락되었던 것이다. 그때 나는 연희전문 문과 2년생이었다. 중학동창이요 연희동문인 계병호 군과 이경화 군과 함께 같은 하숙에 유숙하고 있었다. 그 하숙은 냉동(冷洞)에 있는 김춘수(金春洙)(?) 목사의 댁이었다. 이경화 군으로 말하면 33인의 1인인 이명룡 선생의 장남이다. 2월 어느 날인지는 기억이 나지 않는데 이 군은 자기 부친이 상경하셨으니 같이 찾아가 인사를 하자고 하였다. 이명룡 선생은 보신각 뒤 신행(信行)여관에 묵고 계셨다. 이 여관은 기독교 신자들이 흔히 투숙하는 곳이었다. 그 자리에서 이 군의 소개로 나는 처음 남강 이승훈 선생을 뵙게 되었다. 그 후 우리는 저녁이면 자주 그 여관을 찾아가 두 분에게 인사를 드리곤 하였다. 때로는 남강 선생이 이 군에게 심부름을 시키기도 하였다. 주로 편지를 전하는 심부름이었다. 이 군은 혼자 가기보다 항상 나와 동행을 원하였다. 그때 심부름 갔던 곳이 어디어디였는지 지금은 잘 기억이 나지 않는다. 그런데 그때 우리는 한 가지 소식을 얻어 들었다. 상해에 있는 우리 동포들이 파리평화회의에 우리 민족대표를 파송하였다는 것이다. 대표로 가신 이가 김규식(金奎植) 박사이었고 은사 선우혁(鮮于爀) 선생이 상해로부터 정주 고향에 몰래 들어와 남강 선생에게 이 소식을 연락하셨다는 것이다. 이에 남강 선생은 평양에서와 서울에서 기독교 각파를 총규합하여 천도교와 불교의 대표들과 상의하여 3월 1일 독립선언을 계획하고 계시다는 것이었다.

지휘 없는 시위 군중

국제정세로 보거나 국내의 항일 분위기로 보거나 독립운동의 시기는 도래하였다. 그때 연희전문은 신촌에 새로이 지은 치원관(致遠館)이었고 학생 수는 70명 미만이었다고 생각된다.

2월 28일 오후였다. 모든 학생은 대강당으로 모이라는 급작스런 통문이 있었다. 우리는 심상치 않은 사태를 예감하여 너나 할 것 없이 앞을 다투어 일시에 강당으로 모였다. 장내는 몹시 긴장되었다. 김원벽 군이 등단하여

> 내일(3월 1일) 파고다 공원에서 독립선언이 있을 것이다. 학생들은 모두 내일 오후 2시에 그곳에 집합하시오.

하는 학생 대표단의 결정을 공표하는 것이었다. 그리고 이 일은 극히 중대한 비밀이니 누설하지 말라고 신신당부하는 것이었다.

3월 1일 나와 이경화 군은 가슴 두근거리며 예정시간보다 일찍이 파고다 공원으로 갔다. 일기는 맑고 이른 봄치고는 따뜻하였다. 정각 좀 전에 파고다 공원에 이르러 보니 놀랍게도 전문학교, 중학교 학생들이 많이 모여드는 것이었다. 새까만 교복을 입은 학생들이 수없이 몰려들었다. 어느새 공원 안은 입추의 여지없이 학생으로 꽉 차 있었다. 일은 일어나는구나 생각하니 나는 온몸에 소름이 끼치며 긴장으로 가슴이 조여들었다.

공원을 메운 군중들은 웅성대기 시작했다. 긴장한 마음으로 무엇인가를 기다리는 그들 앞에 아무 일도 일어나지 않고 그럴 만한 사람

도 통 나타나지 않으니 초조한 마음은 모두 마찬가지였다. 나도 두리번거리며 학생 대표 김원벽 군을 찾았으나 그도 눈에 띄지 않았다. 내 짐작으로는 군중이 다 모이면 우선 민족대표들이 나와 독립을 선언하고 시위행진을 하든지 다른 중대한 행동이 있을 것으로 생각했는데 도무지 그런 낌새가 없으니 불안하기 짝이 없었다. 이러다가는 모처럼의 거사가 실패가 되지 않을까 하여 어린 마음에도 걱정이 되었다.

나는 이경화 군과 함께 태화관으로 달려갔다. 태화관에 민족대표들이 모여 있다는 풍문을 들었기 때문이었다. 그들은 무엇을 하고 있는 것일까. 왜 대중들 앞에 나서지 않는 것일까. 그들이 회의를 하고 있는 줄은 알았지만 이처럼 길어지리라고는 예상치 못하였다. 안타까운 마음으로 태화관에 이르러 보니 벌써 형사들이 태화관 입구를 에워싸고 출입을 금하고 있었다. 하는 수 없이 다시 파고다 공원으로 돌아오면서 나는 우리 학생들끼리라도 거사하는 수밖에 없다고 생각하였다.

그런데 우리가 공원 뒷문 안에 들어서니 군중 속에서 누군가가 선언서 낭독을 끝마친 참이었다. 그는 학생복을 입지 않고 있어 짐작에 학생 대표는 아닌 모양이었다. 낭독이 끝나자 누구의 선창으로인지 '대한독립만세' 소리가 군중들 속에서 일어났다. 연달아 '만세' '만세' 외치는 군중들의 소리는 포효로 변하였다. 공원은 일시에 흥분의 도가니로 화했다.

의기충천한 학생들은 누구의 신호도 지도도 없이 노한 파도와 같이 종로거리로 쏟아져 나갔다. 그리고 종로 1가 쪽으로 향하여 시위가 벌어졌다. 선언문 전단이 하늘에서 시위 군중을 향해 쏟아졌다.

지금 돌이켜 생각하면 그날 거사 진행은 상당한 차질이 있었던 것 같다. 사전에 치밀한 계획을 세웠다고 하더라도 그날 정세에 따라 변동되었을 것은 짐작할 수 있다. 태화관에 민족대표들이 모일 적부터 왜경이 냄새를 맡기 쉬운 일이며, 그렇게 되면 외부와 연락이 단절될 것이나 33인 말고도 누구 한 분이, 적어도 학생 대표 몇 명을 파고다 공원에서 대중을 지휘할 것을 미리 계획했어야 옳았을 것이다. 군중들이 웅성대며 갈 바를 못 찾을 때 누군가가 팔각정에 올라가 선언서를 낭독한 것은 사전 계획에는 없었던 즉흥적인 일이었던 것으로 알며 결국 학생의 시위행진이 도화선이 되어 거족적 시위운동이 일어났던 것이 사실이다.

그때 선언서를 낭독한 사람이 정재용(鄭在鎔) 씨인 것을 나는 후에서야 알았다. 1962년 3월 1일 중앙방송에서 나는 정 옹을 직접 만나 아래와 같은 이야기를 들었다.

칼부림 속의 데모대

그는 본시 해주 사람으로 당시 서울에 올라와 있었으며 종교단체 간의 연락을 맡고 있었는데 원산에 있는 전도사 곽명이 씨가 서울의 일을 보고 내려갈 때 곽 씨에게 선언서 백여 장을 전달할 임무를 맡고 서울역에 달려갔었다. 그때 정 옹은 이것이 매우 중요하고 필요한 것이라 생각하여 한 장을 주머니에 넣어 두었다. 그는 3월 1일 정오(?)에는 파고다 공원에 모이기로 결정된 것을 알았고 그 집회 상황을 보러 그곳에 가 있었다. 이윽고 1시쯤(?)에 정 옹은 예정에 있었던 것은 아니지만 자기가 가지고 있던 선언문을 낭독하였다는 것이다.

그 후 들은 바에 의하면 민족대표 33인이 다 잡혀 들어가면 제2대표진이 이를 계속하기로 계획이 돼 있었다고 한다. 그들이 왜 그날 파고다 공원에서 횃불을 들지 아니하였는지 확실히 알지 못한다. 그 이유를 나는 아직까지 확실히 알지 못한다. 나는 그날 파고다 공원에서 태극기를 본 일이 기억나지 않는다. 진정한 일꾼은 모두 역사의 망각 속에 숨겨져 버리는 것인가.

시위대는 거리거리를 달려 나갈수록 수가 늘어났다. 백의의 청년들이 앞을 다투어 대열에 가담했다. 인파는 광화문 네거리까지 꽉 메웠다. 우리 눈에는 왜놈 하나 보이지 않았다. 모두 만세꾼들뿐이다. 우리의 발걸음 앞에는 거칠 것이 없었다. "왜놈 물러가라"는 함성은 지축을 진동했다. 광화문 네거리에 이르러서 대열은 양분되었다. 한 대열은 경복궁으로 향했다. 그 후에 들은 말이지마는 그리로 가서 광화문 앞에서 만세를 부를 때에는 순사 한 사람이 순사 모자와 제복을 찢어 던지고 '조선독립만세'를 부르며 시위에 가담하여 대중에게 깊은 인상을 주었다는 것이다.

우리가 끼였던 다른 대열은 정동 외국 영사관으로 가자고 누군가가 외쳤다. 나는 듯이 대한문 앞을 지나 법원 골목을 돌아 미국 영사관 앞에 이르러 '조선독립만세' 를 부르며 미 영사를 만나자고 하니 곧 미국인 한 사람이 나왔다. 우리 중에서 누군가가 영어로

> 코리아는 독립을 선언하였으니 미국 정부에 이 소식을 전달하여 달라.

고 외쳤다. 미국인은 웃는 얼굴로 그리하겠다고 쾌히 대답했다. 그때 서울에는 외국 통신원이 상주하지 않았다.

기쁨에 찬 우리 대열은 서대문 네거리를 돌아서 프랑스 영사관에 다다랐다. 영사관의 문은 꽉 닫히었고 아무도 나와 보는 사람이 없었다. 실로 섭섭한 장면이었다. 다음은 왜성대(倭城臺)로 가자는 고함소리가 군중 속에서 들렸다. 대열이 방향을 바꾸니 선두에 섰던 우리는 뒤꼬리가 되었다. 서대문 거리를 지나, 지금의 소공동을 지나, 진고개 입구에 들어섰다. 시위 군중은 갈수록 수가 늘어났다. 짐작컨대 여러 갈래로 갈렸던 데모대가 다 이곳으로 합세한 것 같았다. 진고개 좁은 거리에는 수많은 군중이 꽉 들어차 입추의 여지도 없었다. 좌우편 상점의 왜놈들은 영문을 알지 못하는지 모두 나와 구경을 하고 있었다.

데모 대열이 지금의 세종호텔 근처에 도달했을 때 갑자기 두 명의 기병이 마상에서 검을 휘두르면서 데모대를 향하여 마구 내려치는 것이었다. 그 비좁은 거리에서 데모대는 좌우로 갈라졌다. 많은 사람이 왜놈의 상점으로 밀려들게 되니 유리 창문이 깨어졌다. 이 무자비한 칼부림 바람에 대열은 골목으로 흩어지지 않을 수 없었다. 이때는 오후 5시쯤이었다. 나는 지금의 퇴계로 쪽으로 빠져 나왔다. 이제는 힘도 지쳐 있었다. 회현동 골목으로 가서 배 한 개와 빵 한 개를 사 가지고 남산으로 올라갔다. 길가에서 왜놈들끼리 하는 말을 들으니 조선놈들이 만세를 외치니 대체 무슨 뜻이냐는 것이었다. 남산 지금의 음악당 근처에 앉아서 빵과 배를 먹고 쉬노라니 어느새 용산 쪽에서 남산으로 왜군대가 개미떼같이 기어오르는 것이 보였다. 나는 한숨을 돌리고 서서히 산을 내려와 다시 정동 골목에 이르렀다. 석양은 벌써 기울어져 땅거미가 지고 있었다. 정동교회 앞에서 나는 백상규 선생을 만났다. 그는 반가워하며 그 옆에 있는 양식당으로 나를 데리고 들어가서 우유 한 잔을 사주시는 것이었다.

> 우리 세대가 잘못하여 나라를 잃어버리고 오늘날 너희들이 고생하는구나.

하고 위로의 말을 해주셨다. 그 말씀에 피로가 풀리는 것 같았다.

독립선언문을 등사

3월 2일. 나는 아침 일찍 학교에 등교했다. 그 당시 나는 연희전문학교 2학년이었다. 벌써 상당수의 학생들이 나와 있었다. 우리들은 전날의 정보를 서로 교환하고 앞일을 의논하였다. 의외로 많은 학생이 경찰에 붙잡힌 모양이지만 우리 학교 학생은 누구누구 잡혔는지 확인할 수 없었다. 1일 밤부터 일경과 일헌병들은 총에 날창을 꽂아 들고 시내 요소요소를 경계하며 시위 용의자들을 마구 잡아들인 모양이었다. 우리는 이제부터 어떻게 운동을 전개할 것인가 의논이 분분하였다. 3월 3일은 인산(因山, 고종황제의 장례일)이요, 따라서 군중이 많이 모일 것이니 이날 다시 만세를 부르자고 주장하는 이도 있었다. 그러나 고종의 장의는 엄숙하게 지내는 게 마땅하여 이날만은 소요를 피해야 한다. 4일에는 지방에서 온 사람들이 서울 구경도 하고 선물도 사 가지고 5일에야 귀향할 것이니 5일 아침에 서울역에서 거사하여 독립운동을 지방에도 파급시키도록 하자고 하는 의견이 우세하였다.

그리하여 5일 아침에 서울역 광장에 모이도록 시내 각 학교의 대표들과 연락하도록 하였다. 이렇게 정하고 나서 생각하니 나는 시골 귀향객들에게 독립선언문을 주어 보내어야 되겠다는 생각이 떠올랐다. 그래서 박승렬(朴承烈) 군과 계병호 군과 함께 학교의 등사판과 종이를 싸 가지고 북아현동 산길로 냉동의 우리 하숙으로 와서 선언서를 등사하였다. 2일 밤 10시쯤에 정동 예배당 종각 밑에서 중학생 대표들이 모인다는 연락을 받아 나도 그리로 가려던 순간에 문득 고향 생각이 났다. 평북 여러 고을에서 기독교 대표들이 독립선언에 서명하였는데 철산에는 왜 인물이 없는가? 얼른 머리에 떠오르는 것이 유봉영(劉鳳榮) 씨였다. 나는 유봉영 씨에게 등사한 선언서 일부를 급히 봉투에 넣어 가지고 서대문 우편국 옆에 있는 우체통에 넣어 우송하였다. 그 후 유 씨는 이것을 일제의 그 무서운 감시하에서도 깊이 간직하였다가 해방 후 서대문에 있는 한국연구도서관에 기증하였다. 이것이 기미년 당시 독립운동의 진귀한 유품으로 남아 있는 사실은 나로서는 남모를 기쁨이 아닐 수 없다.

3월 3일 인산의 광경은 실로 엄숙하고도 살벌하였다. 물샐틈없게 늘어선 왜경의 무시무시한 경호 하에 고종의 영구가 서서히 지날 때에 연도에 도열한 군중들은 슬피 통곡하였다.

왜경 피하려고 학생복 벗고

3월 4일. 우리는 다시 학교에 모였다. 이번에는 다음 날인 5일 거사할 것에 대하여 좀 더 치밀한 의논을 하였다. 1일의 경험에 의하면 왜경이 주로 학생들을 체포하니 내일은 우리 학교 학생들은 교복을 입지 말고 한복을 입기로 하였다. 모든 학생들이 5일 아침 일찍 남대문과 서울역 사이에 집결하여 대기하고 있다가 두 학생 대표가 남대문 앞에서 태극기를 휘두르는 것을 신호로 하여 시위행렬을 벌이기로 결정하였다.

3월 5일 아침, 나는 아침을 든든히 먹고 서울역으로 향했다. 남대문을 나서서 보니 어느새 좌우편 보도에는 여러 학교 학생들이 가득 모여 있었다. 더욱이 교복 입은 중학생들이 무수히 모인 것을 보고 나는 가슴이 섬뜩했다. 오전 10시쯤 남대문에서 인력거 두 대가 나란히 나오는 것이 보였다. 나는 직감적으로 그들이 김원벽, 강기덕 두 대표라는 것을 알았다. 그들은 동시에 준비했던 태극기를 인력거 위에서 하늘 높이 치켜들었다. 그 기세가 장관이었다. 망국 후에 보지 못했던 국기가 청천에 높이 솟았을 때 우리는 미칠 지경이었다. 좌우 보도에서 기다리던 모든 학생들이 벌떼같이 차도로 밀려들면서 독립만세를 외치며 시위가 벌어졌다. 두 인력거군은 이미 달아나 버렸고 학생들이 이 두 인력거를 끌고 밀고 화살같이 서울역전 광장에 이르렀다. 거기서 김원벽 군이 짧은 격려의 연설을 하고 독립만세를 외쳤다. 우리들은 준비했던 삐라를 사방에 뿌렸다. 다시 남대문 안으로 시위를 계속하려고 세브란스 병원 앞으로 올라오니 이때에는 왜순사들이 칼로 학생들을 마구 내려쳐서 길 한복판에 유혈이 낭자하였다. 왜경들은 머리를 맞은 이, 팔 맞은 이, 이들을 구호하러 나온 간호원들까지도 마구 체포하는 판이었다. 혼란과 북새통에서도 우리는 남대문을 통과하였다. 김원벽 군이 인력거 위에서 하는 말이 어떻게 해서든지 남대문 안까지만 들어가자고 하였다. 그 차를 밀던 우리는 가까스로 문 안에 들어가는데 성공했다. 전차 길목 로터리를 건너려 할 때였다. 순사한 떼가 닥치더니 인력거 위의 김원벽 군과 일대 격투가 벌어졌다.

김 군은 태극기를 달았던 대나무로 검을 막아내는 것이었다. 그러나 중과부적으로 김 군은 검에 맞아 거꾸러지니 그놈들은 달려들어 그를 차에서 끌어내려 체포하였다. 그 틈에 나는 건너편으로 피신하여 한 고물상으로 들어갔다. 물 한 모금 얻어 마시고 한참 쉰 후 다시 거리로 나섰다. 한복을 입은 덕택에 거리로 나와도 일경의 눈을 피할 수 있었다. 거리에서 학생들이 몇 명만 몰려 있기만 해도 모조리 체포하는 것이었다. 조선은행을 돌아서니 얼굴에 칼 맞은 학생 하나가 피를 흘리며 왜경한테 붙잡혀 가는 것이 보였다. 치가 떨렸다. 대한문 모퉁이에 이르니 또 흰 옷을 입은 여학생 4, 5명이 마구 얻어맞으며 일경에게 붙잡혀 가고 있었다. 이날의 왜놈 경찰의 잔인한 소행은 필설로 다 형언할 수 없었다. 맹수요 독사이지 인간은 아니었다. 남녀 학생을 칼로 찌르고 총개머리로 때리고 마구 잡아가는 것은 인간의 정으로는 상상하기조차 어려울 정도로 극악했다. 그때 잡힌 학생들이 받은 악형은 얼마나 참혹하였던가! 왜놈은 잔인무도한 귀축(鬼畜)이었다. 3월 5일 학생데모 이후로는 상점들이 모두 문을 닫고 거리가 살벌한 가운데 어디를 가나 무시무시하였다. 학교는 물론 폐쇄되었다. 학생들은 어디서나 모일 수 없었다.

만주에 피신

그날 밤 하숙에 돌아온 우리는 안심이 되지 않았다. 이제는 많은 주모자들이 체포되었고 연락이 다 끊어졌다.

우리 하숙에는 시골 학생이 여러 명 있었는데 모두 연희전문 학생들이었다. 일경이 가만둘 리가 없었다. 그날 밤 2시경 아니나 다를까 왜경이 담을 넘어 들어와 수색하려고 달려들었다. 무슨 냄새를 맡았는지 "삐라를 내놓으라, 등사판을 내놓으라."고 마구 위협하는 것이었다. 그러나 이미 땅속에 묻어 놓았으니 나올 리가 없었다. 낮에는 조선인 형사를 붙여 놓았다. 그들은 아침에 한 번, 저녁에 한 번씩 이리저리 집을 수색하는 것이었다. 자기도 조선 사람인데 팔이 안으로 굽히지, 밖으로 굽히겠냐고 사뭇 우리를 회유하려 하면서 어떤 단서를 잡으려 애쓰는 것이었다. 이런 가택수색은 거의 매일 밤 계속되었다. 하숙집 마나님도 우리들에게 잠시 고향에 가서 피했다 오라고 권고하였다.

나날이 친구들은 헤어졌고 정세는 점점 더 위험하였다. 그리하여 13일 나는 고향으로 갔다가 18일에 압록강을 건너 만주로 갔다.

3월 1일의 만세운동은 이후 삼천리 방방곡곡에 퍼져 나갔고 어디서나 학생들이 선봉이요 전위부대였다. 회고하건대 이때부터 한국 사회에는 한 잠재세력으로 '학생층'이 출현한 것이다. 합병 전후에는 의병이 봉기하여 무력으로 직접 항쟁했지만 학생층은 적수공권으로 적에 항거하되 무기로는 사상이요 이념이다. 학생을 움직이게 한 것은 공허한 관념이 아니라, 절실한 현실에 근거한 사회적 요구가 신념이 되어 그들의 정열적인 행동으로 나타나는 것이었다. 그 때 학생들의 사상은 어떠하였던가. 그들은 민족의 독립을 목표로 삼았고 독립한 후에 왕조를 재건하겠다는 생각은 갖지 않았던 것이다. 학생층에는 벌써 민주주의 사상이 널리 퍼져서 새로운 나라, 자유로운 나라, 만민

평등의 나라를 꿈꾸었다. "사람 위에 사람 없고 사람 아래 사람 없다" 고 하는 인류 평등의 대의와 정의의 사상이었다. 이 민주주의 사상을 기반으로 하여 그해 4월에 상해에서 '대한민국'이라는 공화국이 수립되고 임시정부가 조직되었던 것이다. 언제나 학생은 빵만 먹고 사는 것이 아니라 이념을 먹고 사는 존재이다.

정의의 이념이 그들의 가슴을 불태울 때에는 그들 앞에서는 제국주의의 강압도 독재자의 무력도 부서지고야 마는 것이다.

3·1운동 이래로 한국의 학생 세력의 동향이 사회적 진로에 있어서 선구적 임무를 다하여 왔던 것이다.

『신동아』 1969년 3월호

내가 겪은 교수단 데모

4·19가 어느덧 열여덟 돌이 되었다. 이 글을 쓰기 전에 먼저 수유리 4·19 묘지에 잠든 영령들에게 머리 숙여 명복을 기원하는 바이다.

제목의 내용대로 나의 체험담을 적어보자니 착잡한 감격만이 되살아 오를 뿐 생각을 정리할 수가 없다. 희미한 기억을 더듬어 보자니 당시의 생생한 정열은 스러지고 차디찬 관념만이 앙상하게 남아 있다. 그것도 어디까지나 나 개인의 회고록에 지나지 않을 것이다.

오늘에 와서 왜 수유리 묘지에 200여 명의 영령이 묻히게 되었는가 하고 다시 한 번 자문해 본다. 그것은 두말할 것도 없이 3·15 부정선거에 항거하여 정의와 자유를 절규하던 20세 안팎의 젊은 학도들이 의를 위해 싸우다 죽은 것이다. 이승만 정권 시대의 독재와 탄압에 억눌렸던 불만과 의분이 젊은 학도들로 하여금 교문을 뛰쳐나와 거리에서 민주화를 부르짖으며 피를 흘리게 했던 것이다. 그날 시위행렬에 나섰던 젊은 꽃송이들의 정열은 그중 한 학생이 남긴 다음과 같은 유일한 유서에서 더듬어볼 수 있다. 이 유서는 14세 난 한성여중 2학년생이었던 진영숙 양이 총탄에 맞아 희생되기 4시간 전에 자기 어머니에게 써놓은 것이었다.

시간이 없는 관계로 어머님 뵙지 못하고 떠납니다. 끝까지 부정선거 데모로 싸우겠습니다. 지금 저의 모든 친구들, 그리고 대한민국 모든 학생들은 우리나라 민주주의를 위하여 피를 흘립니다. 어머님, 데모에 나간 저를 책하지 마시옵소서. 우리들이 아니면 누가 데모를 하겠습니까. 저는 아직 철없는 줄 압니다. 그러나 국가와 민족을 위하는 길이 어떻다는 것을 알고 있습니다. 저의 모든 학우들은 죽음을 각오하고 나간 것입니다. 저는 생명을 바쳐 싸우려고 합니다. 데모하다 죽어도 원이 없습니다. 어머님, 저를 사랑하시는 마음으로 무척 비통하게 생각하시겠지마는 온 겨레의 앞날과 민족의 해방을 위하여 기뻐해 주세요. 이미 저의 마음은 거리로 나가 있습니다. 너무도 조급하여 손이 잘 놀려지지 않는군요. 부디 몸 건강히 계세요. 거듭 말씀드리지만 저의 목숨은 이미 바치려고 결심하였습니다. 시간이 없는 관계상 이만 그치겠습니다.(『동아일보』 1975년 6월 2일 석간)

이 글에서 우리는 그날의 데모가 무슨 뜻을 가졌는지 짐작할 수가 있다. 국가와 민족을 위하였음이요, 죽음을 각오하고 나선 젊은이들의 의분과 기개였던 것이다.

이러한 국민의 정당한 요구에 대하여 당시 경찰은 잔혹하게도 학생들에게 무차별 사격했다. 그때 당시의 잔혹한 경찰들의 발포의 참상이 한 어린이의 눈에 어떻게 비쳤던가를 다음 시에서 역력히 읽을 수 있다.

아……슬퍼요
아침 하늘이 밝아오면은
달음박질 소리가 들려옵니다.
저녁 노을이 사라질 때면
탕탕탕탕 총소리가 들려옵니다.
아침 하늘과 저녁 노을을
오빠와 언니들은
피로 물들였어요.

오빠 언니들은
책가방을 안고서
왜 총에 맞았나요
도둑질을 했나요
강도질을 했나요
무슨 나쁜 짓을 했기에
점심도 안 먹고
저녁도 안 먹고
말없이 쓰러졌나요
자꾸만 자꾸만 눈물이 납니다.
(수송국민학교 강명희 양의 글, 『조선일보』 1960년 4월 23일 석간)

4·19 사태의 전말은 여러 신문에 보도되어 잘 알려져 있는 일이다. 여기서는 편집자의 청탁대로 나의 경험담을 말해 보고자 한다. 3

월 15일에 참혹한 죽음을 당한 김주열 군의 이야기가 4월 11일 신문에 보도되자 세상은 '이처럼 악독한 일이 있을 수 있으랴' 하며 누구나 분개함을 금치 못하였다. 누가 최루탄을 가졌었으며 누가 김주열 군의 눈에 그 최루탄을 박아 그를 죽었을까, 또 누가 죽은 사람을 매장하지 않고 바닷물에 내어버렸을까? 이것은 자유당의 충견인 경찰의 만행인 것은 불문가지다. 이런 비인도적인 악행에 항거할 사태가 일어날 줄은 누구도 예측하지 못하였다.

민주역적 몰아내자

그런데 18일 저녁에 고려대학생 3천 명은 '민주역적 몰아내자'는 깃발을 높이 들고 국회의사당 앞까지 평화적인 시위행진을 감행했던 것이다. 그들의 시위가 지나가는 연도에서는 무수한 일반 민중이 기다렸다는 듯이 그들에 호응하여 독재자의 타도를 함께 높이 부르짖었던 것이다. 그러나 이 고려대학생들의 평화 데모가 자기 학교로 돌아가는 도중 동대문 못 미쳐서 매복했던 정치깡패들의 불의의 습격을 받았다. 100여 명의 폭력배들이 불시에 뛰어나와 쇠갈고리와 곡괭이와 쇠사슬들로 학생들을 무자비하게 때려눕혔다. 많은 학생들이 중상을 당하여 길 위에 쓰러졌고 선혈은 대로를 물들였다.

이 무법의 만행에 격분한 서울 시내 대학생과 중 · 고등학생들은 대규모의 데모를 계획하여 4·19의 역사를 이루었던 것이다.

19일에는 나의 강의가 없는 날이었지만 나는 마음이 불안하여 집에 있을 수 없어서 일찍 학교에 나갔다. 좀 웅성거리는 학생들의 분위기가 이상한 것 같더니 12시에 대강당 앞으로 모두 집합하라는 게 아닌가. 누군가의 외침에 따라 연세대학생들은 바로 시위행진하며 시내로 돌진하는 것이었다. 나도 부지불식간에 그 대열에 끼어들었으나 내 걸음으로는 도저히 뒤따를 수 없었다. 부득이 도중에 차를 집어타고 서소문에 이르러서 다시 대열에 끼이게 되었다. 이어 시청 앞에 다다르니 벌써 광장에는 시위하는 군중으로 인산인해를 이루고 있었다. 국회의사당 앞으로 나가려 했으나 거기에는 벌써 연좌데모하는 학생들로 꽉 차 있었다. 남대문 쪽을 바라보니 중앙대학생 데모대가 용진해오고 있었고 동으로는 동국대학생의 시위행렬이 물밀듯 닥쳐오고 있었다.

공명선거…….

이승만 물러가라.

고 외치는 소리가 천지를 진동하였다. 연세대의 대열에는 많은 교수들이 섞여 있었지마는 누구도 지휘할 엄두는 내지 못하였다. 서로 뒤섞인 데모 대열들은 여러 거리와 각 골목으로 치달아갔다. 나로서는 그 대열을 따라 잡을 수 없었다. 즉각적으로 생각나는 것은 그 시위행렬의 목적이 경무대 앞일 것 같았다. 그래서 나는 파고다 공원 앞까지 갔다가 방향을 되돌려 광화문 네거리로 돌아왔다. 여기서 동료 세 분과 같이 경무대로 향하였다. 그런데 우리들보다 앞선 제1진의 서울대학생들과 다른 데모 대원들이 벌써 경무대 앞으로 돌진하려다가 포악한 경찰의 총격에 맞아 무참히 쓰러진 뒤였다. 우리 네 사람은 그런 것도 모르고 중앙청을 향하여 무기고 앞으로(지금의 종합청사 앞) 지나려 하니 불시에 총알이 담을 뚫고 우리 머리 위로 스치는 것이 아닌가. 우리는 땅에 엎드려 가로수를 등지고 경찰이 난사하는 총탄을 피하였다.

그때 바로 생각나는 것은 연세대의 데모대가 안국동에서 내려올 것이라 짐작되어 그 행진을 저지시켜야 하겠다는 것이었다. 우리가 막 길을 건너 중앙청 앞에서 그 행진을 멈추어 달라고 애걸하는 찰나 무기고 안에 있던 미친 경찰들은 쉴 새 없이 연방 발포하는 것이었다. 그들은 20여 분간 총탄을 퍼부었다. 다행히 연세대의 데모대는 전 경기도청 모퉁이로 피할 수 있어서 큰 부상자는 내지 않았다. 그러나 벌써 다른 곳에서는 총탄을 맞은 부상자들을 어깨에 메고 달리는 광경이 보였다. 흰 가운을 입은 의과대학생들이 경찰의 총탄에 쓰러진 학우들을 병원으로 나르느라고 애쓰는 모습들도 보였다.

그날 3시부터 계엄령이 선포되어 각 학교에는 휴교 명령이 내려졌다. 20일 각 병원에 입원된 학생들의 소식이 전달되어 왔다. 나는 우울한 마음을 금할 수 없었다. 독재자로부터 자유와 민권을 회복하려고 학생들은 자기의 피와 생명을 희생하였구나 하고 생각하면 할수록 나는 선생이라는 자신이 부끄러웠다.

너는 무엇을 하고 있느냐

이날 11시경 서울역 앞에 있던 세브란스 병원에 입원한 학생들을 찾아가 보니 인간으로서 차마 보지 못할 가련한 정경이었다. 집으로 돌아오는 길에 우울한 기분으로 혼자 생각하니 부상하여 신음하는 학생들의 모습이 눈앞에 어리면서 '너는 무엇을 하고 있느냐' 하는 소리

없는 양심의 소리가 나를 괴롭혔다.

계엄령이 선포된 뒤 종일 학교에도 못 나가고 집에 박혀 있던 교수들은 누구나 우울하고 뒤숭숭해서 견딜 수 없는 심정들이었다. 이런 상황에서 교수들로서 가만히 앉아만 있을 수 없다는 생각들을 제각기 품고 있었다. 앞으로는 교수들은 어떻게 하여야 할까 함이 그들 모두의 생각이었을 것이다.

21일 나는 고려대학교 이상은 교수한테서 연락이 왔다는 말을 전해 들었다. 21일 오후 서울대학 교수회관에서 몇이 모여 대책을 의논하자는 전언이었다. 그날 거기 나왔던 이는 다섯 사람이었다. 그러나 의견이 통일되지 않았다. 교수들이 각 학교마다 따로 성명하느니, 또는 교수들의 공동명의로 성명을 발표하자느니, 아직 좀 더 정세를 신중히 관망하자느니 의론이 통일되지 아니하였다. 그래서 우리는 곧 헤어지기로 하고 거기서 서로 작별할 때에 나는 이종우 씨와 이상은 씨에게 다시 만나 의논하기를 청하였다. 이튿날 전화 연락에 따라 우리 세 사람은 어떤 다방에서 만났으나 분위기가 의심스러워 계동 어떤 조용한 집으로 가서 점심을 지어 먹으면서 오랫동안 토의하였다.

이 대통령이 병원으로 찾아다니며 부상한 학생들을 어루만지는 수작이 자기가 물러날 생각이 없는 거라고 우리는 판단하였고, 자유당이 되살아나게 되면 학원에 큰 보복이 올 것이라고 보았으며, 지금 모든 정세가 유리한데 국민이 한 번 더 궐기하기 위해서는 우리 교수들이 먼저 어떤 행동을 취하여서 열이 식기 전에 독재정권 타도의 목표까지 이끌어 가야겠다는 것이 우리들 토의의 결론이었다.

24일 밤 이종우 교수 댁에 고려대학 교수 몇 분과 성균관대학 교수

몇 분들이 합석하여 25일 교수들의 궐기대회를 열기로 의견이 합치되었다.

> 대학 교수들의 대회를 속히 가지자는 것과 성명서를 발표하자는 것까지는 쉽게 의견의 일치를 보았다. 그리고 회의 장소와 시일까지도 쉽게 결정되었다. 장소는 최재희 씨에게 부탁하여 서울대학 교수회관을 빌리기로 하고, 시일은 급하지만 내일(25일) 오후 3시로 정하였다. 그것은 이 모임 자체가 시급을 요하는 성질의 것일 뿐 아니라, 내일은 국립대학 봉급일이기 때문에 연락이 편하고 출석인수를 많이 확보할 가능성이 있다 해서 그렇게 결정한 것이다. 그리고 각 학교 연락 책임은 오늘 모인 사람이 각각 분담하였다.

라고 이상은 교수는 그의 회고담에서 그때의 상황을 기록하고 있다. 그 회의에서 논의된 문제는 많았다. 대회의 명칭, 즉 성명서 발표 명의와 성명서의 내용과 집회허가 신청 여부의 문제들이었다. 특히 성명서 내용에 대하여는 여러 가지 의견이 백출하였는데 이상은 교수는 그 토론된 여러 의견들을 종합 정리하고 한 조목 한 조목씩 적어 두었던 것이다.

25일 아침, 나는 권오돈 교수와 함께 학교에 올라가니 벌써 고려대학 이상은 교수가 와서 기다리는 것이 아닌가. 그날 오후 3시 교수회관에 각 대학 교수들이 모이기로 연락이 되었다는 것과 자기가 기초한 성명서 초안을 내주며 그동안 몇 대학 교수들과 만나 모의한 경과를 대략 말씀하였다. 그리고 나는 그날 서울대학 교수회관에서 열릴 교수궐기대회의 의장을 맡아달라는 부탁을 받았다.

나는 그날의 교수궐기대회를 성공적으로 이끌 계획이 절실히 필요하다고 생각하였다. 첫째로 많은 교수들의 서명을 받는 것이 단결을 표시하는 큰 힘이 될 것이며, 둘째로는 회의 전에 여러 사람이 볼 수 있도록 선언의 초안을 두 벌 더 베껴 두는 것이 급선무라고 생각하였다. 지금 생각하면 이것은 매우 무모한 짓이었다. 다행히 이 비밀이 사전에 누설되지 아니한 것은 참으로 천우신조였다고 할 것이다.

그러나 한편 성명서를 발표하기 전부터 나는 교수들이 그날 모여서 신문에 성명서나 발표한다고 하여서 이승만 대통령이 물러갈 것 같지 않았고 오직 교수들도 학생들같이 데모를 하여야 일단 민중의 호응을 불러일으킬 것으로 믿었다.

교수들이 피를 흘려서라도 데모를 하자

2시 반쯤 교수회관에 이르니 삼삼오오 교수들이 모여들었다. 장소가 미리 회의장으로 정돈되지 아니하여서 발기자 몇 분은 매우 긴장하고 초조하였다. 몇 사람이 나올까 근심하였더니 회의가 시작될 즈음에는 200여 명이 모인 것 같았다. 이들에게 모이는 취지를 일일이 말하기 어려워서 베껴두었던 선언문 초안 2부를 두 탁자 위에 내어놓고 읽게 하였더니 어느 두 신문사 기자들이 자기 본사에 전화로 통보하려고 그 선언문 초고들을 집어가 버렸다.

시간이 되어 이종우 교수가 개회사로,

오늘 이 모임은 누가 소집한 것도 아니요, 학생들이 피 흘린 것을 본 여러분의 마음과 마음이 서로 통하여 이렇게 모인 줄로 압니다.

라고 말씀하면서, 4·19 사태에 대한 대책과 불법에 저항하는 규탄 행동을 취할 필요성을 강조하였다.

나는 임시의장으로 뽑혀서 사회를 보게 되었는데, 결의문을 채택하려고 그 선언 초안을 찾으니 신문기자들이 집어간 초안은 다시 찾아볼 길 없었다. 내가 모인 사람들에게 결의문 초안을 내놓으라고 청하였더니, 조윤제 교수는 우리가 아무 결의도 하지 않았는데 무슨 결의문 초안이냐고 반박하는 것이었다. 다행히 이상은 교수가 전날 밤 선언문 기초를 연필로 적었던 최초의 초안을 내놓았으므로 회의 진행을 계속하게 되었다. 그 초안을 낭독한 후 교수들은 '시국선언문'의 기초위원을 뽑았다. 이종우·이정규·이희승·조윤제·한태수·이종극·김영달·김증한·정석해 등 9명이 기초위원이 되어서 '시국선언문'을 작성하기 위한 임시정회를 하게 되었다.

9명의 기초위원들이 '시국선언문'을 작성하려고 하는 찰나에 연세대에서 베껴 두었던 다른 초안이 도작하였으므로 그것을 원안으로 삼아 문구 수정을 시작하였다.

그 원안에 '이번 4·19 거사'라는 문구를 이희승 교수가 '이번 4·19 의거'로 정정하는 동안에 조윤제 교수가 이 선언문을 발표하고는 무엇을 할 것인가 물었다. 그래서 나는 학생이 한 것과 같이 우리 교수들도 데모를 하자고 제의하면서 김영달 교수로 하여금 이 선언문 결의가 회의에서 채택되는 대로 즉시 데모하기를 긴급 동의하도록 약속해 두었다. 성급한 조윤제 교수는 초안을 자기가 읽어 내려가면서 제

4조 원문에는 '현 정부와 집권당'이라고 되어 있는 문구를 '대통령을 위시하여 국회의원 및 대법관 등'으로 수정하였다.

기초위원들은 시간이 오래면 회의의 긴장이 풀릴까 염려하여 10분 이내로 다시 본 회의를 계속하여 결의문을 채택하기를 바랐다. 그러나 결의문 내용을 질의하게 되자 이론(異論)이 백출하였다. 그중 가장 문제된 것은,

> 학생들이 먼저 피를 흘렸으니 우리 교수들이 자책하고 반성하는 구절이 꼭 삽입되어야 한다.

는 발언이었다. 그러나 우리 교수들은 반성하고 자책한다는 사실을 행동으로 표시해야 옳다는 반론이 더 우세하여 원안대로 시국선언문이 전원의 찬동에 의해 채택되었다. 그 즉시 동국대학교의 김영달 교수는,

> "의장! 긴급동의요!" 하며 발언권을 얻어 가지고,
> "폐회하는 대로 우리들도 데모를 합시다!"

고 외쳤다. 의장인 나는 이 긴급동의를 받아들여서,

> 우리 교수들이 피를 흘려서라도 데모를 하자!

고 제의에 설명을 덧붙였다. 그러자 어느 교수가

긴급 동의한 교수의 데모 제의는 평화적인 것으로 아는데 의장은 왜 피를 흘려서라도 데모를 하자고 제의에 주석을 다느냐.

라고 꼬집었다. 나는 곧 사회할 줄 모르는 나의 실책이라고 사과를 하였더니, 모든 교수들은 폭소를 하게 되었다. 이것이 오히려 회중의 분위기를 부드럽게 하였고, 데모 동의가 순순히 가결되었다. 이상은 교수는 이 교수단의 데모를 성공시키기 위하여 전원의 일치 행동을 거듭거듭 강조하였다. (지금 이 글을 쓰고 있자니, 이종우 선생도 가시고 조윤제 선생도 가시고 이상은 선생까지 타계하셔서 새삼 인생의 허무함을 느끼게 한다.)

조국의 자유를 위하여

이리하여 우리는 데모 행렬에 필요한 플래카드와 국기를 부랴부랴 마련하였다.

각 대학 교수단, 학생의 피에 보답하라.

는 문구를 임창순 교수가 플래카드에 쓰고 백발의 변희용 교수와 권오돈 교수가 그것을 들고 선두에 섰었고, 그 외 네 교수는 그 뒤에서 태극기를 들었으며, 다음에는 모든 교수들이 대열을 정제하게 하여 거리에 나서니 때는 그날(25일) 하오 5시 45분이었다. 우리 교수단의 시위행렬이 종로 5가에서 화신 앞으로 진행하는 동안 거리거리에서 학생들이 모여들어 양편에서 우리 대열을 호위하였고 모든 차량은 길

가로 멈추어 섰고 승객들은 만세로써 우리에게 호응하였다.

교수단은 '대한민국 만세'를 부르고 '이 대통령 하야하라'는 구호를 외치면서 화신 앞을 돌아 을지로 네거리를 돌아서 국회의사당까지 행진하였다. 거기까지 이르는 동안 시민들은 우리의 대열에 합세하려고 애를 썼는데 학생들이 이런 군중들의 합세를 막아내는 데 진력하였다. 왜냐하면 교수 데모는 계엄령 하에서 감행하는 것으로, 이 행렬이 평화롭고 질서 있는 시위가 되어야만 했기 때문이다. 교수들은 의사당 앞에 다다라 '시국선언문'을 다시 한 번 낭독하고 대한민국 만세 삼창을 외친 다음 해산하였다. 그 순간 시청 앞쪽에서 계엄사령부의 선무반 마이크 소리가 들려왔다. 군중들의 합세를 막아내기 위하여 학생들이 교수를 둘러싸고 스크럼을 짜고 있었기에 시국선언문은 군중의 귀에는 들리지 않았다.

이렇게 하여 대학교수단의 데모가 해산될 때는 오후 7시경일 터인데 벌써 땅거미가 덮여 희미한 중에 국회의사당 앞에서 중앙청 앞으로 가는 거리에는 군중이 모여들기 시작하였다. 벌써 군대도 출동하였고 탱크도 나타나 삼엄한 기운이 돌았다. 그러나 한 학생이 가슴을 내어놓고 길 한복판에서 탱크의 포문을 향하여, '쏴라!'고 고함을 지르면서 내달으니 군중은 다시 기세를 올리는 것이었다. 특히 학생들은 군인에게,

> 아저씨여 ! 형님이여 ! 당신들은 우리와 다 같은 국민인데 총을 쏠 수 있겠습니까?

하고 외치기도 하고 또한 일부에서는 '국군 만세' 하고 소리쳐 대기도 했다.

시간이 흐를수록 데모대 군중은 밀물처럼 불어났고, 경비군들도 점점 더 데모대를 억제하기에는 수로 보나 그 기세로 보나 힘에 겨워졌다. 이 경비를 위하여 일선에서 갓 나온 군인들의 눈에도 '조국의 자유'를 얻기 위하여 그렇게도 울부짖으면서 싸우는 어린 데모대의 정열은 눈물 없이 볼 수 없는 광경이었다. 어떤 한 사병은

우리도 눈물 납니다.

하고 표현할 길 없는 조국애에 엉엉 울었다. 몇 명의 데모대와 경비군들은 서로 부여잡고 울었다고도 한다.

이같이 참을 수 없는 울분이 분화구를 찾은 듯이 그날 25일 밤 데모대의 행렬은 광화문 네거리에서 서대문 쪽으로 물결처럼 끊임없이 계속되었다. 데모는 26일 아침에도 그칠 줄 몰랐다. 군중의 흥분이 자꾸만 높아가는 때, 오전 11시에 이 대통령이

만일 국민이 원한다면 대통령을 사임하겠다.

는 요지의 특별담화를 발표하였다. 그 소식이 전해지자마자 국민들은 모두 민권의 승리에 도취하여 정신없이 만세를 외쳤다.

4월 26일 드디어 12년간의 독재정권은 무너지고 민주주권이 회복되었다.

연전에 미국 어느 대학에서 4·19 혁명을 주제로 하여 학위논문을 준비하는 이가 고국에 돌아와서 그때 4·19에 참여했던 교수들을 일일이 방문하면서 당시의 주동자가 누구였느냐고 물었더니 교수들이 하나같이 자기가 주동자라고 말하더라면서 나에게 사실상의 주동자는 어느 교수였느냐고 물었다.

여러 교수들의 대답과 마찬가지로 그들 모두가 각자 주동자였다.

고 나는 대답하였다. 이어서

4·19 운동에 참여했던 교수들은 자기가 해야 할 일에 모두들 주체라는 의식을 갖고 임했던 까닭.

이라고 나는 그 이유를 설명해 주었다. 아니, 교수뿐이랴. 4·19 데모에 나섰던 학생이나 일반 시민이나 모두가 민주주의를 회복하는 데 있어서는 주체가 되어 참여했던 것이다.

현 헌법 전문에

우리 대한민국은 3·1 운동의 숭고한 독립정신과 4·19 의거 및 5·16 혁명의 이념을 계승한다.

고 하였다. 생각건대 4·19 당시 학생들의 나이가 지금 30세에서 40세일 것이니 민주공화국의 건설에 있어서 모든 영역에서 활약하고 있을 줄로 안다.

바라건대 4·19 정신이여, 자유의 꽃을 피우고 민주의 열매를 맺을 지어다!

『대화』 1977년 4월호

학원 '감방'화의 망상

- 학원보호법안은 철회되어야 한다

학원보호법안이 지난 8월 3일 여당에 의하여 국회에 제안되었으나 야당의 강력한 저지를 당하여 제안 설명조차 하지 못하고 심의에 들어가지 못한 채 폐회되어, 이 법안이 장차 어떻게 귀결될지 염려되는 시점에서 그 법안의 부당성과 불필요성을 지적하려 한다.

학원도 사회의 일부인 만큼 인간의 윤리를 기초로 하고 있다. 모든 사람이 나면서부터 가지고 있는 인격의 존엄성과 양심의 자유, 사상의 자유 등 이러한 기반 위에 세운 사회가 곧 학원이다. 여태껏 전통으로 지켜오던 모든 행위 규범이나 신념에 대해서까지도 어디까지나 그 존재 이유를 찾으려는 사상의 자유는 학원의 절대적 생명이다. 이 사상의 자유 없이는 학원이 학원 아니요, 종교 단체화되는 것이며 이것 없이는 학원이 진리의 터전이 될 수 없다.

진리는 자유의 분위기 속에서만 발전되고 자라난다. 거짓 없는 충실한 인물에게서 발견되는 것이다. 자유는 인간이 양여할 수 없는 천부의 권리라는 것은 너무도 평범한 진리요, 오늘날 자유세계에 살면서 이 기본적인 자유를 부르짖게 됨이 한국의 기막힐 딱한 사정이다. 유엔에 가입되지 못하여 몸부림치면서 유엔헌장의 정신은 왜 체득하지 못하는가. 그 헌장에 사람은 누구나 자유롭게 자신의 의견을 가지고 이를 발표할 권리를 가진다.

고 하지 않았느냐. 국회의원이 의정 단상에서 의사 발표의 자유를 가지듯이, 학자도 학원 안에서 사상의 자유, 연구의 자유가 확보되어야 한다.

중세 유럽의 대학이 종교적 압박에서 벗어나 자유로운 사상과 진리를 탐구하기 위하여 스승과 제자가 조용한 곳에서 함께 숙식하며 공동생활을 한다는 것이 서양 말의 '유니버시타스' 곧 대학이었다. 그때에는 나무토막 같은 책상 하나를 사이에 놓고 사제가 서로 학문을 토의하는 곳이었다. 그러다가 외부의 압력이 있을 때에는 그곳에서 철거하여 그 세력이 미치지 않는 곳으로 옮겨버렸다. 그러나 문예부흥 이후로는 자연과학이 진흥하여 천문학의 관측기구와 물리학의 실험 도구 등 연구 자재가 필요하게 되었다. 더욱이 현대의 학원은 막대한 물적 시설을 가졌기 때문에 외부의 압력과 간섭에 대해 학자가 불쾌와 아니꼬움을 느끼면서도 다른 곳으로 이전하여 갈 수가 없다. 오늘날 학자는 전같이 도피나 은둔할 수 없기 때문에 상아탑 안에서는 어떤 문제에 대하여서든지 연구와 발표의 자유가 보장되어야 한다. 민주국가의 헌법에 보장되어 있는 언론 · 출판 · 결사의 자유, 즉 인간의 기본적인 권리를 교육자나 학자가 되었다고 해서 지나친 제한을 받을 이유는 없다.

학원에는 사제의 도가 있다. 부모가 육체를 낳으나, 정신은 스승이 넣어 주는 것이다. 여기서 정신이라 함은 종교에서 말하는 영혼이나 형이상학적 실체를 의미함이 아니다. 시대적 정신이니, 과학적 정신이니, 유교정신이니, 불교정신이니 하는 것 같은 인생관이나 사물에 대한 견해를 가리킴이다. 우리나라 교육법에 말한

자유를 사랑하고 책임을 존중하며 신의와 협동과 애경의 정신

은 가정교육에서도 얻을 수 있으나 주로 학원생활에서 체득하며, 사회의 '지도적 인격도야'를 목적으로 삼는 대학교육은 스승의 인격에서 무언의 감화를 받는 것이다. 제자는 스승의 고매한 인품을 흠앙하며 그 교훈을 자기 생활에 실천하여 가는 중 부지불식간에 자기 인격을 형성하는 것이다. 교육자나 학자도 인간이라 완전자는 아니다. 인간은 실수와 과오가 있다. 더욱 전인적 교육이 결여된 현대의 지식 치중의 교육에서는 지식과 기술의 전승이 위주가 되고 덕성의 훈도는 박약한 게 사실이다.

그러나 학원보호법안이 실시된다면 학원의 분위기는 어떻게 될 것인가. 그 법 제5조 제1항에서 교직원이나 학생에게 정당적 활동을 금지하고, 제2항에선 정당 활동을 선동 또는 교사할 수 없도록 금지하였다. 이것이 공산주의나 정당들의 침투에서 학원을 보호하는 것같이 보이나, 선동 · 교사라는 말은 명확한 규정이 없는 것이요, 귀걸이, 코걸이, 능소능대한 고무사슬이다. 수사기관이 편의대로 마음대로 씌울 수 있는 올가미다. 어떤 우둔한 제자로 하여금 스승을 무고할 수 있는 기회를 조장하는 것이니, 그 결과는 사제 간의 경애심을 깨뜨리고 서로 불신과 두려움이 가득 차게 될 것이다. 따라서 학원이 도의에서 떨

어진 변질적 사회가 될 것이다. 이러고서야 학원에서 어찌 인격도야의 올바른 교육을 기대할 수 있으랴! 위정가들이여, 듣건대 향촌에 신의가 끊어져 일분의 통용이 두절되었다 하는데, 인격 형성을 목적하는 학원마저 사제 간 서로 불신의 가시밭이 되어야 하겠는가.

외국인이 우리나라 사람과 교제하여 보고 우리의 노회한 점을 흔히 말한다. 외인이 우리에게 무슨 말을 물어보면 우리는 그 일에 곧 대답하지 않고 묻는 이의 본의를 알아차린 후에 대답한다는 것이다. 우리 민족이 오랫동안 밖으로 이민족의 압박을 받고 안으로는 파당의 화를 입은 데서 남의 눈치 살피는 제2천성이 생겼는지 모를 일이다. 이제 학원법이 국회에서 통과되고 시행된다면, 학원에서도 사람의 눈을 옆으로 흘기게 되고, 아마 심리는 아이러니컬해질지는 몰라도 강직하고 늠름한 인물은 더 드물어질 것이다. 소나무의 상청한 기개보다 그 꼬부라진 것이 한국인의 성격을 상징하게 되지 않을까! 위정가들이여, 민주주의 정치 하에서 금지와 처벌의 규제로써 학원에 숨 막히는 분위기를 조성할 것인가.

불행히도 자유당 독재정치 이래 지성인은 정치에서 유리되었었다. 아직도 지성인의 현실 참여가 아쉽다. 위정자와 인민 사이에 소통과 연결을 지을 수 있는 것은 지성층이다. 국가와 사회의 현실을 분석하며 그 진로와 대책을 민중에게 이해시킬 수 있는 중간 역할을 할 자가 지식층이다. 국민은 공무원의 구두선보다 언론인과 학자의 직언을 더 뜻 깊게 받아들이는 것이다. 정부가 지성인으로 하여금 사회현실에 자진 참여케 하지 못하고 도리어 법망으로 훑쳐매려 하면 가뜩 유약한 선비는 현실에서 멀리 떠나려고 생각할 것이다. 하기야 지성인의 시(是)냐 비(非)냐 하는 비판이 없으면 집권하기는 쉬울지 모른다. 그러나 지성인이 기피하는 사회는 빛 없는 세상이요 암흑의 동굴이다. 거기서는 생명의 성장이 불가능할 것이다. 아직, 우리 사회과학이 서양 학문에 의존하고 있기 때문에, 그들의 역사와 현실에서 도출된 법칙과 원리가 우리 사회 실정에 그대로 적용되지 않는다. 우리는 우리 역사적 상황과 현실에서 사회과학을 재조직할 필요를 절실히 느낀다. 학원에서 사회현상을 예리하게 분석하며 비판할 자유가 없어진다면 학술의 진보는 기약할 수 없는 것이요, 더욱이 정부의 정책 수립에 빈곤이 생길 것이다.

민정 이래 학원에서는 외부의 정치 세력을 배제하기에 힘이 들었고 말썽이었다. 공산당과 야당만이 학생을 유혹하여 이용하려고 한 것이 아니다. 집권당이 정부의 압력으로 학생을 선거운동과 선전에 이용하여 온 것이다. 최근 각 대학 내에 조직되어 있던 YTP가 학원의 정치적 중립을 파괴하고 학원을 교란하였다. 정체불명의 장학금으로 학생을 매수하여 자당의 전위부대로 정치 세력을 학원 내에 부식하려던 것이 백일하에 부끄럽게 폭로되었고, 도리어 그 조직체에 가입하였던 학생들이 그 음흉한 내막을 통렬히 공격한 것이다. 이같이 정치적 간섭과 수사기관의 촉수를 학원에 뻗치려던 그들이 전비(前非)를 공개 사과하지 않고 도리어 사찰금지를 들고 나오니 아연 놀라지 않을 수 없다. 여태까지 학생들이 가장 싫어하는 학원사찰을 진심으로 금지하려면 상부의 명령으로 즉각 조치할 수 있는 것인데, 오히려 이 법안의 제3조 제2항은 학교의 장(長)에게 통고만 하면 수사기관의 직원이 학원 내에 출입할 수 있음을 명문화하여 사찰을 강화할 뜻을 보인 것이다.

이 법안의 가장 중대한 골자는 제7조와 제8조이다. 제7조에는 '학생 단체의 연합 금지'라 하여

> 학생 단체는 다른 학교의 학생 단체와 연합할 수 없다.

고 금지하였으며, 제8조는 '학원 외 단체활동의 제한'이라고 하여

> 학생이 학원 외의 단체활동에 참여하고자 할 때에는 미리 당해 학교의 장의 승인을 받아야 한다.

고 제한하였다. 이 두 조문을 살펴보면 이 보호법안이 학생을 크게 애지중지하여 학생의 활동을 교내에선 금지하고 교외에선 제한하니 이 법을 세우려고 서두르는 내심이 빤히 들여다보인다. 저 포악한 왜정하에서 학생 단체의 연합을 사실로 금지당하여 그 쓰라림을 아직 잊지 못하고 있는데, 오늘날 독립한 내 나라의 민주주의 정치 하에서 백만 학도가 선량들한테서 고랑의 선물을 받는다는 건 시대 역행이요 있을 수 없는 일이다.

학원에서는 매년 유엔의 날을 기념할 때에 인권선언을 읽던 생각이 생생하다. 그 선언에

> 사람은 전제와 탄압에 대항하는 최후의 수단으로 반란을 일으키지 않게 하기 위하여서는 인권은 반드시 보호되어야 함이 절대로

긴요하다.

고 서론하고, 그 제20조에

누구를 막론하고 평화적인 집회와 결사의 자유를 가질 권리를 가진다.

고 인권을 강조하였다. 어찌하여 한국 학생은 인간으로서 당연히 누려야 할 인권을 박탈당할 것인가. 이것이 조국 근대화의 정신적 태세인가.

우리 전 헌법에도

이제 민주 · 독립국가를 재건함에 있어 정의 · 인도의 동포애로써 민족의 단결을 공고히

할 것을 역설하였다. 하필이면 학생 단체들의 연합을 금지할 것인가. divide and rule, 분리시켜야 통치할 수 있다던 식민지 지배의 방식으로 정권을 유지하기 위한 안전판으로 학생의 발목을 묶는다는 것은 불행한 처사이다.

우리는 남북통일이라는 거창한 민족적 과제를 앞에 놓고 이를 위하여 거족적으로 단결하여야 하고, 특히 애국 심정이 강렬한 학생 단체의 연합은 절대로 필요하다. 교육자는 항상 학생에게 민족적 단합을 고취하여 왔다. 만약 학교와 학교 사이에 학생들이 서로 연결할 수

없다 하면 각 학교는 한 개의 '감옥의 감방'화되는 것이다. 위정자가 청년학도에게 활동 무대를 적극적으로 열어 주지는 못하나마, 반대로 그들의 활동 반경을 축소시킬 아무런 이유도 없는 것이다.

사상의 자유와 결사의 자유를 절규하는 오늘날의 학도에게 이런 보호법안 같은 선물은 도리어 그들을 자극할 뿐이요, 아무 효과도 없을 것이다. 이 법안은 마치 아들이 떡을 달라는데 돌을 주며, 생선을 달라는데 뱀을 주는 격이다.

기미 3·1운동 이래 민족의 독립정신을 계승하여 오고, 정의감으로 독재자를 몰아내어 4·19의 역사를 창조한 것이 학생이다. 앞으로의 나라 운명도 그들에 의하여 좌우되리라고 믿는 바이다. 3·24의 학생 데모에서도 대일교섭에 있어서 저자세를 비난하여 정부로 하여금 사로에서 깨어나게 한 것이다.

신문에 의하면, 대륙붕에 관한 협약은 6월 10일을 기하여 국제법으로 확정·발효됐다.

> ① 대륙붕이란 해안이 인접하되 영해수역 밖으로 수심 200미터에 이르거나 이를 초과하더라도 해저지역에 있는 천연질원의 개발이 가능한 수심까지의 해저지역의 해상(海床) 및 하층토를 말하며, ② 연안국은 대륙붕에 대하여 이를 탐사하고 그 천연질원을 개발하기 위하여 '주권적인 권리'를 행사한다.

고 하였다.

한국의 평화선은 이제 국제법에 시인된 생존권(Lebens-raum)으로 국민은 확신하는 바이다. 3·24의 학생의 애국심과 정의감이 얼마나 사리를 바로 보았는가 참 놀랄 만하다.

이 법안의 제9조는 학교장과 감독청의 권한으로

이 법의 규정에 위반한 학생 단체는 학교장이 그 단체를 해체하거나 (…) 고무·선동한 교원에 대하여는 징계를 요구하여야 한다.

하였고, 제10조에는

이 법에 위반한 자는 1 년 이하의 징역…

등 벌칙을 규정하였다. 법을 제정하는 것이 국회의원의 권한이요 의무이기도 하나 각기 한계가 있는 것이다. 학교의 학칙에 의하여 행사할 것을 국법으로 사소하게 간섭할 필요 없으며, 학생 처벌은 학원에 맡기는 것이 참으로 학원의 자주성을 존중하는 것일 것이다. 국회도 국가사회의 한 개 기관이요, 학원도 정치 기구의 변동에 불구하고 민족과 함께 길이 생존할 사회적 기구이다. 국회는 법 제정의 한계를 지키고 법 만능의 망상을 포기함이 나을 것이다. 교원이나 학생이 위법의 행동을 범하였다면 이를 다스릴 법은 충분히 있다.

오늘날 국민은 구정권 때 일찍이 볼 수 없었던 반공법·보안법 및 특수범죄 처벌에 관한 법, 집회에 관한 임시조치법 등 온갖 법으로 국민의 기본권을 제약당하고 있다. 여기 또 무슨 법의 부족을 느껴

언론과 학생의 자유를 통제하려 드는가.

고 여론은 비등하고 있다. 법이 국민 의식의 찬동을 받지 못하면 필경 사문화되는 것이다.

학원에서는 권력의 시대가 가고 도의의 시대가 오기를 기다린다. 국민의 인권을 박탈하는 시대 역행의 법안은 당연히 폐기되기를 주장하는 바이다.

『신동아』 1964년 9월호

정치적 원죄

기독교 교리 중에는 원죄설이 있다. 원죄라 하는 것은 인간이 자기 개인적 행위에 대한 책임을 질 뿐 아니라 원초적 인간 아담의 근원적인 죄를 내려받고 있다고 함이다. 그 근원적인 죄라는 것은 이브와 아담이 뱀의 홀림에 빠져서 먹지 말라고 금한 선악과를 따먹어, 하느님의 명령을 어겼다는 것이다. 이 원죄는 형식적으로는 명령 위반이요, 내용으로는 못 먹을 것을 먹은 것이다.

아마 오늘날도 먹지 말라는 법을 어기고 뇌물을 먹는 것이 문제이다. 부정부패를 일소하라는 사회적 여론이 물 끓듯 하지만, 먹는 이의 수는 도리어 더 늘어간다. 근대화의 덕택에 선악과가 더 많이 맺힌 모양이다.

칼을 잡은 이는 칼로써, 권력을 잡은 이는 권력으로, 깡패까지도 그들은 폭력으로 선악과의 한 조각을 먹으려 덤비는 것이다. 에덴동산의 그 열매는 하느님이 만든 것으로 인간에게는 공짜이다. 뇌물도 자기 수고에서 생겨난 열매가 아닌 것이다. 공짜를 먹는 것이 예나 지금이나 죄로 느껴지는 것 같다.

선악과를 먹는 것은 인간 죄악의 원형이요, 뇌물을 먹는 것은 현대의 그 모형이다. 선악과라 하는 좋은 것이 왜 있었던가. 그것이 없었더라면 사람도 유혹되지 않았을 것이다. 문명이나 과학과 기술이 진보 · 발달하여 더 좋은 것을 더 많이 만들어낼수록 그것을 갖고파 하는 유혹이 더 많아진다. 아마 그래서 루소는 문명을 떠나 자연으로 돌아가라고 외친 것 같다. 그러나 루소의 경고는 아랑곳없이, 인간은 자연상태로 되돌아갈 수는 없이 되었고, 그가 탄 문명이라는 수레에 굴리어 나아가지 않을 수 없다.

원죄설을 통하여 보면 인간은 공짜를 먹고 싶은 충동이 원래 그 본질로 되어 있음을 암시하지 않는가. 이것은 한 성악설의 견해같이 보인다. 원시시대부터 지금까지 인류의 화(禍)인 전쟁의 여러 원인 중에 근본적인 것은 남의 것을 빼앗아 먹자는 것이다. 전쟁이란 것은 공짜로 먹자는 것이다. 전쟁은 공짜로 먹자는 원죄의 한 다른 표현이다.

이 원죄설은 기독교의 도덕관만이 아니라 경제적 원리도 함축하고 있다. 인간은 자연의 혜택도 공짜로 얻을 것이 아니라 노동을 통하여, 이마에 땀을 흘려, 먹을 채소를 기르라는 것이다. 생산물은 노동의 결과라 하는 것이 인간과 자연 사이에 맺은 묵약(默約)이다. 자연이 낼 것은 가시덤불과 엉겅퀴 이다. 이것에 가공하여 가치 있는 재물로 만들라는 것이다. 경제가치는 노동에 기인한다는 견해가 원죄설에 내포되어 있다.

5세기 초 영국인 펠라기우스는 이 원죄설을 부정하고, 인간은 제 뜻대로 할 수 있는 자유와 제 결정대로 행한 책임을 져야 한다는 것을 강조하였다. 오늘날 많은 사상가들도 그 노선에 서 있으면서도 다른 형태의 원죄설을 말한다. 실존의 죄책관이다. 기독교의 원죄관은 선악과라 하는 먹을 것이 있어서 문제였거니와, 실존사상의 원죄관(이렇게 부를 수 있다면)은 먹는 그 사람의 존재 자체가 문제이다. 사람이 이 세상에 있다는 그것이 벌써 죄책을 지고 있다는 말이다.

사람은 있는 그 순간부터 앞을 염려해야 한다. 장래를 향하여 이렇게 할까 저렇게 할까 관심을 갖고 어느 한 길을 선택하여 결정하여야 한다. 장래의 가능성은 여러 면으로 무한히 열려져 있다. 자기가 신용 있는 사람, 신용 없는 사람으로, 고결한 절개를 가진 인물로, 반대로 비루한 천자(賤者)로 어느 길로든지 자기가 택하여 그 길로 감행하여 나아가는 대로 그 인품을 이룩하는 것이다. 인생은 매양 어느 한 길을 택하지 않을 수 없다. 이 무한한 여러 길 가운데 어느 하나를 택한다는 것은 그 하나 이외의 다른 여러 길을 배제하는 것이다. 무한한 가능성 중에 어느 하나를 택하는 것은 나의 될 수 있는 다른 여러 가능성을 막아버리는 것이다. 나의 매 순간의 존재는 나의 달리될 수 있는 여러 가능성을 없애버린다. 그러므로 나의 현실존재는 다른 가능존재를 비존재케 하는 죄책이 있다. 이러한 죄책은 나의 현존 첫 순간부터 면할 수 없는 죄책이다. 이 죄책은 도덕적 죄감이 아니라 도덕을 넘어선 존재론적인 것이다. 원래 존재와 동반하는 죄책이므로 실로 본래적인 원죄이다.

사람이 사회에서 어떠한 직능인이 되었다 하자. 그는 다른 종류의 직능인이 될 수도 있었을 것이다. 그 다른 직능을 가질 수 있던 가능을 내버린 책임은 그의 불가피의 운명이요, 인간 존재의 숙명적인 죄책일 것이다. 사람이 자기의 가장 좋은 소질대로 최선의 인물을 이루었다면 왜 죄책이 되겠느냐고 반문할 수도 있을 것이다. 그러나 최선의 가치를 실현하였다는 상정은 실현되지 않은 것과 비교할 수는 없다. 이런 견지에서 자기를 돌이켜 살펴보면 사람은 겸허하지 않을 수 없다. 그러나 위정자들은 자기들이 이룩한 것이 잘된 것이라고 자찬하여 마지않는다. 그들은 이 현실에만 집착하고 다른 가능을 말살한 책임을 지려고 하지 않음이다. 자기가 이렇게 이룩하여 놓았다 하는 것이 다른 많은 가능을 실현 못 하게 막은 원죄를 범하지 않았는가 하고 반성도 해보아야만 한다.

『월간중앙』 1969년 7월호

사월혁명의 의의

4·19 한 돌은 몹시 오랜 것 같다. 같은 한 해이지마는 지난 한 해는 우리가 기대하는바 너무 컸으므로 그러함인지 새 세상과 더 나은 생활을 갈망하는 맘이 간절하였던 탓인지 기다리던 것이 오지 아니하였음인지, 하여간 긴 것 같다. 우리 민족은 8·15 해방 때 환희와 희망에 가득 차 있었으나 꿈도 시작하기 전에 38선으로 남북분단의 쓰라림을 뼈저리게 느끼게 되었고 6·25 전란에 골육상잔으로 피비린내 나는 끔찍한 수라장을 겪어왔었다. 38선은 우리 민족의 동의나 자결로 된바 아니며 6·25 전란도 막 뒤의 조종자는 우리가 아니었다. 한말 이래로 우리 역사상 큰 사변이 거의 외국의 침략이거나 외세의 간섭으로 일어난 것이었다. 그러나 지난 4·19의 의거는 우리 국민의 힘으로 독재정권을 무너뜨리고 외세에 의뢰함이 없이 자력으로 역사적 과업을 이룩한 것이다. 이러한 힘은 기미 3·1운동의 정신과 민족적 기백에서 연원한 것이지마는 압박에 반항하고 불의에 항거하는 민중의 궐기가 그 목적을 관철한 것은 우리나라 근대사상 처음 빛나는 일이었다. 이 혁명에 성공한 대중은 자신을 얻은 것이다. 정의는 성공하는 것이요, 대중의 힘은 위대하다 함을 체험으로 얻은 것이다. 그러므로 사월의 사자는 긍지를 갖고 국가 장래의 운명을 자수(自手)로 개척하려 하는 것이다.

회고컨대 4·19 의거는 독재정권을 타도하여 국민의 주권을 싸워서 회복한 것이다. 인간은 자유의 권리를 누구에게나 빼앗길 수 없다. 겉으로 민주주의를 표방하던 이승만도 그 도당들은 민의를 가작(假作)하여 국민을 노예화하고 사리사영(私利私榮)을 깊이 채우려 하였으나 인민의 노도 같은 세력 앞에 무참하게 거꾸러진 것이다. 정치를 민심에 따라 행하지 않고 강압수단으로 정치적 지위를 연명하려고 몽상하는 자에게는 큰 교훈이 될 것이다. 정부는 국민의 기본 권리를 제한하려 하지 말고 민권을 신장케 하여 정치와 경제문화 여러 방면에서 개인의 창의를 발휘할 만한 정치적 분위기를 조성하여야 될 것이다.

사월혁명에 수천의 청년학도와 시민이 희생되었다. 이 고귀한 생명과 피의 대가로 얻은 제2공화국은 오늘 어떠한가. 국가의 지위는 국제적으로 얼마나 향상되었으며 국민의 생활은 어떻게 나아졌는가? 국민은 작년 7·29 선거에 벅찬 감격과 희망을 갖고 투표에 임하였던 것이다. 당시 민주당을 신임하여 국회의 삼분의 이 이상 의석을 차지하도록 다수의 표를 던져준 것이다. 그런데 민주당은 집권도 하기 전부터 감투싸움이 벌어지고 정쟁을 일삼아 서로 물고 뜯고 하다가 결국 분열하여 서로 정적이 되고 말았다. 그리하여 선거공약은 누구 하나 책임지지 않는 휴지가 되어버렸다. 오늘날 국민은 정부나 정치인에 대하여 허무함을 느끼고 있다. 그렇지 않아도 우리 민족의 역량으로 좌우키 어려운 국제적 정세가 있고 안으로 경제를 진흥시키기에 필요한 자본과 기술이 부족하므로 우리 산업계는 위축되어 가고 있다. 정치인은 조밀한 경제계획을 수립하여 모든 인적 자원을 총동원하더라도 우리의 낙후성을 따라잡기 힘들 것이다. 그런데도 불구하고 오늘 한 돌이 되어서도 경제제일주의라 부르면서 민생에 대한 아무런 대책이 실현되지 못하였다. 수백만의 실직자가 거리에 범람하고 농민은 고금리에 허덕이고 굶주림으로 신음하고 있는 실정이 아닌가?

이러한 사회 상하(相下)에서 국민이 누구를 믿을 것인가. 그들은 기성정객을 불신하고 대의정치를 의심하게 되었다. 정치인들이 일차 피선된 후에는 자기이권 운동에 혈안이 되니 국민이 저들을 불신하는 것은 당연한 것이다. 관리의 부패는 전보다 더하고 사회는 더욱 혼란해지고 국민소득은 점점 값을 잃어 빈익빈이 되어가고 있다. 이런 것이 오늘날 위정자의 은덕일까?

인간의 생은 일순이라도 정지할 수 없고 또 사회체제를 떠나서 생을 유지하지 못하는 것이다. 국민은 불평을 품고 구세주의 내림(來臨)을 기원만 하고 있을 수 없다. 유능한 인사가 나올 수 있는 새로운 정치조직이 요구된다. 누적된 정치적 악습과 관료의 부패가 시급히 제거되어야 한다. '혁명과업 완수'라 하는 공염불을 외우는 기성정객에게 국정을 맡길 수 없고 국민 각층에 잠재해 있는 유능한 인물이 등장할 수 있는 새로운 선거제도와 재야인사를 기용할 수 있는 길이 열려야 한다. 구태의연한 인습적인 현 대의제도는 개혁되어 우리 민족이 항상 염원하는 통일의 기회를 촉진시키기 바라며 끝으로 4·19에 민족을 위하여 희생된 영령들에게 명복을 빌어마지 않는다.

『경향신문』 1961년 4월 19일

범산과 나

범산(梵山) 김법린 박사의 부음을 들은 지가 어제 같은데 벌써 1주기가 돌아오다니, 문득 세월의 무상함을 느낀다. 그는 저혈압으로 갔지만 나는 지금 고혈압으로 신음하고 있으니 참 묘한 인연들이다.

내가 그를 처음 만난 것은 1921년 봄 파리 교외에서이다. 그때 나는 보베 중학에서 불어를 배우고 있었다. 본시 범산은 상해에 망명, 불교계를 대표하여 독립운동을 하다가 유학의 길에 올랐다.

그를 두 번째 만난 것은 내가 독일에 갔다 와서 파리 대학에 재학 중일 때이다. 그때는 지금과 달라서 고학을 하는 예가 드물었다. 그러나 범산은 안주(安州) 출신인 이호, 함흥 출신인 이용제(현재 파리에 생존) 등과 사립병원에서 일을 하고 있었다. 병원에서 신임을 얻은 그들은 도불 목적이 공부하는 데 있음을 호소했다. 오전 중엔 그날의 책임량만큼 일들을 하고 오후에는 학교에 갈 수 있는 시간을 허용받게 된 것이다. 나는 미국행을 원했으나 범산은 "기왕이면 구라파에서 같이 공부하자"고 권유하여 우리들의 꿈 많던 파리 생활은 계속되었다.

거처는 병원 옆에 있는 '헬베티우스'라는 집이었는데 이 집 주인이 우리들을 기특하게 여겨 방 두 개를 무료로 제공해주었다. 이 헬베티우스란 저택은 프랑스혁명 전에 세워진 것으로 철학자 헬베티우스가 살던 집이었다.

그 후 범산은 벨기에 브뤼셀에서 열린 '세계약소민족대회'에 한국 대표로 참가하여 제국주의자들을 규탄하고 한민족의 처지를 호소했었다. 이 대회에는 인도의 네루와 당시 백림에 유학 중이던 이극로도 참석하였다. 김 박사는 거류민들의 위임장이 있어 정식대표가 되었지만 이극로는 그것이 없어 옵서버 격이 된 게 생각난다.

범산은 대학 재학 중 외국인으로서는 손꼽히는 문장력을 자랑했었다. 그리고 4개 과목의 학점취득증서만 있으면 졸업이 되는데 5개 과목의 학점을 취득하여 남다른 실력을 과시하기도 했다. 산책을 즐기던 그는 항시 "귀국하면 서양의 고전부터 번역해야 한다."고 말하고 그 계획을 펴기도 했다. 문교부장관으로 재임 중 '문교부 번역도서'의 출판에 힘을 쏟은 것은 이때의 꿈의 일부라고나 할까.

범산의 어진 성격을 말해주는 일화 가운데 지금도 생각나는 것이 있다. 파리에서 귀국할 때 김상호 씨(불교계 인사)가 여비를 보냈는데 독일 뮌헨에서 수학 중이던 한현(韓炫) 씨(현 동대 교수)의 부친이 폐렴으로 신고 중인 것을 보고 그를 치료하여 모시고 온 일이다. 있을 수 있는 일이라고도 하겠지만 그 무렵의 우리 유학생으로는 상상도 할 수 없는 일이었기 때문이다.

이제 범산은 가고 없지만 그가 남긴 발자국은 한 지기로서 너무나 감회가 깊을 뿐이다. 평생을 바른 일엔 굽힘이 없고 불의와는 타협을 거부했던 범산. 4·19 이후 숱한 정치적 시련 속에서도 그가 욕됨이 없었음은 아무래도 불교인의 자랑이었다고나 할까.

『경향신문』 1965년 3월 13일

낙은 이상을 실현하는 데서 온다

4·19 교수 데모 사진에 앞장서 나와 있는, 인식론과 과학철학의 노교수 정석해 박사는 '융통성 없고 딱딱한 명강의'로 이름 있는 연세인이다. 전 한국철학회 회장.

"난 강단만은 신성시합니다. 잡담이나 농담, 심지어 현실 문제 같은 것도 일체 말 안 하니까 그래서 그러겠지요."

그러나 그만큼 현실 문제에 직접 참여하는 교수 또한 드물다. 이른바 6·3 사태 때 '정치교수'라는 낙인을 받을 정도였으니까.

1919년 연전(延專) 3학년에 올라와 기미운동에서부터 주동으로 나서기 시작, 결국 해외로 나가 독일에서 3년, 프랑스에서 16년을 머물다 1940년에야 귀국했다.

"그래도 민족수난의 시대에 신문명을 직접 받아들일 수 있었다는 것은 다행한 일이었지요."

그보다는 좀 늦었지만 김법린 씨가 그와 동거동락의 고학으로 파리 대학을 다닌 사이.

- 왜 그렇게 현실 문제에 집착하십니까?

"학문이란 사람이 사는 준비지요. 생각 즉 이상을 실행하는 것에서 낙(樂)이 오는 겁니다. 행동 없이는 인생에 낙이 있을 수 없습니다. 그러니까 학문 자체로서는 그 학문의 가치가 나오지 아니하는 것이죠."

학문의 뜻은 과거의 규절을 지키는 데 있지 않고 새로운 이상을 제시하는 데 있다는 것. 이렇게 보면 '굴욕적 한일회담'의 반대운동 때 조국수호협의회의 한 명의 전위(前衛)로서 활동한 교수의 명분이 밝아진다.

"그러나 다른 것 없어요. 행동이란 것은 바르게 살자는 나의 신념에 따르는 표현인 것뿐이니까."

평북 철산이 고향인 올해 71세. 노철학자의 벗겨진 머리에는 머리털만이 한가로웠다.

귀국 뒤 취직이 안 되어 마흔다섯에야 결혼했다고 한다(부인 진상길 秦上吉, 54). 그래서 현재 아들 셋이 있건만 겨우 20, 30대 그중에 둘은 군인이다. "사람이란 어떤 일을 당하더라도 한번은 양심의 지시를 받게 마련이지요. 그런데 그때 이렇게 해야 내게 이롭겠다 하는 그 생각 때문에 결국 이기거든요." 원천적 양심의 지시에 따르면 생활이 괴롭더라도 본원적인 자아의 만족으로서 반드시 보상을 받는다고 강조한다. 그건 아마도 현재의 그의 입장을 말하는 것이 아닐까?

파리 대학 철학과를 나온 뒤 일생 철학이라는 학문만 가지고 25년 강단에 서 왔지만 현재의 직업은 시간강사. 인생의 길은 밖에서 구해지는 것이 아니라 어느 순간에든지 자아가 보여준다는 것.

'무섭고 철저한 철학인'이 이날 시내 태을(太乙) 다실에서는 그 귀한 웃음까지 보여주었다.

"난 의로운 생활을 살아간다 하더라도 무가치의 세계를 이룬다고는 생각지 않습니다. 존재한다는 것은 의미가 있는 거죠. 그 의미가 의식으로 나타납니다. 내가 의식한 이념, 이상을 행동으로 세상에 실현시킬 가치가 있음을 나는 매양 느낍니다. 그러니까 싸우는 거지요."

- 그렇다면 지나간 일이지만 '굴욕적' 한일회담 반대운동은 어떻게 이 시점(時點)에서 평가하십니까?

"내가 알기로는 현 정권이 벌써 평화선의 양보를 큰 잘못으로 뉘우치는 것 같아요. 해양자원의 개발을 위해 대륙붕 확보를 위해 그네들이 이미 무슨 회의에 가입하려고 한다던데…"

"한마디로 조상의 뼈 값을 헐하게 받아다가 얼마만큼의 건설을 했으나 그 외국 차관의 빚을 앞으로 몇 세대가 져야 할 것이니 그동안 근로대중이 허덕일 것을 생각할 때 잘한 정책이라 평가할 수 없다"고 잘라 말한다. 이마에 핏줄이 서고.

- 반론이 있다면 어떻게 해명하시겠습니까?

"아, 보면 몰라요. 문화적, 경제적으로 일본에 새로운 예속 관계를 이루지 않았어요? 무역역조와 왜색풍조, 그리고 기업인의 자세…"

애초에 현실운동을 이겨보자고 학문을 택했는데, 학문을 하다 보니 "너무 단조로운 생활의 연속이 되고." 그래도 신념만은 강하다고 한다. 어떻게 보면 그게 우둔이 아니겠느냐고 반문까지 하면서.

- 그럼 오늘의 현실은 어떻게 보십니까?

"지금 학생들이 '앞사회'를 세우려는 움직임을 보여주고 있지 않아요? 세대교체를 주장하면 그네들이 벌써 세대교체되었다고 봅니다."

신탈하기만 하다.

일요일이면 대현교회(장로교)엘 다녀와 교외선을 타고 박두진, 오화섭씨 등 문학인들과 가벼운 등산을 즐겨왔다는 정 박사. 이 등산으로 고혈압이 어느 정도 나았다고 했다. 나머지 시간은 전부 독서.

- 문학을 좋아하세요? 문인들과 어울리시는데.

"문학이 없으면 인생은 쓸쓸할 겁니다. 그건 어느 모로든지 인생의 한 면을 그려놓은 것이니까, 거울을 보는 것 같죠. 왜 문학을 안 택했느냐구? 내 타고난 성질이 사고, 분석을 좋아하니까 맞질 않지…. 그러나 폴 발레리나 루소의 저서들은 감동을 많이 주어요."

인간은 인위적으로 만든 것에서 다시 원초적으로 되돌아가려는 본성을 가져서 오늘날의 가식적 문명에서 '무엇인가 벗어버려야 할 옷'을 벗으려 한다는 것.

히피나 이피를, 그래서 어떤 경종을 울리는 표현으로 본다고 했다. 아직 적극적으로 택할 면은 나오지 아니했으나 분명 그들이 무엇인가 암시는 해주고 있다고.

한 외국인의 말은 "Hippy의 어원은 음악에서 온 것"이라 하더라고 덧붙인다.

- 종교는 어느 철학자의 입장에서?

"인생의 근원은 하나, 그래서 철학이 추구하는 바나 (제도를 젖혀놓은) 종교가 지향하는 바는 같은 것이라고 느끼고 있습니다."

아호는 서산(西山). '날 욕하느라고 서산 당나귀라 부르지만' 서산

대사(휴정)나 남송(南宋)의 진서산(眞西山) 같은 인물과 동열이 될 수 가 없어 확정을 꺼리고 있다고 했다.

그가 19년간이나 해외에서 못 돌아온 이유 중에는 후손도 없어 세상이 알지 못하는 독립운동의 동지 박 모씨(선천경찰서 폭파 사건)와 김동평 씨들이 사형을 받은 사건과 관련이 있는 것 같다.

해외에서 재미있는 일은 없었느냐는 질문에 "한 프랑스인이 이왕 못 돌아갈 몸이면 젊어서 프랑스 여인과 결혼하라고 권고를 한 적이 있었는데, 만혼을 할 경우에 자식에 대한 아버지의 의무를 다 못 할 때의 괴로움을 걱정해 주더라"는 것. 지금 생각하니 그 노인의 말이 옳았다고 한다.

- 다른 후회는 없으십니까?

"내 현실운동은 가치 있는 것이었습니다. 내 사는 과정에서 할 일을 한 거죠. 빚 얻어서 일부 풍성히 사는 일, 끝날 때가 있음을 경고해 주었으니까요. 내 자신으로서는 괴로운 투쟁이었지만 그러나 오늘날 학원의 움직임을, 우리나라 새 장래를 낳아 놓으려는 진통으로 봐서, 할 일 했다고 봐요."

한 가지 더 유명한 고집을 밝힌다면 아직 저서 한 권 내지 않고 있는 '숨어 사는 인생'의 고집이 바로 그것이라 하겠다.

유경환(시인, 전 조선일보 논설위원)

20년 지난 오늘도 미결이 남다니

4·19. 이 아니 슬프지 않을 수 있으랴. 20년 전 수많은 우리의 젊은이들이 피 흘려 싸운 대가가 오늘에 과연 무엇으로 나타난 것이랴. 한마디로 4·19는 서글프다.

인류의 이상이라고나 할까, 현대 민주사회의 정치적 모토라고나 할까. 프랑스혁명 당시 시민계급이 소리 높이 외쳤던 '자유, 평등, 박애'의 깃발은 지금 우리에게도 정말 펄럭이고 있을까. 4·19, 그로부터 강산이 두 번이나 변화했건만 아직도 우리가 민주화를 요구하고 있는 것은 후진국의 비애가 아닌가 생각돼 그것이 서글픈 것이다.

4·19는 퇴색돼왔다. 지난 20년의 시절 속에서 '혁명'에서 '의거'로, 이젠 단순한 하나의 '기념일'로만 기억된다. 그러나 우리는 3·15 부정선거를 전후해 2월 28일 대구에서 일어난 고등학생들의 봉기와 4월초 마산 학생들의 총궐기를 역력히 증언할 수 있다. 또한 4·18 고려대학 학생들의 데모에 이어 4·19 당시 독재의 졸도(卒徒)들이 얼마나 비인간적인 만행을 저질렀던가를 기억한다. 우리의 젊은이들이 흘린 피가 이처럼 아직도 마르지 않았는데, 어떻게 쉽게 이를 잊고서 다가오는 세기의 '새 하늘'을 맞을 수 있단 말인가.

20년 가까운 세월이 흐른 뒤 이렇게 말한 사람들이 있었다. "눈부신 경제발전과 국제사회에서의 한국의 위치 부각은 모두 지난 10여년 동안 이루어진 일이 아니냐."고. 그들은 또 경제가 첫째였고 도덕은 제2경제라고까지 했었다.

물론 오늘의 한국이 있기까지에는 정부의 지도력도 있었고 기업인들의 의지도 없지 않았다. 그러나 그것은 어디까지나 '일부'일 뿐 우리 국민 모두의 근면성을 잊을 수는 없다. 정치인이나 기업인의 공으로만 돌릴 수는 없는 것이다.

그러나 그들은 가장 중요한 사실을 착각하고 있었다. 그렇게 많은 사람들은 자기의 의지, 자기의 정신대로 생각하고 행동하지도 못하게 할 수 있다고 생각한 것이 그것이다.

그러나 다행하게도 우리나라의 토양은 '민심세력'을 항상 배태해왔다. 3·1운동 이래 젊은 학생층이 지녀온 민족적 양심은 기회 있을 때마다 인권과 정의를 외쳐왔다.

3·1운동 당시 만세현장에 참여한 이래 4·19를 겪었고 또 지난 20년의 변혁을 지켜왔기에 이렇게 자신 있게 말할 수 있는 것이다. 그들은 지난 20년 동안에도, 계속해서 부정과 부패, 불의에 항거해왔으며 오늘에 이르러 그들이 주장하는 것도 바로 그러한 것이다.

학생들이 요구하고 있는 것 가운데 사학의 학원 내부문제만 해도 그렇다. 교육기관이라고 하는 것은 엄밀한 의미에서 돈벌이 기업이 아니라 공익사업이다. 실제로 재단 측에서 학교간판 허가를 받을 당시 투자한 액수는 얼마나 됐으며, 이를 오늘의 규모와 비교하면 어떤 결과가 나올 것인가. 그래서 일부 사학은 우골탑이라고까지 불리지 않았던가.

어느 사학 주인(?)의 말대로 학교가 '자기의 것'이라면 그 학교를 키운 주주는 과연 누구일까. 주권(株權)에 대한 배당은 왜 주주에게 하지 않는가.

학원이라는 공익사업을 봉건 제도적으로 주인에서 그 아들로 상속한다는 것 자체가 시대 역행적이요, 우스꽝스럽다. 문교당국이 근본 대책을 제시하지 못한 데 대한 비난을 받는 것은 당연하지 않겠는가.

그러나 아직도 강단에선 사람의 입장에서 부끄러운 바도 있다. 교수들이 '곡학아세의 도(徒)'가 되어 학생들로부터 배척을 당한 게 언제부터였을까. 4·19 때는 '아부교수'로, 오늘날에는 '어용교수'로 용어마저 바뀐 상황은 교육자들이 스스로 불러들였든, 또는 타의에 의해서였든 간에 가슴에 손을 얹고 반성하고 학생들 앞에 속죄해야 할 일이다.

정부는 학원가의 소요에 대해 국가안보를 내세우며 자제할 것을 당부하고 있다. 물론 자제도 해야겠지만 최소한의 요구는 들어주어야겠다.

20년 전 4월 25일 우리 교수들이 '학생들의 피에 보답하라'는 플래카드를 들고 거리에 나섰을 때 우리들이 밝힌 15개항의 결의문이 생각난다.

그 하나는 "지금 우리의 국내정세의 혼란을 엿보는 이북공산도배가 있으니 이것을 학생층은 경계하고 또 국내에선 이 정당 저 정당이 학생들을 이용하려고 하니 자제하라."고 한 것이었다. 또 하나는 "학생들은 자기의 본분대로 학업에 복귀하라."는 권고였다. 물론 이 같은 권고는 오늘에도 그대로 살아 있다는 것이다. 역사는 어떤 때 똑같은 크기의 수레바퀴를 굴린다.

이와 함께 오늘의 젊은이들에게 하고 싶은 얘기가 있다. 학원에서 항상 대해온 젊은이들이지만 오늘의 젊은이들은 어쩐지 강압의 그늘에서 자라는 청춘으로 보여지고 있다는 것이다. 이것이 총명이 흐려진 한 노인의 기우라면 다행스럽겠다. 그러나 4·19의 젊은이들은 싸워서 자유를 쟁취했지만 오늘의 젊은이들은 실로 우연한 기회에 자유에 접한 것은 아니었을까. 전시대의 젊은이들을 높이자는 뜻이 아니라, 오늘의 젊은이들이 용기와 절개를 씩씩하게 가꾸기를 바라는 마음에서다.

생각해보면 세계사에 우리 민족처럼 강인하고 질긴 민족은 없었던 것 같다. 끊임없는 외세의 침략을 받고서도 동화되거나 멸종을 당하지 않고 버텨온 것은 바로 우리 민족성이 강하고 질긴 탓이다. 이를 뒷받침하고 있는 것은 바로 '민족의 정기'와 '선비의 절개'다.

우리는 이 민족의 슬기를 뒤 세대들이 이어갈 수 있도록 배양시켜줄 의무와 권리를 갖는다. 이 의무와 권리는 곧 젊은이들이 지고 있다고 보아야겠다.

정부에게도 하고 싶은 얘기가 있다. 정부는 가장 좋은 헌법, 다시는 개정이 필요치 않은 헌법을 만들기 위해 "시간이 필요하다"고 말하고 있으나 '소문난 잔치에 먹을 것 없다'는 우리 속담처럼 되는 것이 아닐까 우려된다.

30년 전에 들은 얘기가 떠오른다. 당시 세계 각국 헌법 중 가장 훌륭한 헌법은 중화민국헌법이었다고 한다. 각 시대, 세계 각국의 헌법 중 가장 좋은 것만 골라 만든 헌법이었다니 아니 좋을 수가 없었으련만 그 헌법이 그대로 운용이 잘 돼왔는지는 의문이다.

우리나라는 정부수립 후 지금까지 여섯 차례에 걸쳐 헌법을 개정해왔다. 도대체 그렇게 자주 개정할 필요가 있었는지도 의문이려니와 헌법상의 명문규정이 나빠 문제가 된 것은 없었다고 생각된다. 아마 집권자가 그 명문규정을 지키기에는 자신이 너무나 많은 위반사례가 나올 것 같아 그랬던 것이리라. 그러나 국민들도 이제는 더 이상 좌시하지 않을 것이다.

또한 현 과도정부에서 불과 일백 몇 십조의 헌법 조문을 만드는 데 그렇게 시간이 오래 걸린다는 것 자체가 노인에게는 이해가 가지 않는다.

민주에의 일정은 빠르면 빠를수록 좋은 것이다. 어느 시대를 막론하고 바람직한 지도자는 양심과 양식을 지녀야 한다. 이는 곧 하늘의 도리(천리)를 거스르지 않아야 된다는 뜻이다. 이를 거스를 경우 항상 응보가 뒤따른다는 것을 우리는 역사에서 배우고 또 보아왔다.

이제 우리는 새 시대의 문턱에 서 있다. 그 문턱에서 우리는 대담하게 지난 20년간의 구각(舊殼)을 털어버려야겠다. 왜냐하면 이 아픈 기억을 치료하지 않고서는 새 시대의 여명을 맞을 수 없기 때문이다.

연전에 소련에서 망명한 한 젊은이의 예가 여기서 원용될 수 있을 것 같다.

소련에서 온 그 젊은이는 자유분방한 미국사회에서 자기의 행동좌표를 잃고 말았다. 소련에서는 당이 모든 행동을 지도, 인간은 그저 기계처럼 행동하면 됐는데 미국사회에서는 자신의 의지, 양심에 따라 행동을 하려니 머리가 돌아버릴 수밖에 없었다.

자! 우리는 지금부터 옛 봉건 잔재를 털어버리고 자신의 의지, 자신의 양심에 따라 행동할 수 있는 새 시대의 여명을 맞자. 그래서 내년에 맞는 4·19는 미완에서 완성된 혁명으로, 또 서글픈 감회가 들지 않도록 우리 모두 한번 노력해보자.

『한국일보』 1980년 4월 20일

미래는 젊은이의 것, 사고는 전진적으로

원로. 한 분야에 일생을 바쳐 성실을 다해 온 분들이다. 오랜 경험과 원숙한 경륜은 한 사회가 배우고 따를 교과서와 같은 존재다. 명예나 이해관계를 떠나 초연한 입장에서 들려주는 말 한마디 한마디는 물 흐르듯 자연스럽고 전혀 막힘이 없다. 듣는 이들의 마음에 갈증을 풀어주는 생수처럼 신선함이 있다. 한 해가 저물고 새해 새아침이 다가오면 우리의 역사를 조감하는 원로의 말씀에 귀를 기울이게 되는 것은 지난 나날에 대한 반성과 새날에 대한 희망을 찾아보기 위함이다.

싫든 좋든 하나의 공동운명체로 살아가는 우리 커뮤니티. 가치 있고 바르게 사는 길은 무엇일까? 그러기 위해선 우리의 사고나 행동은 어떠해야 하는가. 거창하고 풀 길이 없는 질문을 고민하며 나는 한 노철학자를 불쑥 찾아갔다.

1899년 3월 15일생이니 올해로 85세다. 해방 전인 1940년서부터 5·16 후인 1962년까지 연세대 철학교수로 서양철학을 강의했다. 그 후는 특별강사로 연세대학원에서 20년을 더 강단을 지켜온 분이다. 제자들에게 정 교수는 '석두'라는 별명으로 통한다. 절대로 결강을 하는 일이 없고 학점이나 수업에 있어서 너무 고지식할 정도로 엄하기 때문에 붙은 별명이란다. '석두'란 별명이 그럴싸하게 느껴진 에피소드를 들었다. 그를 잘 아는 한 제자가 들려준 말이다.

"유명한 데모교수라고 4·19때 교수데모 주동자의 한 분 아닌가. '학생들이 피를 흘렸는데 어찌 교수가 가만히 있으려 하오. 우리도 피를 흘려서라도 데모를 합시다.' 하며 앞장선 분이거든." 이 데모교수의 전력은 4·19로부터 41년 전으로 거슬러 올라간다.

3·1운동 때 그는 연희전문학교 문과 2학년생이었다. 남강 이승훈 선생을 비롯한 '33인 서명자'들의 심부름을 맡고 지방의 만세데모를 준비한 조직책으로 일경(日警)에 쫓겨 만주로 피신한다. 결국 피신은 프랑스와 독일로의 장기 유학길로 이어져 20년간을 유럽의 대학에서 서양철학을 연구하게 되었다.

나라의 독립과 독재타도를 위해 두 번씩이나 데모에 앞장선 정 교수는 행동으로 양심을 지킨 지성인의 한 분이다. 고집스럽게 외길을 걸어온 딸깍발이 선비인 것이다.

1981년 여름 마지막 강의를 끝내고 LA에 있는 맏아들 집으로 옮겨왔다.

1983년 봄, 가벼운 스트로크(중풍)를 당했으나 많이 회복되어 집 뜰을 산책할 만큼은 되었다. 요즘은 시력도 떨어지고 오래 읽으면 곧 피로해지기 때문에 독서는 많이 하지 못한다. 산책과 신문 읽기로 소일한다.

샌버나디노 프리웨이(10번)가 바로 창 아래로 내려다보이는 2층 거실에 앉았다. "한국일보는 본국지에서부터 이곳 신문까지 샅샅이 읽지요. 교포사회를 선도할 좋은 글을 많이 쓰도록 하시오." 순한 동네

할아버지같이 변한 노철학자는 신문 이야기로부터 말문을 열었다.

"우리 이민사회엔 어떤 구심점이 없는 것 같아 그게 안타깝습니다. 60~70년 전만 해도 안도산과 이승만 박사가 제각기 흥사단과 동지회를 이끌어 고국을 위해 단결해서 일들을 할 수가 있었는데… 요즘들은 방향을 못 잡는 것 같아요. 교육 문제도 그렇단 말이야. 부모들이 자손교육을 제일 위로 치면서도 실제론 시간들을 같이 못 보내잖아. 아이들이 방향이 없이 자라나게 되는 거 아니요. 그래도 신문이란 매스컴이 있어 사상을 하나로 집중하고 전파하는 게 가능하다는 이점은 아주 다행스런 일이지요."

대화의 앞머리에서 교포신문의 사명이나 해야 할 일들에 대해 자신의 '기대'를 못 박아 두려 한다. 커뮤니티의 나아갈 방향과 관련해서 교포들의 가치관에 대한 정 교수의 평가를 듣고 싶었다. 특히 LA 교포들은 타 지역 교포에 비해 물질이나 달러에 대해 집착하는 경향이 크다. 집, 자동차, 가구… 남하고 비교가 되는 까닭에 초조감이나 심리적인 압박감을 느낀다고 호소하는 교포들이 많다. 이 점에 대해 어떤 생각일까. "물질이 목적처럼 되어선 곤란하지만 일단 생활의 풍요를 위해 애쓰는 것은 가치 있는 일 아닙니까. 정신도 중요하지만 물질문명도 중요한 것입니다. 정신에만 진리가 있는 것이 아니고 물체 속에도 진리가 있는 것입니다." 정신적인 가치관을 세우고 물질을 초월해서 정신을 바로세우고… 대충 이런 답을 기대했으나 "지조니, 절개니 하는 정신적인 면만 추구하면 그 민족의 결과가 빈한 하에 된다"며 물질, 과학의 중요성을 강조한다. 다소 의외의 대답처럼 느껴졌다. 내친김에 '철학이란?' 하고 물었다.

"철학이란 사람 사는 방식을 말해주는 학문이에요. 'Way of Life'를 다루는 것이지. 독일철학에선 인생관에서 우주관까지를 다 포함시켜 봅니다."

마치 강의실에서 만난 학생을 대하듯 노교수의 설명은 차분히 계속된다.

- 자녀교육 특히 젊은 세대의 의식에 대한 생각은?

이 대목에서도 노철학자는 "생각을 전진적으로 가져야 한다."는 진보성을 강조했다. "자녀교육에 대해 난 좀 생각이 달라요. 흔히들 아이들에게 민족교육과 한국문화를 가르쳐야 한다고 역설을 하는데, 글쎄 그게 쉽지는 않을 거요. 우선 미래는 젊은 세대의 것입니다. 엄마, 아빠가 지금은 결정적인 영향력이 있는 것같이 보이지만 미래의 결정권은 젊은 그들에게 있단 말이지요."

한국이란 뿌리는 지켜가야 하지만 미국 아이들과 경쟁해서 뒤지지 않게 실력을 쌓는 게 중요하다고 말한다.

정 교수는 키신저를 예로 지적한다. "그 사람 독일서 난 유대인이라지. 그렇지만 그가 미국 시민이 아니라거나 하는 생각은 조금도 안 들잖아요. 유대인이나 독일적 요소만을 고집하지 않고 폭넓은 생각을 키운 탓이겠지요. 그러니까 그만한 자리에도 올라간 것 아니겠습니까." 하고 반문한다.

"미국에 와서 느낀 것인데 이 사회는 이질적인 요소를 하나로 융합시키는 힘이 강한 것 같아요. 고립, 소수로 남으려는 힘보다 전체로 융화하는 힘이 크다. 세계가 하나라는 생각이 든다는 것이죠." 자신은

'19세기 사람'이라면서도 생각은 기자보다도 오히려 진보적인 면이 강하다.

젊은이들의 탈선 문제에 대해서도 과거 어른들의 가치관으로 그들을 재려고 한다면 자가 안 맞을 것이라며 도덕률의 변화라는 것을 지적한다. 생각을 전진적으로라는 정 교수의 지적은 종교, 커뮤니티의 목표로 화제가 옮겨지면서 좀 더 분명하게 드러난다.

올해는 한국에 기독교가 전파된 지 200년, 선교로 따지면 100년이 된다.

- 한국과 기독교의 만남을 어떻게 보시는지?

"두 개의 문화가 만난 것은 큰 변화지요. 유교 체계에서 기독교 체계로 생활방식이 변해왔어요. 기독교와 함께 소개된 자연과학이 이런 변화를 특히나 촉진시켰지요. 일제시대에 있어 한국의 기독교는 불의에 항거한 정신이 특징이었죠." LA이민교회에 대해서는 구체적인 언급을 피하려 든다. 다만 "하나님이 유대인에게만 선지자를 보낸 것은 아니며 구원의 선지자는 모든 민족에게 보내진 것"이라며 기독교는 세계주의를 지향해야 한다고만 지적한다.

- 세계주의라면?

"편협한 민족주의적 인간관이나 우주관에서 한 차원 높인 세계주의를 지향해야 합니다. 협의적인 집단주의에 대한 대칭 개념이지요." 여러 민족이 서로의 차이만을 고집하는 게 아니라 같은 인격체로 인정하고 대우함으로써 인격적인 완성을 기하는 노력이라고 풀이했다.

세계가 한 가족이라는 생각을 강조한다.

– 우리 커뮤니티가 나아갈 방향과 관련시켜 본다면?

"무엇보다 다른 사람의 인격을 존중할 줄 알아야 합니다. 시기하고 배척하는 좁은 마음으론 안 돼요. 우리들이 개인이나 가족, 친척을 위할 때는 단결심이 강한데 조금만 범위를 넓히면 그만 힘이 흩어지고 말거든. 가족과 공동사회의 행복을 함께 추구하는 자세가 필요할 겁니다."

자신의 약력을 적은 책자를 서재에서 찾던 정 교수는 책갈피에 적힌 종이를 들여다보며 한 구절을 소리 내어 읊는다. "죽는 날까지 하늘을 우러러 한 점 부끄럼이 없기를 잎새에 이는 바람에도 나는 괴로워했다."

윤동주의 시 '하늘과 바람과 별과 시'의 한 구절이었다. 뭔가 할 말이 많은 듯하면서도 스르르 말문을 닫을 눈치다. 긴 시간 인터뷰에 지친 듯 보였다.

유현수 논설위원

『LA 한국일보』 1984년

젊은 세대가 나라를 지켜왔다

불의를 보고 일어난 지성인들

"요즘 국내의 여러 대학에서 교수들이 시국에 관한 입장을 천명하고 있는데, 그 내용은 민주화를 하자는 거지. 젊은 교수들이, 고난의 시대를 살아가는 지성인들이 혼란에 빠진 나라 일을 두고 걱정한 나머지 자신들의 견해를 밝히고 있지. 장한 일이야."

1960년 4월 25일 오후, 250여 명의 교수들이 "학생들의 피에 보답하라"는 플래카드를 들고 서울 거리로 나섰다. 그 교수데모단의 주역이던 정석해 옹은 찾아간 기자를 만나자마자 이렇게 말문을 연다. 올해로 88세. 로스앤젤레스 근교 앨햄브라에 자리 잡은 장남 정세훈 씨 집에서 조용한 여생을 보내고 있는 정 옹은 흔들리는 시국을 두고 다시금 젊음의 의기를 뿜는다.

"독재는 안 돼, 불의는 안 되지. 군인들이 정치를 한다는 것은 말이 안 되는 거야. 학생들이 들고 일어나는 데는 까닭이 있지. 그리고 학생들이 피를 흘리는데 교수들이 가만히 보고 있을 수 있나. 나라가 흔들리고 있는 판국에 지성인들이 편안히 앉아서 쳐다보고 있을 수는 없지."

그날 교수단이 이승만 대통령 하야를 주요 골자로 한 '구국선언문'을 채택한 뒤 강단을 박차고 거리로 뛰어 나서지 않았던들 4 · 19혁명은 완결되지 않은 채 흐지부지되었을 거라는 것이 역사가들의 지배적인 견해이고 보면 분명 그 당시 교수들이 내린 결단은 역사적이었음에 틀림없다.

그때 정 옹은 연세대 철학교수였다.

"200여 명이나 되는 꽃다운 젊은이들이 민주주의를 찾으려다 쓰러져 갔는데 우리가 어찌 눈 감고 있을 수 있었겠어. 안 될 말이야. 숱한 꽃봉오리들이 총탄을 맞으며 자유를 향해 전진해 간 그 거리를 우리도 따라 나서기로 한 것뿐이야. '학생들의 피에 보답하라'고 외치면서 말이야. 학문이란 굽혀서 자신의 영달이나 위해서 쓰여서는 안 되지. 역사와 민족에 대해 철저하게 책임을 지고 나서는 것이 지성인들의 사명이야."

3 · 15 정부통령 부정선거를 다시 하라고 세론이 분분해져 가던 속에서 4월 18일 고려대 학생들이 데모를 벌였었는데, 자유당 정권은 일단의 깡패들을 동원하여 폭력으로 누르려 하였고, 이에 분격한 서울시내 각급 학생들과 시민들이 19일 대대적인 시위를 일으키자, 이번에는 경찰에 발사를 명령하여 200여 명이 죽고, 수백 명이 부상을 입는 사태가 벌어졌었다.

"너는 뭘 하느냐"

20일 아침 당시 서울역 앞에 있던 세브란스 병원으로 팔과 다리에 부상을 입고 누워 있는 젊은이들을 찾아가 보았다. 고등학생과 대학생이 대부분이었다. 비통한 마음을 안고 신촌집을 찾아 걸어서 아현고개를 막 넘으려 하는데 말없는 소리가 그의 귓전을 쳤다는 것이다.

"너는 뭘 하느냐." "어린 사람들이 죽어 가는데 너는 무엇을 하고 있느냐."고.

그다음 날 아침, 고려대학의 이상은 교수가 집으로 찾아왔다. 그때 뭔가 일을 해야겠다는 다짐이 서로 있었다. 말하자면 거사의 첫 만남이었다. 이 만남이 디딤돌이 되었고, 연세대 조의설 교수와 고려대의 이종우 교수가 가세하였다. 이때 이들은 사태를 이대로 방관만 한다면 이 정권의 추종자들이 세력을 다시 규합하여 더욱 민중을 짓누르고 학생들의 희생을 유야무야로 돌리고 말 것이니 교수들이 일어날 수밖에 없다는 데 의견을 모았다.

거기서 거사일을 25일로 잡았기 때문에 23일 오전에 시국선언문을 기초하기 위해 이상은, 이종은 교수와 정 교수 세 사람이 시내 백궁다방에서 만났으나, 형사들의 눈초리가 사나워서 계동에 있는 정 교수의 제씨 정석원 씨 집으로 자리를 옮겼다. 점심을 해먹으며 4~5시간 이마를 맞대고 교수단회의 연락과 선언문 내용, 회의 진행에 대해서 면밀한 계획을 세웠다.

"처음에는 각 대학에서 선언문이나 내자는 이야기도 있었지. 각각 하자는 거였지. 쌀쌀한 지식인들을 어떻게 한자리에 모으겠느냐. 모인다 해도 겨우 선언문이나 내자고 할 텐데… 하는 걱정들도 있었어. 그런데 그때 생각에는 그까짓 선언서 조각 가지고는 독재정권이 흔들리지 않을 것 같았어. 뭔가 충격적인 행동을 해야지 하는 그런 생각이 들었었지."

이심전심으로 모여들어

25일 오후 1시, 동숭동 서울의대 뒤에 있던 서울대학 교수회관에 250명가량의 각 대학 교수들이 모여 들었다. 이심전심이 되어 그 많은 숫자가 모였다는 것이었다. 이 자리에서 정 교수는 임시 외장으로 뽑혀 사회를 맡게 되었고, 이종우 교수가 비장한 태도로 개회사를 마친 뒤 구국선언서 작성을 위해 9명의 기초위원이 뽑혔다.

기초위원들이 따로 자리를 잡고 이상은 교수 등 3인이 미리 준비한 선언문 초안을 꺼냈을 때 서울대 이희승 교수는 한글학자답게 용어 하나하나를 손질하기 시작했다. 선언문 첫머리의 '이번 거사는'은 '이번 의거는'… 이런 식으로 검토해 가고 있을 때 성균관대의 조윤제 교수는 "이까짓 것 가지고 시간을 보낼 것이 아니라 적당히 손 본 뒤에 본회의에 들어가자"고 서둘렀다. 모두 9항으로 된 선언문 초안은 그대로 통과되었고 동국대학의 김영달 교수가 이제 선언문이 되었으니, 시위를 하자는 긴급동의를 해왔다. 모임은 갑자기 열기로 뜨거워졌다.

"학생들의 피에 보답하라" 써들고

"그런데 들고 나갈 것이 전혀 없었어. 뭐가 있어야 하는데 아무것도 없었단 말이야. 그래서 연세대의 몇몇 젊은 교수들에게 먹과 벼루, 포목을 사오라고 했지."

플래카드에 뭐라고 쓸까 생각하다가 '학생들의 피에 보답하라'고 쓰기로 했고, 붓은 한문학자 임창순 교수가 잡았다.

총을 맞더라도 늙은이들이 먼저 맞아야 한다는 생각에서 백발이

성성한 성대 변희용 교수와 연세대 권오돈 교수가 플래카드를 좌우로 펼쳐들고 앞장을 섰다. 그때가 오후 5시 15분쯤 되었다. 교수데모대는 동숭동에서 출발하여 종로 5가에까지 일단 진출하였다. 그때는 계엄령이 전국에 내려져 있었고, 따라서 대학의 문들이 굳게 닫혀져 있었기 때문에 동숭동 거리는 조용했다.

종로 5가에서 전열을 정돈해서 광화문 쪽으로 방향을 돌려 서서히 발걸음을 옮기자 종로 거리 좌우의 다방에 웅성웅성 모여 있던 젊은 학생들과 시민들이 모여들기 시작했다. 길에서 행상을 하던 상인들이 사이다를 날라 주었다. 사이다로 목을 축이며 '대통령은 하야하라', '학생들의 피에 보답하라'는 구호를 힘차게 외칠 때마다 군중들도 복창을 했다. 구호 소리는 커져가기만 했다. 다가오던 전차, 버스들도 이 행렬을 위해 멈춰주었다. 계엄군인과 경찰대의 저지도 없었다. 지나가던 시민들은 손뼉을 치면서 열렬히 환영해주었고 데모대가 발을 옮길 때마다 행렬은 눈사람처럼 커져서 거리를 메웠다.

AP통신이 전 세계에 알려

화신 앞까지 진출한 교수단 데모대는 둘로 나눠져서 한 대열은 광교를 지나 세종로를 돌아서 세종로에 있던 국회의사당으로 향했고, 다른 한 대열은 을지로를 돌아서 미국대사관 앞을 지나 그쪽에서 합세했다.

국회의사당 계단에서 시국선언문이 낭독되었다. 그때 계엄사령부의 진정을 호소하는 마이크 소리 때문에 잘 들리지 않았다. 만세삼창까지 마치고 해산할 무렵에는 광화문과 세종로 네거리는 데모군중으로 인산인해를 이루고 있었다.

이날 대학교수단의 데모는 AP통신의 일본인 기자에 의해 전 세계로 알려졌고, 4월 26일 오후 10시 마침내 이 대통령의 하야성명이 나왔다. 12년 동안 버티어 오던 이승만 독재정권이 손을 들었다. 그래서 4·19에 학생들이 서울거리 여기저기에 쏟은 피는 일단 보답된 셈이었다.

오늘날 하나의 커다란 혁명으로 평가되고 있는 이 역사의 변혁에 있어서 이날의 대학교수단의 시위는 실로 결정적인 것이었고 이런 행동은 나라와 겨레를 위해 자신을 내던지는 결단에 의해 비로소 가능했다. 그들은 죽음을 각오하고 나선 것이었다.

"뭐 지금 와서 생각해봐도 큰일을 했다고 자부할 것까진 없어. 다만 젊은 학생들이 피를 흘렸는데, 비겁하게 뒷전에 서서 쳐다보고만 있을 수 있어야지. 그때는 계엄령 하였으니까 잡혀 갈 것은 뻔한 일이고, 더 큰 일이 일어날 수도 있다고 생각했어. 그래서 두꺼운 옷을 갈아입고 마지막으로 가족을 볼지도 모른다는 심정에서 기도회를 보았지. 잠언 1장 7절 읽었어. 하나님을 경외하여 섬기는 것이 지식의 근본이란 말씀이야. 지식이란 뭔가? 의로워지는 것이고 정의 편에 서는 거 아닌가."

집에서 가족들과 기도회를 보고 있는데 처남이 찾아왔다. 하도 분위기가 엄숙하니까 무슨 일이 있느냐고 걱정하며 묻더라는 것이다. 별일 없다고 달래고 문을 나섰다고 한다.

굳은 우정이 거사의 디딤돌

4·25 대학교수단 데모는 정 옹과 이제는 고인이 된 이상은 교수, 두 사람 사이의 우정과 신뢰감에서 움튼 것이었다. 데모가 있던 25일 아침 10시에도 이 교수는 정 옹을 찾아와 거사 밀회를 확인할 정도로 이날 거사의 두 주모자 사이에는 그럴 만한 우의의 뿌리가 있었다.

정 옹은 본래 북경대학을 나온 이상은 교수와 해방 직후에 조직된 을유회의 회원이었다. 을유회라는 이름은 광복의 해였던 을유년에서 따온 것으로, 중국에서 광복운동을 하던 애국자들의 모임이었다. 정 옹과 이 교수의 사귐은 그때 을유회의 주동인물이자 하지 미군정 장관의 두 번째 비서를 지낸 장자인 씨가 이 씨와 함께 북경대의 동창생인데다 북간도에서 광복운동을 한 까닭에 정 옹의 고향인 철산과 정 씨 일가를 잘 알고 있던 서세충 씨가 다리가 되어주었다.

그런데 정 옹이 을유회의 회원이 된 데는 그럴 만한 사연이 있었다. 실로 깜짝 놀랄 만한 비밀이 깔려 있었다.

3·1학생운동의 주동자

정 옹의 젊은 나날은 일련의 '사건'으로 점철되어 있다. 그 '사건'은 그의 연희전문 학생 시절로 거슬러 올라간다.

1899년생인 정 옹은 선천의 신성중학교를 거쳐 1917년에는 연희전문학교 학생이 된다. 처음에는 수학을 전공하려던 이 젊은 학생은 미국의 명문 브라운 대학을 나온 백상규 교수의 권고로 문과에 적을 두고 철학을 공부하면서 교내 기독청년회 총무 일을 보고 있었다. 그런데 3·1운동이 일어난 것이다. 정 총무에게는 거사의 전갈이 왔다.

그날 아침 일찍 학우 이경화 군과 함께 신촌을 나선 뒤 태화관을 들려서 파고다 공원으로 갔다. 찾아간 태화관에는 어찌된 셈인지 독립선언서에 서명한 지도자들은 한 사람도 보이지 않았고 일본 경찰대가 그곳을 포위하고 아무도 얼씬거리지 못하게 하고 있었다. 공원에 모였던 사람들은 어찌할 바를 몰랐다. 본래 이 공원에서 정오 12시에 모이기로 한 것 자체가 극비에 붙여진데다 일경 기마대들이 곳곳에 진을 치고 있어 당황과 공포의 분위기가 그곳에 모인 군중을 엄습하고 있었다.

대부분이 학생들이었던 군중의 수는 1천 명가량 되었다.

누군가를 초조하게 기다리고 있던 학생들은 1시 정각에 앞으로 뛰어나서는 한 청년의 거동에 눈길을 모으게 되었고 그 청년은 단숨에 독립선언서를 낭독하였다. 군중 속에서 박수와 만세가 터져 나왔다. 그리고 시작된 시가행진은 종로거리를 누볐다. 구호는 '대한독립만세' '조선독립만세'였다.

"먼 훗날 알게 된 일이지만, 이 청년이 바로 해주의창학교 교감이던 정재용 씨였어. 그날 공원에 나오기로 한 33인의 민족대표들이 한 사람도 안 오게 되자 당시 서울 YMCA 학생부 간사로 일하던 박희도 씨의 심부름으로 원산에 보내기로 되어 있던 독립선언서 뭉치에서 몰래 한 장을 호주머니에 감추고 있던 것을 끄집어내어 읽었다는 얘기였다. 1962년 국립방송 3·1절 특집 대담 자리에서야 만나게 됐지. 그분이 원산 지방에 보내기로 돼 있던 선언서 뭉치 중 한 장을 서울역에서 훔쳐 넣지 않았던들 공원에 모였던 군중들은 독립선언서 구경도 못했을 거고 만세시위의 계기도 놓쳤을 거야. 33인은 다 당국에 투항

해 갔으니 말이야. 그래서 실제 3 · 1운동은 학생들이 중심이었어. 우리 역사에 있어 첫 학생운동이었단 말이지."

기마병은 긴 칼을 내리치고

연전의 기독청년회 총무이던 정 옹은 고려대의 전신인 보성전문학교 학생회장이던 강기덕과 함께 3 · 1운동의 실제 주역이었다. 이날 학생들이 주축이 된 군중들은 두 갈래가 되어 외국 공관이 모여 있던 정동과 조선은행이 있던 소공동, 경복궁을 거쳐 일제의 조선총독부가 있던 왜성대에 모였다. 시위군중은 몇 만 명이 되었다. 일본 기마병은 긴 칼을 내리쳤고, 쫓긴 군중들은 일본인들이 경영하던 상점으로 피해서 밀려가는 바람에 유리창이 깨지기도 했지만 전체적으로 보면 퍽 평화적인 시위였다.

"그날 오후 5시쯤 남산에 올라 용산 쪽을 내려다보니 일본군 사단이 집결하고 있었다. 그때는 그 넓은 평지에 인가는 하나도 없고 모두 일본 점령군의 병영이었지. 그놈들이 서울 시가를 점령하려고 남산을 기어오르기 시작하는 거야. 그래서 정동을 거쳐 냉동에 있는 하숙집으로 빠져나가는데 백상규 선생을 우연히 만났어. 그분은 외국인을 위한 카페집에 나를 데리고 가더니 커피를 시켜주면서 '나라를 망친 것은 우리 세대이고 나라를 찾겠다고 나선 것은 자네들 학생 세대야.' 하면서 격려해주었어. 지금도 사정은 마찬가지지."

그 당시에는 우리나라에 와 있던 외국공관에 통신원도 없었다. 미국영사관을 찾아갔더니 젊은 서기 한 사람이 나와서 거사 이야기를 전해 듣고는 그저 웃더라고 했다. 프랑스대사관은 아예 대사관 문을 꼭꼭 걸어 잠가 놓았기에 아무도 만날 수 없었다. 사실 그들은 일본의 한국 침략과 지배를 기정사실로 인정하고 있었다. 기독교 선교사들만 예외적으로 우리의 독립운동을 비밀리에 돕고 있었다.

밤새워 독립선언서 등사

3월 2일, 큰일을 치른 다음 날이라 서로 약속도 없었는데 서울시내 학생대표들이 연희전문 캠퍼스에 모여들었다. 다음 날인 3일이 고종황제의 인산(장례) 날이어서 지방의 수많은 선비들이 흰 상립을 쓰고 서울로 몰려들고 있었다. 그래서 두 가지 일을 서둘러야 했다. 첫째는 이들을 통해 3·1만세운동을 지방에 알려서 전국적인 궐기를 도모하는 일이고, 둘째는 이들이 떠날 5일에 서울역 앞에서 대대적인 시위를 벌이는 일이었다.

3·1 탑골공원 궐기는 실로 학생 중심의 즉흥적인 것이었지만 3·5 궐기는 치밀한 준비가 필요하게 되었다. 다가오는 제2궐기는 일제의 간담을 서늘하게 만드는 것은 물론 국내외 동포들에게 광복운동에 자신감을 던져주기 위해서도 중요했다.

거사본부에서 전달된 독립선언서 원본을 가지고 대량 등사해서 전국에 보내는 임무가 정 옹에게 맡겨졌다. 원본은 보성학교 부설 인쇄소인 보성사에서 찍은 것이었다. 정 옹은 그에게 맡겨진 사명을 수행하기 위하여 연전 치원관에 있던 등사판과 종이 뭉치를 들고 냉동의 하숙집(김춘수 목사 댁)으로 가 학우들과 밤을 새워 4천 장을 찍었다. 인쇄시설을 가지고 있지 않았던 이들은 박승열 군이 등사지에 글을 썼고 이경화, 계병호 등과 함께 한 장씩 등사판을 밀어 찍어야 했다.

40년 만에 발송자 밝혀져

이날 밤 등사된 모든 독립선언서는 당시 각급 학생대표들의 비밀집결 장소인 정동교회에 가지고 가서 나눠 가졌고 나머지는 5일 서울역에서 떠나는 숱한 동지들과 귀향객들에게 배분되었다. 이 중 한 장을 고향 철산의 후배 유봉영 씨(조선일보 사장 역임)에게 직접 보내 6일 장날에 독립만세를 일으키게 된 것이 40년 후인 1959년 12월 어느 날 한국연구도서관에서 발견돼 그 '숨겨졌던 발송자'가 세상에 알려지기도 했다. 이제 정 옹이 유 씨에게 보낸 등사된 독립선언서와 필적은 천안에 세워지는 독립관에 보관될 3·1운동 관계의 유일한 문헌이 된 것이다.

"언제고 큰일을 저지르는 사람들은 숨어서 일을 할 수밖에 없어. 대개는 젊은이들이 목숨을 걸고 위험한 일을 맡지. 말하자면 '과격분자'가 되는 거야. 역사는 '과격분자'가 끌고 가는 거지. 그런데 광복이 되니까 별난 사람들이 다 자기네가 큰일을 한 것처럼 떠들어대며 나서더군. 본래 큰일을 하는 사람들은 남몰래 조용히 하는 법이야. 그리고 뭐 큰일 했다고 떠들지도 않지."

3월 5일은 계획된 시위 날이었다. 서울역은 고종의 인산을 마치고 각 지방으로 떠나는 사람들로 문자 그대로 사람 숲을 이루고 있었다. 학생들도 한복을 입고 나섰다. 그 까닭은 3·1 시위 때 검정교복을 입은 학생들만 골라 일본 경찰들이 잡았기 때문이었다. 이날의 시위는 연전의 김원벽 군과 보전 학생회장 강기덕 군이 주도하기로 되어 있었다. 당국의 사전검열을 피하기 위해 서로 암호를 정했던 이 두 학생대표가 각각 전차와 인력거를 타고 남대문 쪽에서 뛰쳐나오는 순간

잠복하고 있던 학생시위 조직자들이 일제히 전단을 뿌리며 시위를 시작하자 모였던 군중이 단숨에 호응하고 나섰다. 그때까지 10년 동안 볼 수 없었던 태극기가 하늘에 둥실둥실 펼쳐지자 함성이 천지를 진동하였다. 망국민의 감격과 원한이 한꺼번에 파도처럼 넘쳐흘렀다.

압록강 건너 만주로 망명

3·1운동 직후 독립을 외치는 우리 민중의 궐기가 전국으로 확대되자 당황한 일제당국은 주모자 검거에 열을 올리게 되었다. 일본 경찰의 수사대는 밤마다 정 옹의 하숙집과 연전 캠퍼스 등 숨어 있을 만한 곳을 샅샅이 뒤지고 있었다. 위험을 느낀 정 옹은 13일에 고향 철산으로 내려갔다. 그러나 그곳까지 뒤쫓는 수사대 때문에 고향집도 안전하지 않았다. 하는 수 없어 닷새 뒤에는 압록강을 건너 만주 안동으로 빠져나갔다. 그의 망명생활이 이제 시작된 것이다. 그리고 그가 망명생활의 첫 발을 딛자마자 '소름끼치는 사명'이 그를 기다리고 있었다. 이 사명은 오늘날까지 어디고 기록이 안 된 비장의 실화이다.

"나는 참으로 위험한 인물이었어. 그리고 이 이야기는 아무 데고 기록된 적이 없지. 내가 말을 누구에게도 안 했으니까. 실은 눈감기 전에 자서전을 쓰게 되면 쏟아놓으려 했지."

『뿌리』 1986년 4, 5월호

자유 정의 외면한 정권의 말로

4·19 민주혁명은 한국 근현대사에 있어 3·1운동이나 동학농민혁명과 함께 민중운동으로서 민권을 쟁취한 역사적 투쟁이었다. 따라서 4·19 민주혁명은 단지 흘러간 하나의 역사적 기록이 아니라 오늘 우리의 어려운 현실에서 계속 살아 있는 민중의 정신이다. 그러기에 오늘을 사는 우리는 4·19 민주혁명의 역사적 의미를 재정립할 필요가 있다. 1960년 4·19 당시 "학생들의 피에 보답하라"는 교수단의 데모를 직접 기획하고 선봉에 나섰던 연세대의 정석해 교수(87)는 은퇴 후 1981년 미국으로 이민, 현재 앨햄브라에서 조용히 여생을 보내고 있다. 4·19 민주혁명 제26주년을 맞아 노교수와 특별 인터뷰를 가졌다. "4·19 때문에 찾아왔습니다."라는 기자의 말에 노교수는 이내 얼굴이 붉어지며 눈물을 흘렸다. "꽃다운 나이에 죽은 어린 학생들의 원혼이 아직도 평안히 잠들지 못하고 있다."며 그는 입술을 지그시 깨물었다.

- 정 교수께서는 4·19혁명 당시 4월 25일 교수단 데모를 주도해 결과적으로 4월 26일 이승만 12년 독재의 종말을 고하게 하는 데 결정적 역할을 하신 것으로 알고 있는데 처음 어떻게 계획을 추진하셨는지요.

▲ 4 · 19 학생혁명으로 많은 학생들이 피를 흘렸는데 당시 이승만 정권은 부상학생을 위문하면서 정권의 계속을 꿈꾸는 것 같아 '이럴 수가 있는가!'라는 생각으로 4월 22일에 고대 이상은 교수와 이종우 교수 그리고 서울대의 최재희 교수 등과 수차례 서울대 교수회관에서 회동하였지요. 이렇게 토의하면서 24일에 우리들은 '모든 교수들이 모여서 토론을 해보고 학생들의 피를 헛되게 하지 않는 방법을 강구하자'고 결론을 내렸습니다. 그날부터 각 대학에 연락해 25일 하오 1시로 교수회관으로 장소를 확정했습니다.

- 4 · 25 교수단 데모는 당시 한국 사회에서는 최초의 일로 크나큰 의의를 지니고 있는데.

▲ 지금 생각해도 왜 경찰이 몰랐는가에 의구심을 갖고 있습니다. 3 · 1운동 때도 파고다 공원의 만세운동집회를 사전에 일본 경찰이 파악치 못했는데 그 당시와 비슷한 상황으로 4 · 19 때도 경찰들이 한눈을 판 것으로 짐작하고 있습니다.

- 4 · 19 민주혁명 과정에서 서울을 비롯해 전국에서 189명의 고귀한 죽음이 있었고 중상 318명을 포함, 부상자만도 6천여 명이나 됐습니다. 이들이 흘린 피를 위해 교수단이 서울대학 구내 교수회관에서 장장 4시간 동안 토론을 벌였는데 당시 분위기를 공개해 주셨으면 합니다.

▲ 당시 교수들은 무엇보다도 학생들의 피에 보답하는 것이 무엇인가에 고심했습니다. 일부에서는 신중론도 있었습니다만 동대의 김

영달 교수가 긴급동의로 교수단 데모를 주장했고 임창순 교수가 '각 대학 교수단'과 '학생의 피에 보답하라'는 플래카드를 만들었지요. 우리들의 요구사항은 이승만 독재 타도였습니다.

- 4 · 19 민주혁명이 일어난 지 벌써 26년의 세월이 흘렀습니다. 또 학생혁명이 꽃피우기 전에 군사정부가 시작되었으며 그 후 집권층은 '4 · 19혁명'의 그 뜻과 사상을 변질시켜 왔다고 볼 수 있습니다. 교수님께서는 4 · 19혁명의 정의를 어떻게 내리시겠습니까.

▲ 한마디로 4 · 19혁명은 자유와 정의를 쟁취한 시민들의 혁명이라고 부르고 싶습니다. 민중은 자유와 정의를 오랫동안 갈구했는데 그다음 유신독재가 4 · 19혁명의 정신을 계승시키지 않았음은 우리가 알고 있는 사실이 아닙니까. 한 가지 지적하고 싶은 것은 오늘의 한국 상황이 4 · 19혁명 때와 유사하다는 사실입니다. 4 · 19때 학생들이 요구했던 구호가 아직도 외쳐지고 있다는 현실은 4 · 19의 숭고한 이념이 실현되지 않았기 때문입니다. 4 · 19의 원혼이 아직 풀려지지가 않은 것입니다.

- 그 같은 4 · 19의 정신을 본받기 위해서 오늘을 살아가는 우리가 해야 할 과제는 무엇입니까?

▲ 이승만 독재와 유신독재의 말로가 우리에게는 중요한 교훈을 주고 있습니다. 자유와 정의를 외면한 정권의 끝이 어떻게 되는가를 우리 모두가 직시할 필요가 있습니다. 민권회복이 선결문제입니다. 최근 한국의 일부 교수들이 시국선언을 통해서 민주화를 요구하고 있

는 것으로 듣고 있는데 잘한 일입니다. 사회정의와 인권을 위해 승리를 확신하면서 새 각오로 임하는 것이 4 · 19 영령에게 조금은 위로가 될 것입니다.

- 4 · 19 민주혁명은 5 · 16 군사독재 후 4반세기를 지나오면서 4 · 19 정신론으로 제한시켰던 사실은 결과적으로 동학혁명이나 3 · 1민족운동을 합쳐 3대 민중운동의 진실을 밝히는데 장애가 됐다고 볼 수 있는데 어떻습니까?

▲ 물론입니다. 제 자신 3 · 1 민족운동과 4 · 19혁명의 현장 참여자이기에 더욱 책임감이 컸습니다. 이 점에 대해서 특히 지성인들의 책임과 자성이 따라야 할 것입니다. 4 · 19 당시 교수단 데모에 나선 각 대학 교수들은 자기희생 정신에서 비롯된 것입니다. 4 · 19 정신은 진실을 밝혀내는 뜻을 담고 있는 것입니다. 이제라도 한국 민중운동의 역사적 사명을 발굴해 후세의 귀감으로 만들어야 합니다.

변홍진 특집부장

『LA한국일보』 1986년 4월 17일

역사는 사람에 의해 만들어진다

서산 정석해 옹(90. 전 연세대 교수). 오늘날 4·19와 관련하여 그의 이름을 기억하는 이는 많지 않다. 편의적 역사 해석, 냉혹한 현실주의의 세태는 29년 전 4·19 교수단 데모의 주역이었던 그의 이름을 역사의 뒤안길에 묻어 놓았다.

1981년 그가 훌훌 털어버리고 미국으로 떠났던 것은 이와 무관치 않은 듯하다. 그러나 격동의 한국 근대사를 이해하는 데 있어 그는 떼놓을 수 없는 인물이다. 1899년 평북 철산에서 출생, 20세기와 운명을 함께해온 그는 3·1운동 당시 연희전문 기독학생회장으로서 남대문 학생시위를 주도한 후 중국에 망명, 독립운동에 뛰어들었다. 프랑스, 독일 등에서 철학을 전공한 후 해방 5년 전 귀국, 연금-은거생활을 했으며 모교에서 강의하다가 4·19를 만났다. 5·16 후에는 이른바 '정치교수' 1호로서 대일굴욕외교반대 재경교수단 대표, 민족통일촉진회 최고위원 등으로 민족사에 대한 지칠 줄 모르는 관심을 나타냈다.

그런 서산이 4·19를 이틀 앞둔 17일 귀국했다. 제자들이 만든 전기 『서산 정석해』를 27일 봉정받기 위해서다. 민주화와 통일, '전 시대 잔재의 청산' 등 우리 사회에 중첩된 갖가지 과제들에 대해 그는 어떤 생각을 하고 있을까? 주돈식 편집부국장, 윤호미 문화부장, 김태익 문화부 기자가 서산이 머물고 있는 홍은동 그의 2남집을 찾았다.

- 구순의 노구로 열 시간 넘게 비행기를 타고 오셨는데 정정하십니다. 그동안 혈압으로 몇 번 쓰러지셨다는 말도 들었는데요.

▲ 겨우 오긴 왔군요. 건강 얘기까진 할 것도 없고 그저 생명이 붙어 있는 정도지요. 기억도 많이 쇠퇴했어요.

- 생존해 있는 은사를 위해 제자들이 전기를 만들어 바치는 일은 우리나라에서 흔치 않은 일이라 생각됩니다. 무척 흐뭇하시겠습니다.

▲ 몇 차례 나를 인터뷰한 적도 있고 해서 알고는 있었지만 이렇게까지 구체적으로 진행된 줄은 몰랐습니다. 원고지가 1천 장 가까이 된다나요. 부끄러워요. 내가 뭘 가르쳤던가, 전기를 낼 만한 인물이 되는가 하는 생각도 들구요.

- 마침 4·19 29주년 때 귀국하셨기에 4·19에 얽힌 얘기, 오늘날 시국을 보는 지혜에 관해 들으려 찾아뵈었습니다.

▲ 벌써 한 세대가 흘렀군요.

- 그동안 4·19는 '거사'에서 '의거'로, 최근에 다시 '혁명'으로 시대에 따라 많은 성격의 변화가 있었습니다. 또 당시 이미 좌절된 혁명이란 평가도 있었습니다. 선생님께서 보시기엔 어떤 평가를 내릴 수 있습니까.

▲ 역사상 보면 성공한 혁명도 있고 실패한 혁명도 있게 마련입니

다. 그러나 어느 것이나 피치 못할 원인에 의해 일어난 것이므로 성공했다고 의롭고 실패했다고 의롭지 않은 것은 아닙니다. 의를 들고 일어섰으면 목적을 못 이뤘다 하더라도 정의인 것이지요.

- 4 · 25 교수단 데모는 4 · 19의 가장 가시적 성과인 이 대통령 하야를 가져오는 데 결정적 역할을 했다고 봅니다. 철학 중에서도 논리학, 인식론 등 순수철학을 전공한 선생님이 교수 데모를 주도한 직접적 동기는 무엇이었습니까.

▲ 이유는 단순합니다. 난 이 대통령이 경찰을 시켜 설마 어린아이들까지 쏘리라곤 조금도 생각 안했어요. 그런데 19일 시위하는 연세대생들을 따라 광화문까지 나와 보니 경찰이 대학생은 물론, 철모르는 국민학생에게까지 총을 난사하는 거예요. 지금 수유리 4 · 19 묘지에 가보세요. 묻힌 사람 중 상당수가 국민학생들입니다. 대통령이란 자리에 앉아갖고 어린아이들에게 총질을 시킨다는 것은 도저히 참을 수 없었어요.

- 선생님은 3 · 1운동 때도 학생시위를 주도한 적이 있습니다. 이전부터 지식인으로서의 사회참여에 대한 생각을 갖고 계시진 않으셨습니까.

▲ 역사란 게 사람에 의해 만들어지는 것입니다. 사람이 그 시대의 요구에 응해서 행동을 안 하면 아무런 역사도 이룰 수 없는 법이지요.

- 교수단 데모의 구체적 준비 진행과정은 어땠습니까.

▲ 19일 부상당한 학생들이 있는 서울역 앞 세브란스 병원에 들렀다가 중림동을 거쳐 연세대로 돌아가는 길에 뒤에서 누군가 꾸짖는 것 같았어요. '어린 학생들은 의를 위해 죽는데 너는 무얼 하고 있느냐'고. 스스로 부끄러움을 느껴 거사를 결심하고 전부터 친분이 있던 고려대 이상은, 이종우 교수를 만나자고 했지요. 처음엔 종로 백궁다방에서 만났는데, 주위에 정탐꾼이 있는 것 같아 계동의 내 동생 집에 가 밤늦게까지 계획을 세웠습니다. 이상은 씨가 일을 많이 했지요. 각 대학 교수들에게 연락하는 걸 그날 밤 거의 혼자 다 했으니까요.

- 학생 데모는 19일 있었는데 교수궐기대회를 25일 열기로 결정한 이유는 무엇입니까.

▲ 물론 시일이 급하기는 했지만, 그날이 국립대학 봉급일이라 연락이 편하고 참석자를 많이 확보할 수 있을 것 같다는 생각에서였지요.

어쨌든 25일 오후 3시 200여 명의 교수들이 모인 가운데 서울대 교수회관에서 대회가 시작됐고, 내가 의장을 맡았습니다. 이종우, 이희승, 조윤제, 이종극, 김증한, 이정규, 한태수, 김영달 씨와 나 등 9명이 시국선언문 기초위원에 선출됐는데, 그 급박한 순간에도 갑론을박이 많았어요. 선언문 원안에는 '이번 4·19 거사'로 돼 있던 것을 이희승 씨가 '이번 4·19 의거'라고 고쳤고, '현 정부와 집권당'을 조윤제 씨가 '대통령을 위시하여 국회의원 대법관 등'으로 수정했습니다. 또 '학생들이 먼저 피를 흘렸으니 우리 교수들이 자책하고 반성하는 구절이 꼭 삽입돼야 한다'는 주장이 있었으나, '그것은 말보다는 행동으로 보여주어야 한다'는 반론이 우세해 채택되지 않았어요.

- 당초 많은 교수들은 선언서를 통한 입장 표명 정도를 생각하고 있었는데, 이를 '데모'라는 행동으로 발전시킬 것을 주장한 분은 바로 선생님이라고 알고 있습니다. '선언서 발표'와 '데모'는 효과 면에서 어떤 차이가 있었습니까.

▲ 선언문만 냈을 때 자기 발로 대통령 자리에서 걸어 나갈 사람 있겠어요? 그러나 일단 교수들이 거리에서 데모를 하면 그때부턴 교수들만이 아니라 민중의 일이 된다고 판단했지요.

동국대 김영달 교수의 긴급동의로 데모를 결정하고, 연세대 김정수 교수가 먹과 헝겊을 부랴부랴 준비했습니다. 성균관대 임창순 교수가 '각 대학 교수단, 학생들의 피에 보답하라'고 쓰자, 백발의 권오돈, 변희용 두 교수가 총 맞아 죽어도 좋다며 플래카드를 들고 선두에 섰습니다. 오후 5시 45분쯤 교수단 시위행렬이 종로 5가에서 화신 앞으로 진행하는 동안, 거리거리에서 학생들이 모여들어 양편으로 우리 행렬을 호위했고, 길가에 멈춰선 버스 속의 승객들도 만세로써 우리에게 호응했지요. 이튿날 이 대통령의 하야성명 발표가 있었습니다.

- 그런데 4 · 19 1년 후 5 · 16이 일어났고, 선생님은 경찰에 연행되기도 하는 등 불행을 당하셨습니다. 혹자는 4 · 19 후의 혼란이 5 · 16을 자초했다는 해석을 내리기도 하는데 이에 대해 선생님은 어떻게 생각하십니까.

▲ 5 · 16을 당하자 이승만 독재 땐 꼼짝 못하던 군인들이 장면이

들어서니까 우습게 봤구나 하는 느낌이 들더군요. 결과적으론 확실히 4·19가 5·16을 불러들였다고 볼 수 있어요. 그러나 난 무단정치가 일시적 효과가 있을지 모르나 결코 오래가지는 않는다고 보았습니다.

- 요즘의 우리 시국을 놓고도 국내외에서 엇갈리는 시각이 있는 것 같습니다. 선진국으로 가는 불가피한 진통으로 보는 사람도 있고, 이것이 선진국으로의 길을 차단하는 것이라고 보는 사람도 있습니다.

▲ 역사적 과정의 하나니까 피할 수 없는 것이겠지요. 결과가 문젠데, 지금으로선 예견키 어렵습니다. 한 가지 분명한 것은, 무단정치를 오래하는 나라치고 전진하는 나라가 없다는 것입니다.

- 미국에 계시면서도 요즘의 한국 사회 상황에 대해 알고 계시지요. 4·19 직후의 데모와 지금의 데모를 비교하면 어떻습니까.

▲ 그때는 지식층이 이상사회를 건설하기 위한 데모였고, 지금은 근로자들이 자기 몫을 찾으려는 것이란 점에서 다르다고 봅니다.

- 4·19 이후와 마찬가지로 학원 민주화의 방안을 놓고 교수와 학생이 엄청난 갈등을 보이고 있습니다. 민주화 과정에서 피치 못할 현상으로 보아야 하는지요.

▲ 좋은 풍조라곤 생각 안 합니다. 지식인의 사회참여나, 대학에서의 사제관계나 학문을 일차적 매개로 삼아야 한다고 봅니다. 학생들의 사회활동은 학문을 닦고 인격을 쌓은 후에 해도 늦지 않아요.

- 지금 선생님께서 50대라면 무엇을 하시겠습니까.

▲ 학문을 할 겁니다.

- 구순의 고령이신데 생전에 통일을 보셔야지요.

▲ 이 조그만 나라가 통일을 못 하다니 생각하면 안타까워요. 우리 민족은 통일할 수 있는데, 주변 강국이 자꾸 우릴 찢어 놓는 게 아닌가 하는 생각도 듭니다.

정리 김태익 기자

『조선일보』 1989년 4월 19일

민족의 성업을 완수케 하여 주소서

1950년에 우리는 다른 대학보다 일주일 먼저 입학 시험을 시행하여 많은 수재를 받아들였으며 또 우리 대학의 질적 향상을 그들에게 촉망하였던 것이다.

그러나 누가 알았으랴. 6·25 전란이 꽃봉오리에 서리를 퍼부을 줄이야. 영도의 석양에 귀향의 수심을 같이 느끼며 남해의 수평선에 희망을 남겨 그리던 것이 어제는 아니건만 벌써 4년이 다하여 서로 여의게 되는가? 옛 터로 돌아온 지도 아직 100일이 되지 못하였다. 깊숙한 송림 속에 발걸음 맞추어 사색을 더듬으려 하자마자, 노천에서 흐르는 찬미 소리에 정토(淨土)의 순결을 맛보자마자 벌써 보금자리를 떠나게 되다니! 새끼 제비 떨어질까 보아 어미 제비 아래 위로 날뛰면서 지저귄다. 혹시 세상에는 어려움이 있지 아니할까 하여, 육성된 날개가 꽤 만리창공을 비상할 수 있을까 하여….

그러나 때는 왔다. 시대가 그대들을 부르는 것이다. 새 시대에는 새 일꾼이라야 그 임무를 다할 수 있을 것이다. 국가와 민족의 요청에 응함이며 또 자유세계의 건립이 그대들에게 달려 있기 때문에 모교를 떠나게 되는 것이다. 모교의 표어는 진리와 자유이다. 진리에는 권위와 능력이 있는지라 그 앞에는 허위와 무능이 물러갈 것이요, 자유는 인간이 갈망하는 이상이라 압박과 공갈에서 신음하는 만민이 왕사(王

師) 맞듯이 영접할 것이다. 연희인이 가는 곳에는 연희의 정신이 퍼질 것이니 그대들이 끼인 단체는 진리에 근거한 생활을 누리게 될 것이요, 그대들이 선 땅은 자유로운 공기가 충만한 사회가 조성될 줄 믿는 바이다. 그러므로 그대들이 모교의 문을 나섬은 모교의 연장이 되며 모교의 번영이 될 것이다. 서로 가까이 있거나 멀리 있거나 같은 정신에 호흡하며 같은 이상에 항응할 것이니 한 몸이라 머리와 손끝을 멀다 할까. 그대들의 고초를 우리가 알 것이며, 우리의 근심을 그대들이 질 줄로 아노라. 바라건대, 친우들이여, 만난을 무릅쓰고 지워진 사명에 성력(誠力)을 다하여 민족의 성업을 완수케 하여 주소서.

『연희춘추』 1953년 11월 15일